中国女性的感情与性

李银河 著

上海三联书店

新经典文化股份有限公司
www.readinglife.com
出 品

目录 CONTENTS

- 001　引言
- 007　月经初潮
- 018　情窦初开
- 025　性压抑
- 039　性无知
- 044　性学习
- 050　初恋
- 056　异性感情
- 070　初吻
- 074　婚前性行为
- 080　初次性交
- 084　性交频率
- 088　性交方式
- 099　性快感
- 108　性美感
- 112　性交反感
- 118　性欲

125	手淫
140	避孕与人工流产
148	生育
154	家庭暴力
160	虐恋与强奸想象
171	婚外恋
195	离婚
212	同居
218	同性恋
236	停经与更年期
239	色情材料
256	性侵犯
263	感情与性的关系
278	感情与婚姻的关系
287	性与婚姻的关系
291	性观念
302	女性性权利
314	女性地位问题
332	结论：一点理论分析
341	参考文献

引 言

有一种说法：社会学的主流是非理论的。我大概就属于这个主流。自从在美国学了社会学，就对理论产生了反感，后来就常常感到自己成了"理论上的残疾人"。当然，我不应当拿北美社会学的实证主流为自己辩护，不喜欢理论本是我内心的倾向。

我也不想用自己长大的环境为自己辩护——我总觉得，我生活的前三十年（从20世纪50年代到70年代），中国人犯了一种"理论过多症"，各种所谓"理论"充斥于我们的生活，连二十岁的大学生都言必称"主义"。记得我在匹兹堡大学的导师、著名历史社会学家许倬云先生有一次感慨地对我说：你们这些大陆来的学生说起话来怎么总爱用些大名词。的确，就像一个人因为吃某种东西太多吃伤了一样，我对理论就有这种感觉。由此你可以知道，当我看到弗雷泽所说的"我确信，一切理论都是暂时的，唯有事实的总汇才具有永久的价值"（转引自孙珉，9）这句话时，我为什么会对他怀有共鸣甚至是有点感激的心情。

套用毛泽东关于外因内因的说法，上述情况都是外因，内因是我自己总是受到"事实"这个东西的强烈吸引。我做社会学研究，总是带着一种爱丽丝漫游奇境的感觉，看到什么都觉得新鲜、有趣，而且总想像那位小姑娘那样感叹一声：啊，真是越来越奇妙了！一件事，只要不再让我觉得新鲜、闻所未闻，我的兴趣就会立即下降。就因为这个，我做了男同性恋的研究——一个女人做这种研究真是够奇怪的，我一点也不怪很多国内国外的记者一再对我提同一个问题：你为什么要搞这个研究？我猜，他们想听的是"我是个同性恋"或者"我想帮助同性恋"之类的回答，可我让他们失望了，我的回答总是：我觉得这是社会学研究的一个好题目。我说的是真话。我只是觉得同性恋这件事引起了我的好奇心——这是我做研究的必要条件。当然，它并不是充分条件。换言之，如果一件事引起了我的好奇心，我很有可能去研究它，但并不一定去研究它；但是，如果一件事完全不能引起我的好奇心，我就根本不会去研究它。

　　提到好奇心，许多人都羞于承认它可以成为做研究的理由，以为这就使研究成了一种"跟自己玩的游戏"（福柯用语）。但正是大师福柯本人为这种研究动机正了名。他在其名著《性史》中解释自己的研究动机时曾说："至于说是什么激发了我这么做，那则很简单……不过是出于好奇心——在任何情况下都是唯一值得带着一点固执去遵从它驱使的那种好奇心。"（福柯，163）你当然可以理解，我为什么也会对福柯的话心怀感激。他在我心中地位崇高，这一点有我引文的数量为证。

　　从1994年起，我开始做这项研究：中国女性的感情与性。这项研究所采用的是半结构化的访谈（semi-structured interview）方法。采用这种方法的主要原因是，研究所涉及的领域完全是个人生活史，隐私性很强。如果采用社会学的问卷方法，很难得到真实的情况。就像美国联邦政府耗巨资资助的一项有关美国人性生活的研究所受到的激烈批评一样，在涉及个人隐私的调查中，旨在推论整体状况的社会学大规模抽样问卷调查的可靠性受到严重质疑。这项研究是由著名社会学家、性学家劳曼（Edward Laumann）、加尼翁（John Gagnon）等人主持的。可以说，他们的方法集中了社会学量化研究分析方法的最高成就。不幸的是，他们的研究成果于1994年10月公布之后，虽然好评如潮，但批评也是致命的：不仅提出用这种方法来调查个人隐私问题是不可靠的，而且由此对社会学是不是一门科学、有无可能成为科学产生了怀疑。关于社会学是否科学的问题，从社会学建立的初期就有人质疑，到现在已有将近二百年的历史了。社会学家如何对待这种批评呢？我在美国的一位导师这样说过：如果说社会学不是科学，那么化学也不能算是科学，因为它也不过是对现象的记录和描述而已。我想，不论社会学算不算科学，大型抽样调查方法是不是科学方法，当我们做涉及个人隐私的研究时，为了保险起见，还是慎用大规模抽样调查方法为妙。这是我选择深入访谈个案史的方法来做关于"中国女性的感情与性"这个题目的主要原因——它是在研究这类敏感题目时最有效的方法。

对妇女个人生活史的访问和记录这一研究方法受到女权主义的高度重视，他们认为使用这种方法能够打破已有的边界，创造出新的公众话语。在过去的公众话语中，男性为主的色彩很重，因此女人的生活史在公众话语中的出现比起一般的个案生活史更具有特殊的意义。它有助于打破以男性话语为主的公众话语，使两性的话语在公众话语中都占有一席之地。

女权主义在研究的访谈方法中偏爱半结构化的访谈方式。这是一种定性的（qualitative）调查技术。它既不同于采用参与观察方法的民族志（ethnography）方法；也不同于传统的在调查者与被调查者之间缺少互动的调查研究和结构化访谈（survey research and structured interview）。

在传统观念中，定量的研究方法一向被视为"硬方法"（hard methods），如大型问卷调查和数据分析；相反，定性研究方法则被视为"软方法"（soft methods），如民族志方法、深入访谈方法和观察法。女权主义者批评统计学，视之为"男权文化中所谓'硬性事实'的僵硬定义的一部分"（Reinharz，87），并主张女权主义的研究只应采用定性方法，不应采用定量方法。例如，心理学家格雷厄姆（D. L. R. Graham）和罗林斯（E. I. Rawlings）就断然否定任何自称属于女权主义研究的定量研究。她们将研究分为三类：女权主义的、性别主义的（sexist）和非性别主义的（nonsexist）。"女权主义的研究视角以定性为主，一旦采用了定量的技术，女权主义研究者总会感到需要为此表示歉意；而性别主义和非性别主义的研究视角却是以定量为主的，一旦采用了定性技术，研究者也总会为其研究将缺乏科学的严谨性而表示歉意。"（Reinharz，87）

我反对完全排斥量化方法的倾向，我自己以前做过的许多研究就曾用过量化方法。我同意这样一种看法，即女权主义方法论与男权主义的方法论的区别只不过在于，前者乐于承认和采纳范围更广的方法和技术，其中包括那些并非不严谨只是不那么僵硬的方法和技术。我想，最好的做法是定性定量两类方法兼收并蓄。

此外，有一批性学专家持有这样一种观点，即对此类题目的研究没有必要做成很大规模。他们说："我们已提到运用普查法和观察法可以对数百人以至成千上万的人做调查，但这种大规模的调查有时没必要，研究一小部分人的情况，就能促进我们对性问题的了解。"在当代文化人类学的研究中，有时甚至可以仅做一个个案的研究。使用这种方法的理论依据是：某一文化的内部是有同质性的，所以研究一种文化时，最重要的是注重研究的深入和真实可信，而不太强调抽样的方法。但同时他们也指出："调查一小部分人时更要注意避免偏见、观察错误和做出不正确的结论。"（哈斯等，37）由于我的样本很小，所以没有任何统计意义，也不能做任何统计推论。我只是把这项研究视为一项探索性的研究，其中所有的材料只具有"存在着这样一种事实"的意义，不具备对更广大人群和更大范围的现象的代表性。

由此引发了一个问题：既然样本这样小，怎么可以把书名叫作"中国女性的感情与性"。这的确是一个问题。过去，曾有人对金赛（Alfred Kinsey）提出过类似的诘难：他的书不应该取名为《人类男性性行为》（*Sexual Behavior in the Human Male*）和《人类女性性行为》（*Sexual Behavior in the Human Female*），应该叫作《美国白人男性性行为》和《美国白人女性性行为》。如果按照这一逻辑严格考证下去，金赛的研究甚至不应冠以"美国"，因为他的样本不是全美国随机抽样样本，并不可以推论全国的。当然，更不可以推论"人类"。我曾按这一思路想过把书题的"中国"去掉，结果更糟，成了"女性的感情与性"，犯了和金赛一样的错误。在这种情况下，我建议读者从另一种定义的角度来看这类题目：当金赛用"人类男性"一词时，他是指这些男性属于"人类"，而非其他灵长类动物（金赛是动物学家）；当我用"中国女性"一词时，我是指这些被访问到的女性是中国人，而非外国人。本书仅在这一定义之下使用"中国"一词。

采用这种深入访谈个案史的方法，我一共访谈了47位女性，她们当中年龄最大的55岁，最小的29岁；她们的职业有科技人员、教师、公司职员、编辑、记者、医生、会计、艺术工作者、行政干部、工人、军人、服务行业职工、自由职业者等等，以知识分子女性为主；教育程度最高的是研究生毕业，最低的是初中毕业；大学及以上学历的占多数。对每个人的访谈短则一两个小时，长则四五个小时，有的还不止谈了一次。

这项研究涉及女性感情与性生活各个方面的一些基本事实，其中包括月经初潮，情窦初开，性压抑，性无知，性学习，初恋，异性感情，初吻，婚前性行为，初次性交，性交频率，性交方式，性快感，性美感，性交反感，性欲，手淫，避孕与人工流产，生育，家庭暴力，虐恋与强奸想象，婚外恋，离婚，同居，同性恋，停经与更年期，色情材料，性侵犯，感情与性的关系，感情与婚姻的关系，性与婚姻的关系，性观念，女性性权利，以及女性地位问题。

本书采用的叙述方法是：将人们在前述某一项中的行为方式分类；在每一类中选录若干被调查女性的经历和叙述；并在每一项的结尾处略加评论。这些评论有些是我对这一问题的分析和看法；有些是其他文化背景的人在该问题上的做法和看法；还有一些是我所看到的大思想家们在该问题上最富于启发性的思想。

月经初潮

女孩月经初潮时感觉是很不相同的,这些感觉可以被概括为以下几种:一、由对此一无所知而引起的恐惧感;二、由对此事的负面看法而导致的羞耻感、厌恶感甚至自卑感;三、视为平常事。但调查发现,极少有人对这件事持有肯定的正面的感觉,比如,由于期待成为成熟女性而引起的欣喜感觉,由于对这件事的正面看法而引起的自豪感等等。

一、事先对月经来潮一无所知

调查对象中有不少人在事前对月经来潮一无所知。这和她们进入青春期时的时代气氛有关,也与同龄人(姐妹、同学、朋友)之间传播这类信息的方式有关。调查表明,事先的一无所知往往会使女性对自己的这个生理特征产生恐惧或厌恶一类的负面看法。

一位女性讲了她月经来潮时的不知所措和不洁感:"有一次我去看话剧,忽然觉得底下湿湿的很难受,跑去厕所一看,特可怕,全是血,我不敢跟别人讲,也不知该怎么办,就找了张课本纸叠了叠垫上了,特别硬。那天我回家,妈妈不在,只有爸爸在,我不敢和爸爸说,就憋在心里,觉得特别难受,心情特别不好。后来回了学校,同宿舍的一个女孩正好来例假,我看她拿出个新例假带,垫上了纸。我心里又斗争了半天,才下决心把她叫出来,她一出来我就哭了。她说怎么了怎么了?我就告诉了她,她笑了,说,没事,我带你去买月经带。我总算过了这一关,可是心情仍很坏,觉得一来这个就失去了少女的纯洁似的。那年我13岁。"

一位女性为月经来潮感到害羞并从中得到"女人命苦"的印象:"我来得特别早,来时不到11岁,才小学三四年级。那时别的同学还都没来,所以我很害羞。我还记得当时我在游泳队,教练是个男老师。我月经来了害羞,不想告诉老师,可要是没有理由请假就必须去练游泳。我还记得当时为了既不告诉老师真实原因又能找到个合适的借口煞费苦心。来之前我从来没听说过要有这种事。那次是在我姑姑家过暑假,我游泳回来就发现游泳衣上有血,我以为哪儿划破了,找了半天也没找到。后来我就使劲洗那件游泳衣,谁也没告诉,连着两天都是这样。后来我躺着看书,还翘着腿,我姑姑就发现了。她给我用布做了一个月经带,我还不愿戴,因为不知道自己究竟是怎么了。姑姑告诉我说,女人都要有这个。我说,我姐姐怎么就没有?其实是我姐姐没有告诉我。我又问,以后我每天都要戴这个东西了吗?她说,过几天就会好的。我那时特别爱喝冷饮,因为不懂得利害,就在那前后还喝了冰冻的酸梅汤。后来痛经伴随了我20多年。有一段时间痛到每次来时浑身出冷汗,呕吐,疼得大呼小叫的。上中学时,每次来月经都是同学把我送回家。有一次我疼得哼哼地哭,我奶奶就说：女人的命就是苦。我几个姑姑小时候也都是这样，疼起来又哭又叫的，绞着疼。后来我和一些女友谈起来，发现有人居然一点都不疼，从没疼过，我真惊讶。"

好几位女性讲了她们对月经来潮的恐惧感：

"我发育比较晚，17岁才来。没人给我讲过，我很害怕，心理压力很大。"

"我是小学四五年级来的，当时吓死我了。我妈我姐都没讲过，她们特别保守。来的前两天，我和哥哥打架，他推我，一失手，把我的嘴都磕破了。那天我放学回家，觉得黏乎乎的，一看是红的，我一点也不明白是怎么回事，还以为是和哥哥打架打的。我也没跟妈妈说，就悄悄在厕所洗，半夜起来洗了好几次。那几天，我惶惶然不可终日的，好像自己做了什么坏事似的，有恐惧感。但是也朦朦胧胧知道这是女人的事。直到第三次来月经才被我妈发现。我妈的引导也有问题，她对我说：哟，你可能不会长个儿了。这是她老家的说法。那时候我才一米五三，又矮又胖，我很痛苦，大哭了一场。我来得算早的。记得那时候哪个女生一不上课间操，我们就知道她'那个'了。有个小男孩还问我：你凭什么不上操，你也没病。有的早熟的男孩就说：是妇女病。"

"我月经初潮时，一点也不知道是怎么回事。爸爸妈妈都不讲。我在家里又是老大。记得那是小学六年级，来了以后我吓坏了，不知是怎么回事，自己拿棉花去堵。后来我告诉了阿姨，她给了我一个月经带。听说有人对这件事有不洁等坏的感觉，我倒没有。"

"我是初二时月经来潮的，我比一般人晚。来的时候我不懂，很害怕。我母亲没对我讲过，她对我的教育是忽视型的。我以为是在哪里磕破了。"

"我是 14 岁来的月经。记得来时我正在打排球,我不明白是怎么回事,一开始感到非常恐怖。第二次来的时候,我哭了,想道,一辈子一直这样可怎么办。第二年这种恐惧感才没有了。"

"我是 14 岁来的,当时一点都不懂是怎么回事。记得小时候有一次我偶然看到过一个大人有这种情形,我当时告诉了妈妈,说那个阿姨屁股拉血,妈妈也没告诉我这是怎么回事。我来的那次正因为肺炎住医院,我不知怎么办,就跟护士说了,护士给我讲了这是怎么回事,还拿口罩给我做了个例假带。事后妈妈才给我买了真正的例假带。我在家里是老大,我妹妹懂这事是我告诉的。"

"我月经初潮是 12 岁,那时是小学五年级,同学们也大多不知道这个。记得当时是和一个女同学在我家,我对她说,我的肠子流血了。她好像稍微知道一点这是怎么回事。晚上妈妈下班回来,我问了妈妈才知道。"

"我是 18 岁来的月经。小时候我很糊涂,不懂这些事,也不爱打听,没仔细想过。来了以后是姐姐教我该怎么做的。"

"我是不到 13 岁来的。来之前基本不知道,只朦朦胧胧有点意识。来后我跟妈妈说了,妈妈大概给我讲了讲。我倒没觉得脏,可是觉得很害羞。记得那会儿课间都不好意思去上厕所。"

"我是 12 岁来的月经,当时我正好被汽车撞断了腿,躺在病床上。忽然来了月经,我一点都不懂,吓坏了,以为是我的伤口出了问题。我很慌,马上叫了护士。护士就笑了,她告诉我这是来月经了,还告诉我该怎么弄。我到现在还记得那个护士笑我的样子。"

有的女性从自己的经历中吸取了教训，改变了对自己女儿的教育方法："我家兄妹六个，两个姐姐对我都特别保密，觉得不到时候说这些不好。那天我和姐姐提起这件事，她很后悔当初没跟我好好说清楚。她对自己的孩子就不那么保密了，所以她的孩子还没到岁数就知道了。"

二、事先对月经来潮略有所知

事先对这一生理现象有所了解的女孩恐惧感较少，但仍有不少人有厌恶感："我是14岁来的月经，来之前就知道了，知道是女孩子都要有的，但我还是很紧张。我特别不希望有这种事，觉得很脏，很麻烦，很痛苦，每次一来就腰疼、肚子疼。"

有的女孩只是知道有这么一回事，但对此事的原理及具体细节不甚了了："我是14岁来月经的。我知道有这么回事，但不懂是怎么回事。"

对于那些在月经来潮之前已对此略有所知的人来说，知识来源主要有三类：第一，从家人如母亲或姐姐处得知；第二，从同学朋友处得知；第三，从学校教育中得知。

第一类女孩是从家人那里得知的，她们在月经来潮时得到了长辈或姐姐的指导，她们是幸运的：

"我是13岁半来的月经，因为我这个人比较早熟，所以我妈在我11岁时给我讲过一点，告诉我这是怎么回事，该怎么做。"

"我是十二三岁时来月经的，记得是初一。当时我就知道是怎么回事，是我姐姐告诉我的。我姐姐例假来得早，我开她的玩笑，叫她'大例假'，我一这样叫，她马上就面红耳赤。她性格特别柔和，可只要我一说这个，她立刻就成了母老虎了。"

"母亲给我讲过这件事，我事先既知道原理，也知道该怎么弄，所以我对这事没有羞耻的感觉。但是母亲给我讲这件事时特别严肃，让我感到很害怕，对这事有恐怖感。有很长一段时间我都不懂得要用凉水洗有血的内裤，一直用热水洗，洗不掉。刚开始来月经时身体很难受，反应很大。"

"月经初潮是13岁，记得是个冬天。那时已经有同学来了，她们在一起讲这事，好像挺神秘的。我来时妈妈姐姐都告诉过我了。我来得不算早，别的同学都十一二岁就来了，但也有十七八岁才来的。"

"我14岁来的月经。来时候我知道，好像无师自通似的。可是我不知该怎么跟母亲说，想了一整天才敢说，觉得自己犯了大错似的，不能和人说。最后终于还是和我妈说了，我妈给我解释了这件事。"

第二类是从同学朋友处得知的，多数调查对象是通过这一途径了解这件事的：

"我是14岁上初二时来的。来之前就知道。小时的伙伴互相说过这件事，所以知道。我当时觉得这事很脏，弄在裤子上一点点就觉得很脏。但是总的看法觉得还是自然的。"

"我是15周岁来的，正上初三。来时我有点知道。我上学早，是班上年龄最小的，所以别的同学大多数已经来了。她们虽然没具体说，但我大致知道是怎么回事。月经来之前就有白色分泌物，使我心里感到紧张。有个大同学说，我昨天出洋相，以为是白带，其实是月经来了。我从这些谈话就知道别人也来，心里就平静下来了。"

"我是十四五岁来的月经,那时已从同班同学那儿知道了。有人来了,别人就会说谁谁开始'倒霉'了。所以我来时没有恐惧感,如果人家都来了我不来就有毛病了。但同学都叫它'倒霉'对我的意识有影响,认为给自己带来很多不方便。"

"我是13岁月经初潮的,记得是小学六年级。当时我已经知道有这么件事了,因为班上同学中已经有人来了,我是班干部,别人来月经到我这儿请假,我就这么知道了。记得月经刚来时我感到很羞耻、恐惧。有一次我听到奶奶跟邻居说,孩子们现在这么早就来月经。我听见后觉得特别生气,就哇哇地哭。"

"我是差一点不到12岁来潮的,当时我们班的少先队大队长(11岁)也已经来了,她给我讲了这是怎么回事,让我别害怕。后来我又跟妈妈说了,妈妈也给我解释了这件事。"

"小学五六年级有人来了,学校就让她去上教工厕所。还记得等她上完厕所一出来,我们一大群女孩就拥进去看她的纸。那年我妈去'四清',我担心如果她还没回来我就来了怎么办。我总不能和爸爸说这事吧。幸好我妈临走前给了我一个月经带,我心里一块石头才落了地。我没觉得这是一件坏事。但是有一件事引起我对月经的反感:我16岁时得了肝炎,是'大串联'的时候得的。我的一个邻居,是个大人,他对我说,把月经纸焙干吃下去能治肝炎,引起我对这事的反感。"

访问到的人中月经初潮最早的一位是9岁:"我是9岁来的,我们班一共有三个人来,我是第二个,比我先来的那个女孩告诉我是怎么回事,我就知道了。记得当时很惊慌,很害怕。还记得为了能游泳,月经来之前我就喝醋,这样可以晚来半天。我觉得这事很丑,像秘密一样藏得牢牢的。我从小和妈妈关系不好,她总是疏远我，压抑我，所以我不让家里人知道，只有我们几个知道，互相分担。因为一来月经就不上体育课，所以男孩也知道了，就起哄。"

在访问的人当中月经来潮最晚的一位是在十八九岁时才来的："初中我得胃病，人只有39公斤。高中时才来，可一直到上大学还不正常来。我当时是校游泳队的，一游泳就半年不来。22岁那年去'社教'，农村天寒地冻的，生活很苦，那时也一直不来，有半年时间。记得我当时还挺高兴的，因为农村条件那么差，什么都没有，月经来了不好办。"

调查发现，女性对月经的知识同她们青春期时的性环境和性气氛有绝大关系。在"文化革命"后进入青春期的女孩对月经来潮的感觉要比年长的一代自然、平和得多。一位生于1957年的女性回忆说："来月经时13岁，当时不觉得害怕。小学四五年级就有同学来了，所以就知道了。来之前妈妈没给我讲过这事，可也没有恐惧感。"

第三类是通过学校教育了解的，这种情况不多，证明青春期生理卫生教育不充分，至少在过去的几十年间是匮乏的。

一位年过五十的女性回忆她在20世纪40年代的青春期教育："我月经初潮是15岁。当时没有什么心理震动。因为我上学早，比同班同学都小两岁，她们都来了。那时是新中国成立前，我进的是当地一所最好的学校，学校有卫生课，讲过月经卫生，该怎么处理很明确，很自然。"

有些学校的老师也为女生的月经来潮做了有益的工作："我是13岁半来的月经，来的时候我已经知道是怎么回事了，因为上小学时就有人来了。记得小学老师还召集班干部，告诉大家这是怎么回事,说如果谁来了,照顾一点,我是班干部,所以那时我就知道了。自己来的时候一点也不惊慌,觉得该来了。"

"我是16岁半来的月经,在中学我们班48个同学里,我是最后一个来的,所以我来之前已经知道是怎么回事了。其实,我在小学(那是北京很有名的一所小学)时就上过生理卫生课。我这个人不论生理还是心理都成熟得特别晚。当时班里同学不好意思去买卫生纸,就求我帮她们去买,因为她们知道我还没来。我从第一次就开始痛经,疼得很厉害,一直到结婚以后才好些。"

"16岁来月经,我因为来得晚,所以都懂,也上过生理卫生课。当时觉得见不得人,好像有一种耻辱的感觉。"

总的看来,月经来潮是女性人生的一个重大事件,是促使女性意识到自己与男性具有性别差异的一个重要关头。从我访问到的女性的经历与感觉来看,尽管许多人能够从一开始或随年龄增长把它看作一件很自然的事情,但是,的确有不少人在月经初潮时由于无知而产生恐惧感,或受周围人们看法的影响,对女性特有的这一生理现象产生不洁、厌恶一类的负面感觉。

这种情况并不是中国独有的,不仅许多欠发达国家中有类似的情况或对月经更严厉的负面看法和风俗习惯,就连我们心目中最开放、文明程度最高的欧洲在中世纪时也是这样的。信仰伊斯兰教、印度教或犹太教的女人在经期都认为自己身子不洁,因此必须藏匿一段时间。在位于南美洲北部沿海的苏里南,每当月经来临,黑人妇女便要与外界隔绝,独居一处,如果有人向她走近,她必须喊道:"我不干净!"(海斯,39)中世纪的罗马天主教信条甚至规定,来月经的妇女不许进入教堂。实际上,这种对月经的负面看法还可以追溯到更久远的年代。例如，罗马历史学家普林尼是如此描述接触经血的后果的："接触了它，鲜葡萄酒变酸，田地变贫瘠，嫁接的植物会死去，田园的种子会干瘪，树上的果实会坠落，钢刀的刃会钝，象牙的光泽会暗淡，蜂群会死去；即便是钢铁也会立刻生锈，而且空气中将弥漫着臭气；狗只要尝到经血就会立即变疯，并使被狗咬的伤口染上一种不可救药的毒。"（转引自凯查杜里安，211）人们虽然不再相信这些假说，但对月经的恐惧感至今仍在影响着人们对经期妇女的看法。

作为对比，我在此引用一位西方女性对月经初潮的感觉，她说："12岁那年，在朋友中我第一个来了月经，戴上乳罩。我感到自豪而又局促不安。本来，我已经是一个丰满而内省的少女，突然又长高了几英寸，伴随着胸部的发育，一个夏天就使我出落成为一个出奇地苗条而又匀称的小女人。奇怪的是，对这种情况我虽已时有预感，但仍然像幻想中的教母访问我那样，使我心情激动不已。不过，最令我兴奋的是自己的变化和发现自己对男孩子的吸引力而陷入自我陶醉的快乐。"（转引自海德，184）

对于月经来潮这一无害的生理现象，为什么会有那么多的误解、恐惧甚至是厌恶？原因首先来自无知，人类的先祖对于不可解释的生理现象产生误解是无可厚非的，但是，在现代社会中仍然对一种自然的生理现象抱有恐惧感和厌恶感就只能被视为冥顽不灵和愚昧了；其次，对月经来潮的负面评价反映出妇女地位的低下——由于妇女的地位低下，所以她的某种生理现象会令人厌恶；最后，对月经来潮的恐惧感和厌恶感反映出一种禁欲主义的心理倾向，因为它是小女孩开始向成熟女性转变的信号，对它的厌恶表明一种希望停留在女孩阶段、不愿成为女人的心理。这种心理产生于不希望彰显而力图掩饰女性第二性征的社会氛围中，而这种社会氛围正是禁欲主义文化中所特有的。

情窦初开

女孩从什么年龄开始对异性产生好感，感受到异性的吸引，感觉到自身的欲望？我把调查到的情况分为三类：第一类是幼年期的性游戏，那时女孩对异性的感觉处于朦胧状态，只能算似有似无；第二类是童年期，早熟的女孩开始对男孩产生模糊的好感；第三类是少女期，有些女孩已开始"进入状态"，产生了某种类似恋爱的感觉。

一、幼年期性游戏

被调查的女性中自述与男孩交往的岁数最小的是在三岁时。当我向一位女性提出什么时候开始对异性有感觉时，她说："三岁时有个男孩就和我'对鸡鸡'，也不知道怎么对，两人就屁股碰屁股。"

二、童年期对异性初萌好感的经历

"小学时，家庭背景相似的男孩女孩就容易在一起。出众的女孩跟出众的男孩一放学就往一块儿凑。记得那时候我知道那几个男孩要去滑冰，就也去滑冰。那时情窦初开，有个男孩对我表示好感。他是我们全班最调皮的男孩，可是他最保护我。我当时体育好，别人嫉妒，有次我摔了一跤，别人就起哄，他就站出来保护我似的说：你们干什么？当然完全是孩子式的。我一直觉得九岁是个很重要的年龄，我是九岁月经来潮。我儿子九岁时就有了性意识。"

"第一次对男孩产生好感是在小学五年级的时候。不是对某一个男孩。有的男孩在某方面出众，我就喜欢和他说话，记得当时已经有了一点争宠似的感觉。那时候，我们经常扮演公子小姐玩。我有个朋友老扮丫环，我老扮小姐，弄一身的花，男孩扮相公。我有点争宠的感觉。"

"小学六年级，我们班转来一个小男孩，长得虎虎实实的，叫XX。我对他有好感，我觉得他对我也有好感。"

"我这个人对性、对感情都晚熟。记得小学四年级的时候，我喜欢我们的班主席，他挺英俊的。从小我就有自卑感，觉得自己长得不漂亮，将来可能嫁不出去。所以我也只能偷偷地想想这些事。"

"我从10岁开始就对漂亮的异性有好感，对那些漂亮的叔叔哥哥就觉得赏心悦目，对那些丑陋的就敬而远之。这不是一种生理上的感觉，可也能一想就想半天。有时有他们在场，我就会有点不自然。我还记得那时班上有两个特别漂亮的男孩，我甚至能为了引起他们的注意就拼命努力学习，我原来学习不太好，就为了让他们注意我，我到毕业时居然成了班上学习拔尖的人。"

"小学时我和XXX坐同一位子，因为我们俩名字的中间一个字相同，有人就'哄'我们。记得当时有一种受他保护的感觉，但什么事都没发生。"

"我是小学五年级时开始对异性产生好感的。我们班有个细高个的男孩，叫XX，是少先队的旗手，他是男孩里最稳重最文静的一个。他出身知识分子家庭，是班干部，学习很好。我当初就觉得，我将来要跟他成。我这个人感情脆弱，性要求强烈，所以很早就对他有好感。我那时爱跳舞，有时去借他妹妹的高筒雨靴。我觉得他对我也有好感，就总是爱多看他两眼，做少女的梦。有一次，我和另一个女同学聊天，她说她也喜欢他。我当时就觉得我会得到他，她不会得到，有点争风吃醋的意思。六年级毕业时，同学们互留照片，我希望有男同学给我留照片，可是没男同学给我，给我留照片的都是女同学。"

三、少女期和真正恋爱感觉的萌发

"我从上中学起一直当学生干部，和男同学打交道很频繁，那时一点也没有男女有别的意识。到中学三年级时，我开始对我座位前边的男孩有了感觉，跟他说话时有点害羞。我爸爸送给我几件贝壳做的工艺品，我特别想送给他一件，可是没头没脑送别人礼物又不合适。记得我为了能够又大方又不露痕迹地送他这件礼物费了好几天的脑子。这件事我记在了日记里。总之，那种感觉就是愿意看到他，愿意多和他交往，有什么稀奇的东西，能让他看看就很高兴，他要是愿意要，我就愿意送给他。那时他是红卫兵干部，我是红卫兵团的头头，课后就老借口跟他谈工作把他留下来，跟他谈话。他比较害羞，内向，长得精瘦，蛮精神的。

不过我们的交往没有往深处发展，毕业后我们就各奔东西了。"

"我是从十四五岁开始喜欢男孩的。同班有个男生成绩很好，长得也特别英俊。我对他有爱慕心理，特别想跟他亲近，想跟他说话。那时班里同学都爱传谁和谁好，我听到别人说他和班上一个特别漂亮的女孩好，心里还挺难过的，但是没到忌妒的程度。我小时有点自卑，因为我上的是艺校，我觉得自己在那个圈子里是最丑的，别的女孩都是天生丽质。多年之后，那个男生还托人来问我有没有对象，可我对他的感觉已经没有了。"

"我是从初中时开始对男生有好感的。记得那时男生教我学国际象棋。班上有一个个子高高的很文静的男生。记得当时有那么一种感觉：同学聚会只要有他在场我就特别高兴。后来'文革'了，他出身不好，和我是两派，接着又下乡去，这事就过去了。他一直不知道我喜欢过他。"

"我上中学那阵时兴跳集体舞，一跳就心情迷乱。我看过米开朗基罗刀下的人体，知道什么是男体美。相比之下，我觉得中国男孩一个个就像褪了毛的鸡一样，一脱衣服就像晾排骨。那时我管举重队叫排骨队。不过当时确实已经感觉到异性的吸引力了。"

"我初一时感到有性意识的萌动。那时我对一个男生有一点点好感。"

"我们上中学时，女生都暗恋那个教数学的男老师。我还迷恋好几个男演员，有时候看电影时会觉得害羞，都不敢一直盯着他看。可是这种感觉不能让人说破，有罪恶感。我看了一个电影，叫《海鹰》，就想象将来的丈夫穿一身白色的海军服，自己穿个连衣裙，有时一想能想一两个小时。这种想象里没有什么性的内容，想象中的人物都是衣冠楚楚的，站在海边的岩石上，海鸥在脚下翻飞。琼瑶的小说之所以在中学生里畅销，就是因为它符合少女的做梦时节的需求。"

"我15岁去插队，到了农村，我们有意挑了一个偏僻的没通电的村子。我对那里一个少数民族的男孩有些好感。我们到了那里一年多以后就能听懂他们的话了。那年我15，他比我大一点，大概十七八岁的样子。他老爱和我玩闹，还记得一次他把灰往我头上撒。有个大点的人说，这姑娘挺好的，娶她吧。他就没说话。我当时想，我太小了，等大几岁再说。比我大的人还都没谈恋爱呢。另外也觉得不能在那个地方找对象。我们一直没谈开过，但我对这事也不反感。"

"最早对异性有感觉是在14岁左右。那时我们院有个小男孩，不是很漂亮，但那股劲挺好的，我老想看见他。"

"在兵团时，有一个所有的女孩都崇拜的男孩。他长得特别帅，一脸正气，充满阳刚之气，不苟言笑。女孩们只要听说这个男孩去打篮球，就大家都争着去看。我从他的眼神看出他喜欢我，我就一直躲着他，可是躲也躲不过。后来长大了，我想我心里是喜欢他的。他在男孩里有号召力，像个帮头一样。有一次，我们宣传队演出，那次由我领唱，掌声特别响。我看到他在台下的样子，就知道是他带的头。有个朗诵的女孩以为是给她鼓的，我心里明白，又不好解释。我那次卸妆没卸好，出门看到他就感到特别遗憾，说明我下意识中不愿让他看到我狼狈的样子。"

"我从很小就爱和男孩在一起，觉得和男孩在一起有劲，说的做的都有意思。和女孩在一起，女孩总要妒忌，和男孩在一起从来没有这类问题。回想起来，是非常美好的，但并不是恋爱，也没有性的感觉。我想这和我的家庭教育有关。我妈穿衣服很得体,可从来不戴胸罩。初中有女同学用胸罩,我记得我还对她们说,我妈都不用你们还用。"

有的女孩的对异性的感觉已带有单恋的性质:"上初二的时候,我们学校有个少先队大队长,样子很正经,有绅士气派,已经有了男子汉的样子,老爱穿一件风衣。我有几次在汽车上碰到他。他指挥鼓乐队。我记得特清楚,那时候鼓乐队一打鼓我就脸红。那次是我真正地实实在在地对一个男孩有了好感。虽然我们俩一句话都没说过,互相也不知道名字。我一直希望在汽车上碰到他。后来我们就这么很遗憾地毕业了,各奔东西。"

"我对异性的感觉出现得挺晚的,小时候递纸条不算的话,真正意义上的感觉是上高中时出现的。那时我17岁,记得是快到高考的时候。我是高二三班,那男孩是高二二班的。他会拉琴,学习特别好。我有个好朋友认识他,老说起他。我对他有了好感,但是没有说过话,好像暗恋似的。就那么远远地恋着他。他长得浓眉大眼,又不粗鲁,很文静,还有几分腼腆。我一直没有跟他单独接触的机会,连走到离他一米远的距离的机会都没有,但是远远地看着他就觉得舒服。我那个女友和他是一班的,他们班同学一起去爬香山,照的相片里有他,我就把这张照片要过来,老拿出来看,一看就心旷神怡。"

金赛调查数据表明,女性中曾对肉体刺激产生过可辨认的性反应的比例,在3岁时约1%,到5岁时约4%;累计结果为约有27%的女性回忆起自己在青春期之前曾产生过性唤起。关于童年的性游戏,全体女性中有15%只有过同异性的性游戏;18%只有过同性性游戏;两者兼而有之的占15%;三种人相加共占女性的48%。双变量分析表明，童年性游戏的发生率与教育程度有关：在高中程度的女性中占约24%；在大学程度的女性中占30%；在研究生女性中占36%。（金赛，19—23）由此可见，即使在学龄前儿童中，性的感觉也确实存在，而且并非个别现象。做过性游戏的更达到将近一半。从性游戏发生率与教育程度的关系可以推论出，性活动方面的活跃程度与智商成正比——越聪明的孩子在性活动方面越活跃。

从此次调查结果看，女孩真正意义上的对异性的感觉多发生在十四五岁。它发生得很自然，很纯洁，很健康；由于社会规范的学习尚未完成，它具有较少犯罪感和羞耻感的特点。当然，我这里所说的"自然"并不包含性取向的含义，只是指一个人开始对另一个人产生了生理和心理上的爱慕之情。如果因此以为只有对异性产生好感才是"自然"的，对同性的好感就不是"自然"的，那就大错特错了——参见"同性恋"一节关于情窦初开时对同性的感觉，你绝不会得出一个少女对同性产生好感是"不自然"的感觉。只有用以生育为性的唯一目的的标准来衡量，才会得出对同性的好感"不自然"这一结论。西方人由于宗教教义的束缚，中国人则由于对生育和传宗接代的看重，才得出了这样的结论。西方好几位思想家都表达过这样一个思想：在古希腊罗马时期，人们更看重爱与性的激情本身，只是到了后来，激情的对象的性质才变得日益重要起来。如此看来，情窦初开时的青少年带有古希腊罗马人的特征，对他们来说，激情的对象并不重要——事实上绝大多数都没有成为世俗的伴侣——激情本身才是最重要的。

性压抑

现在年届中年的一代中国女性在青春期前后都或多或少经历过对性征发育的恐惧与反感,甚至是对于男女恋情的恐惧和反感。这种感觉同以"文革"为巅峰期的近几十年的禁欲主义社会氛围不无关系。近十几年来,虽然随着国门的打开,社会风气比过去开放了许多,但过去几千年儒教文化和几十年革命意识形态所造成的禁欲氛围的作用是不可低估的。即使现在已经完全改变了(我不这样看),了解一下过去发生过的事情和其他女性所经历过的惶恐,也是很有必要的。

一、对第二性征发育的恐惧和反感

"我十几岁胸部就开始发育了。我从小上艺校,经常要练功,练功时穿得很少,有人就对我说,你应该戴胸罩了,抖得那么厉害多难看。我觉得特别不好意思,从此以后我就总习惯含着胸,不敢挺胸,走在大街上都习惯性地含着胸。可是舞蹈又要求打开胸。老师就说我。我不愿戴胸罩,觉得一戴上就是妇女了,不纯洁了似的。我回家和妈妈说:同学都说我了。妈妈就给我做了个胸罩。"

"记得我初中的时候,女同学们不是比谁的乳房大,而是比谁没有乳房。还记得我那会儿总是使劲用书包带压着乳房,让别人看不出来。当时受的就是那种教育。从来没想到性可以是美的,自然的。现在看到女孩的小乳房发育起来,觉得很美。脸上的青春痘也挺美的。"

"我原来一直以为胸部高不好,后来才觉得好。"

一位后来在性方面相当活跃的女性这样回忆当年的情形:"我妈特封建,从没对我们做过性教育。一切女性特征都要掩饰起来。那个时代,无论是来月经,还是结婚生孩子,凡是女人的东西都看得比较下贱。乳房使劲勒着,还驼着背,怕人看出来;夏天我都不穿短袖衣,怕露胳膊。"

有时,性压抑已经转化为民俗的形式,成为不可逾越的规矩,这一点在城乡对比中更容易看出。一位嫁给农村出身的青年的前女知青说:"我们刚开始有点不协调,有一次我回婆家去看他。一下火车,他看见我穿裙子就不高兴了,当地的女人都不穿裙子。我说,怕什么?他说,这是农村啊!我有一个撒手锏,碰到他不听话我就说:你要不听我的,我就挠你的胳膊。他马上就依我了。"

性压抑或反性的环境甚至造成了一些女孩的"男性化",这是它最极端的结果。有一位女性对自己生活中的这个"男性化"过程做了如下的描述:"我不喜欢自己的男性化。记得来月经前我是个典型的女孩,看人总用害羞的眼神。我羡慕那些男性化的女孩,觉得她们不受人欺负。正在我这么想的时候,正好有个转学的机会。我就处心积虑观察别的女孩,利用这个机会让自己变了个人。我妈那时在国外，回国后见到我的样子说了这么句话：文文静静的女孩怎么就成个野小子了。她还带我去看过一个学心理的，他说，女人的一生有两大关口，一个是来例假，一个是更年期。"这位女性后来结了婚又离了婚，据她说："我前夫说没有男人会喜欢我，因为我的性格像男的。只有女人才会喜欢我。"

二、对恋爱的恐惧和厌恶

"我初中时写了入团申请书，团支书就老来找我谈话。我俩谈话时总是坐得隔一两尺远，谈话内容都很正经。我当时很单纯，什么都不知道，后来才知道他是想跟我好。直到'文革'时我们俩在一个组织，他给我写了封信，我才想起来。他给我写信时，我觉得自己有种受侮辱的感觉，把信撕成一小块一小块的还不解气，还要在地下踩、踩、踩。那时男女界限很严重，我从心里觉得这事很脏，就经常恶作剧似的骂他。他对我的感情流露很明显，老想跟我在一起。可是同学聚会只要有他在场，我就浑身不自在。也不是怕他做什么，他其实没动过我一个指头，只是觉得脏，讨厌他。我老当着同学们的面嘲笑他骂他，他也不生气。后来时过境迁，我感到这样对待他是不对的，但再也没有机会找他道过歉。我想，当时对他本人的反感和对这类事的反感都有一点。"

"初中有男生给我写信，我觉得脏，觉得不应该，就交给老师了。"

一位女性回忆了她在"文革"中度过的青春期，讲述了那时一个敏感的女孩所处的环境对她性格的扭曲："我去兵团的时候是15岁，在一个过去的劳改农场当车工。我从小学过唱歌、跳舞和画画，所以经常要画板报什么的。那时我很敏感，因为我老被人谣传各种可怕的事情。如果回北京就是去打胎了，好可怕的谣传！所以当时我不和任何男孩说话。有一个男孩，我每次去拉料，他都主动帮我装车。有一次，我在车间画板报，一边画一边唱歌。我不知他一直在偷偷看我。我下来后才发现他，我上了火，觉得不能原谅这个偷看偷听我的人。他对我说：别人说的我都不信。我却大声对他喊：混蛋！后来我有点后悔。那时我挺矛盾的，又想接受他的感情，又怕别人议论。后来多年以后，我们都回到北京，有一次我突然在公共汽车上遇上他，我看他走了过来，就趁开门时一下溜掉了。"

一位女性讲起小学时听到人讲结婚的事的反应："我班上有个学习很差的男孩，有一次他对我说，长大以后第一个娶我，第二个娶XX（我的一个女友），当时气得我直哭，好像受了侮辱似的。"

"我大约是15岁对异性开始有好感的。从那时开始就有男孩追我。有时在街上走，就有人过来说：对不起，我告诉你我是谁，咱们认识认识好吗？我不理他们，要不就说'讨厌''没必要'。"

有一个女性讲到一个对她单恋的男孩及自己当时的反应："他去当兵，我下乡当知青。他给我写信，寄明信片。有一次，他送给我一个手绢，让我回家再看。我回家一看，里面尽是血手印，还有他写的诗，都是'永远不变'这一类的话。我藏东藏西，结果还是让我妈发现了。她问我，这是什么东西？我当时觉得就像犯了罪似的，其实我什么也没做。"

"从小我就知道要回避男人对我的注意。我在游泳队学游泳时,有一个教练对我特别好。有一次我把他推下水去,忘了因为什么。妈妈说了我,说只有举止轻浮的女孩才对男孩动手动脚。我妈老说我轻浮,使我不能不觉得,自己是不是很坏,从此就有意回避男人对我的注意。"

"直到 20 岁,我和男孩之间都是特别纯洁的。一个眼神啊,拉拉手啊,说说话啊,就特别满足。如果我见到一个男孩特别聪明,和他聊聊天就觉得特别满足。我男朋友有一次忍不住,想让我看看他那个东西,我就使劲闭着眼不看,当时觉得一看我就是另一个人了。我从没见到过男性生殖器,一看之下,觉得丑死了,很恐怖的,跟王小波小说里写的陈清扬的感觉一样。我都快晕过去了。我记得当时有恶心的感觉,连晚饭都不想吃了。我哭了,觉得做了见不得人的事似的。回家的路上,我一路闷闷不乐,我认定他做错事了,不到结婚时就提前让我接受这个,没有美感。我对他说,你做错了,我得惩罚你。他说,怎么惩罚?我说,你把眼镜摘下来。他把眼镜摘下后,我'啪'地打了他一个耳光。他很惭愧,一直说:我错了,我错了。等他走了以后,我才感觉舒服了一点。后来是他主动找了我,我和他尽释前嫌,从此人人都知道我有男朋友了。他多才多艺,长得特别秀气。我喜欢的男孩都是比较清秀文静的,有点书生气的,一看就特别男人气的反而勾不起我的兴趣。我当时觉得自己特别幸运,男朋友那么棒。我常常和他一起吃饭,正里八经地讨论学业。有时也互相抚摸一下,但没有进一步的接触。"

"我和男孩接触,一个是感觉迟钝,一个是自尊心特强。我不愿取悦男人。中学时有很多男孩给我写信。有宣传队的男孩追我,给我写信,我觉得他们黏乎,不理他们。'文革'中邻居有一个男孩,性情忧郁。他提出想和我一起去插队,还流了眼泪。他比我小两岁,我觉得我俩像是姐弟的关系,要提这种男女关系,我就决不能接受。我当时特别不愿意接受这种事(恋爱关系),觉得是耻辱。我到山西后,每次接到他的信都很不安,跑到厕所去看。他写信说:决定我命运的时刻到了,我被分到陕北,可是我想跟你去山西。他还寄来照片。我当时气得要命,把他的照片撕了。我想,要是不快刀斩乱麻,以后就没完了。我就回信告诉他,完全不可能。他又来信说,我们还可以做姐弟吧。我就不回信了。长大以后,我觉得这件事我处理得太粗暴了。我老想找个机会向他道歉,可又觉得事情已经过去了。后来知道他的生活还比较正常,我才不内疚了。"

这位女性还分析了自己感情压抑的原因,她对于男性自然流露的好感、好意总是不仅毫无好感,反而有反感:"记得插队时,有一个知青对我的好感表现得非常露骨。我家里托他给我带了些东西,他一路上就一直抱着不让别人碰。我从别人口里听到这件事之后,不但没有对他产生好感,反而很反感。我想这和我从小没有父亲有关。我没有在男人面前邀宠的习惯。"

三、禁欲主义环境的影响

有的女孩对与异性关系的反感明显受到禁欲环境的影响:"初中我喜欢的那个男孩上了中专,因为出身不好,他自知上不了大学。我上了高中。我们每周通一封信。他家有一大幢房子,他自己有一间小屋,我们俩有时在他的小屋里听唱片。有个女友对我说,你多危险哪,出了事都没人知道。其实我们俩连手都没拉过。他写来的信我以为没什么就给别人看了。后来团委干部找我谈话,问得很仔细:他的信抬头是怎么写的?怎么落的款?我怎么称呼他?他们让我少跟他交往,说他资产阶级思想严重。后来我觉得这事真的不太好,确实不该和他来往了。他再来信我就推说学习太忙,信也写得冷冰冰的。那时我真以为谈恋爱是不正当的事。"

"那时我在一个三线工厂,我因为表现好被选上当护士,去X市的医院实习。当时我和另一个女孩老去找一个医大的大学生,和他关系处得比较近。他是麻醉师,我俩是手术室护士,所以跟他接触比较多。当时有规定,不许我们谈恋爱。我们只是关系比较近一点,领导就对我说:不要谈恋爱。因为那个女孩是高干子女,人家对她很宽容,对我就不宽容了。后来就因为这件事,领导竟然不让我当护士了,把我调回工厂,让我去烧砖,还要让我干翻砂工。我找他们去分辩,结果在全厂传得沸沸扬扬的。我当时是19岁,厂里的正经人都不理我了,只有二流子来找我纠缠。有整整三年时间,我谁都不理。后来通过我爸的关系换了工种,可别人还都拿我当坏人。"

"我是从上高中的时候开始对异性有感觉的。小学时我看不起男孩,因为老师宠女孩,女孩学习大都比男孩好。我那时就不愿和男孩相处。到初三时,我们学雷锋,排节目。我突然觉得男女同学一起排节目挺有意思的,蛮好的感觉。有次我病倒在家,同学们来看我,先是女孩,后是男孩。我听男孩聊天,多是谈的国内外大事,觉得有新鲜感。一个男孩引导我看哲学书,给我介绍了不少好书看。书店买不到他就借给我看。后来听别人说,有一次他问过老师有关谈恋爱的事，他懂得这些事特别早。老师劝我别理他，说，他爸是资本家，母亲是外国人，他能教给你什么好思想呢？我们后来没有进一步的发展，但这个男同学我一辈子都忘不了。"

在禁欲主义的气氛中，肉体的接触被看得非常严重："有一次我们去看电影，他第一次握了我的手，那时我们俩的关系已经有两年了。"

有时无知会使人变得残酷；而孩子们之间的残酷有时会比成人之间的残酷更强烈百倍，它能令涉世不深的当事人有一种陷入绝境的感觉。一位女性讲到她接受青春期教育的一段痛苦历程："中学时我们学校实行男女分班。我发现有一个男孩老注意我，我心里朦朦胧胧地能感觉到，所以就多看了他两眼。他虽然个矮，可挺能打动我的，我那时心里就蠢蠢欲动。后来'文革'开始了，我们去支农，回来我就接到一封信。我在学校里还从来没接到过信，很好奇，就当众拆开了信，见上面写着：支农的时候我看见你心里特别放不下，我心里老忘不掉你的大眼睛，总注视着你……总之，都是这一类的话。落款是个假名字。我当时也不懂这有什么严重的，就跟一个女同学说了，大家就都传着看了。结果一个革军（注：革命军人）子弟就说我是流氓。从那以后，所有人都不理我，孤立我，在我课桌上吐唾沫，用粉笔写上'大流氓'，还拔我自行车的气门芯。我把信交给了学校的军训排长，让他为我做主。同学们都说我招惹男孩。我当时觉得委屈极了，因为那时候我纯朴极了，根本不懂什么。后来学校待不住了，我就跨学校和一个我妈同事的孩子去插队了。在那么悲惨的情况下，我好像全靠他了。他比我大几岁，很照顾我。我们走的时候我还不到 17 岁，18 岁时我就和他好了。"

四、对禁欲主义环境的理性批判

有些女性对禁欲环境采取了理性批判的态度。一位单身女性讲到过自己的压抑感："我有压抑感，小环境（指家）大环境（指社会）都一样。想不在家待着、不和父母一起住都不可能。人的选择余地太小了，不能痛痛快快地生活。压抑感是一阵一阵的，中国人总按别人的反应来改变自己，别人怎么说很重要。我相对来讲不太在意这些，但也不能全不在意，不可能逃脱。"

一位爱好文学的知识女性说："我在性方面始终是压抑的，这和从小的教育有关。直到三十一二岁看到一本书，叫作《光荣与梦想》，里面说性解放对美国起了很大的作用，我才觉得性不是脏的、坏的。我的第一篇小说就是写性压抑和性罪恶感的。"

禁欲主义的渊源可以追溯到古希腊人芝诺（Zeno of Citium）。他在公元前 4 世纪创立的斯多葛学派认为：通过压抑情绪波动，不计较个人享乐与痛苦，用忍耐所获得的贞洁是最高的善行，最完美的事业。基督教的禁欲主义思想家认为：肉体是内心罪恶的证据；女人的全身和男人的腰部以下都是魔鬼的杰作；性欲的满足是"俯身试毒"；婚姻则是"生命的玷污和腐蚀"；性交是令人作呕的，是污秽而堕落的，是不体面的，是不洁的，是可耻的，是一种玷污。（坦娜希尔，155—156）

禁欲主义的流行有时间、地域和文化的区别：在拉丁欧洲，性自由并没有像盎格鲁—撒克逊国家那样遭到无情地排斥扼杀。

因此，精神分析学家对英国人的精神状态特别感兴趣，称之为"盎格鲁—撒克逊神经症"。英国人之所以在一切人中首先激起精神分析学家的好奇心，这既是因为他们的保守主义，又是因为他们的同质性。在英国人中，可以看到高度发展的端庄，或不如说是假装正经，这一点似乎在维多利亚时代的人那里达到了顶点。此外，还有人认为，北美社会的清教传统和反性政策可能比旧世界的盎格鲁—撒克逊人更僵硬。（居伊昂，221）禁欲主义社会氛围的后果是造就了一大批性冷淡的女人和一大批道貌岸然的男人。

在英国的维多利亚时代，女性被划分为两大阵营：一个是受人尊重并准备结婚的淑女的阵营；另一个是"坏女人"的阵营，由女仆和工人阶级女性组成。第一个阵营是贞洁而非性的；第二个阵营有性而不贞洁。在那个时代，对女性的生理特征有极多的言语禁忌。一些游记中有这样的记载：在当时，为了避免引起淫秽的联想，甚至连某些钢琴的腿也用粗布遮盖了起来；吃鸡时不能说"腿"或"胸"，只能说"黑肉"或"白肉"；"怀孕"要说是"处于一种有趣的状态"；女病人在医生的诊室里不能脱衣就诊，只能在医生准备好的一个人体模型上指出她们感到疼痛的部位。

有些狂热的禁欲主义者竟然反对预防梅毒，或对有效地治疗这种疾病的前景感到忧虑，因为他们担心这会造成更大的性自由。就像现在有人以为的艾滋病是对同性恋的惩罚那样，过去也有人相信梅毒是对性自由的惩罚。其实，一种疾病就是一种疾病，它肯定不会是上帝对某些人的刻意惩罚；如果是那样的，上帝就要为人类的许多痛苦和死亡负责；我想，上帝是不会乐意负这个责任的。人几乎是世界上绝无仅有的能够做自杀性选择的动物。即使某些事有百害而无一利,还是有人会去做。有人愿意得梅毒,有人愿意有很多性伴,有人愿意自杀。与其徒劳无功地絮叨某种疾病是对某种人的惩罚,不如让那些想得病的人得病;给那些愿治病的人治病。

弗洛伊德曾这样讲到禁欲的后果:"禁欲不可能造就粗犷、自负、勇于行动的人,或是富于创造力的思想家,大无畏的拓荒者或改革家;通常它只造就'善良'的弱者。……一个人若能对其爱欲对象锲而不舍,我们便不难相信他在追求别的东西时,也一样能成功。反过来说,不管为了什么,一个人若禁绝其性本能的满足,他的人生态度便难免和易谦让,不能积极地去获取。思考能力之所以会不发达,一方面固然与性好奇的抑制有关,另一方面,又因为人们在宗教问题上不能够自由思考,不敢打破禁忌,背叛某些信仰,而益趋严重。摩比士(Paul Julius Möbius)相信,两性间不管是性冲动或心智活动皆有差别,可见女性智力之所以低下原有其生理学的背景,这种说法已经遭到很多人的反对,我也同样地不赞成。相反,我认为许多女人的智力之所以会比较差,乃是因为思考能力的发展,被性压抑所牵连,而不能充分。……社会苦心压抑那些它认为有害的精神动力,到头来还是一无所得。吃人的礼教带来了心理症的增加,在个人的牺牲里,社会并没有得到什么好处——的确没有任何好处可得。"(弗洛伊德,178—183)

针对"性压抑"这一状况,弗洛伊德提出了关于"升华"(sublimation)的理论,他指出:伴随文明而来的种种不满,实乃性本能在文化压力下畸形发展的必然结果。而性本能一旦受制于文化，没有能力求得全盘的满足，它那得不到满足的成分，乃大量升华，缔造文明中最庄严最美妙的成就。如果人类在各方面都能满足其欲乐。又有什么能催促他把性的能源转用在其他地方呢？他会只顾着快乐的满足，而永无进步。（弗洛伊德，143—144）然而有人却认为，"升华的概念是弗洛伊德本人最富于清教主义气息的信仰"。（罗洛·梅，66）

在西方人的心目中，禁欲主义只是基督教文化的传统，而东方文化对性能采取一种较为自然的态度。例如，在古埃及，性被看成快乐之源，社会上的性禁忌很少，人们对性安之若素，毫无惊恐之感。古代近东文明都很能欣赏人类的性活动。在东方的日本和中国，也有大量坦率描绘性活动的书籍绘画，人们对性较少罪恶感。东方人在西方人看来是一些"正常而又幸福的人"。

这种情况在近现代看来已有了很大变化，转变的方向相反：西方向性解放的方向转变；中国向禁欲主义的方向转变。当然，中国的禁欲主义并无宗教色彩，而是一种世俗的出于意识形态纯洁化意图的禁欲主义。

在西方国家，有史家以20世纪20年代划线，认为在此前后人们的性态度发生了戏剧性的转变。在第一次世界大战之后的一段时间内，人们从对性的绝口不谈突然转变为对性的迷狂。自从古罗马时代以来，他们比以往任何社会都更强调性的重要性。有些学者甚至相信，此时的西方人比历史上任何时代的人都注重性方面的问题。他们对性方面的问题已不再持着"三缄其口"的态度了。事实上，倘若有火星人降临时代广场的话，双方除了谈谈性问题之外，似乎再也找不到其他彼此沟通的话题了。英国也有人在说："从主教一直到生物学家，每个人都在讨论这件事。""维多利亚时代的人往往不愿意别人知道她是否有性感觉；而我们这个时代的人，则深恐别人不知道我们有性感觉。在1920年以前，倘若你说一个女人'性感'的话，她便会觉得自己受了侮辱；而在今天，她不仅珍视这种恭维话，而且还会朝你频送秋波。当今西方社会中性障碍者所表现出来的问题，大部分是性冷感及性无能。但令人不解的是，他们却拼命地在掩饰自己的性冷感。维多利亚时代的名媛、绅士，因自己的性感觉而感到罪咎；而我们这时代的人，则因自己没有性感觉而感到罪咎。"（罗洛·梅，48—49）

福柯的观点与上述感觉大不相同，他认为并不存在这样一个明显的转折——从压抑到反压抑，至少这种人人言必称性的情况发生的时间要早得多。他在《性史》里反复言说的一个基本观点是：在西方自十五六世纪以来的历史上，并不存在什么性压抑。性被人们在忏悔中、在传媒中、在各种场合反复地言说，性不但没有被压抑，而且成为一种无所不在的力量。

中国的情况仅从表象上看，同福柯所论说的情况有很大差别，性的意象确实在一段时间里从文学、影视、戏剧、歌曲、美术甚至诗歌中被扫荡一空，性的研究和教育亦付阙如。作为这个时期社会氛围的典型事例可以看样板戏《红灯记》。在这个"样板"中，就连以为是一家人的三代人最后都发现没有血缘关系，只有革命的同志关系和抚育战友遗孤的关系。这种氛围反映在社会生活的各个方面，甚至反映在当时的服饰上。正如一位西方观察家在1974年访问中国时得到的印象："中国与性别有关的穿着打扮的特点就是故意不渲染男女之间的区别。……在中华人民共和国，人类的性行为是一个禁忌的问题。极端拘谨的清朝传统被结合进了革命的学说里，但不包括那种与官方的清朝清教相悖的放荡的亚文化部分。卖淫不复再见，而性病已得到有力的控制；同性恋和手淫不公开讨论；青春期和青年期性关系不受鼓励，但这种关系的发生也时有所闻。"（莫尼等，521—523）

在20世纪50年代、60年代和70年代度过青春期的中国女性的经历，在中国历史上是最为独特的。它既不同于新中国成立前的女性的经历，也不同于"文革"后进入青春期的一代人。前者的生长环境基本上是传统社会的文化环境；后者则近似于现代社会的文化氛围，尤其城市女性的生活环境更是如此。因此，她们的经历对理解和研究这30年的社会氛围极具启发性。高度概括地说，这一时期的社会氛围是以禁欲主义为其主要特征的。它的根源应追溯到宋明理学和20世纪中国式的革命意识形态。

性无知

人生在世,对一切事都有一个从无知到有知的过程,这本没有什么可说的。可是如果人在某事上的无知有人为的因素,即有人有意无意地造成了人在某事上的无知,或有意延迟人了解某事的时间,这就比较有意思了——性这件事就是一个典型的事例。人们在性上的无知包括对性生理的一般无知;对性行为的无知;以及对性行为与生育二者关系的无知等等。

一、对性生理的一般无知

"我成熟得比较晚。在学校我听说有的女生黑着灯同男生在一起,可我不知道男女黑着灯能干什么,一点也不知道。我那时候以为谈恋爱就是两个人聊天,连要亲吻拥抱都不知道。"

"我到了17岁时还不知道性为何物。记得那年我们下乡劳动,我看到了一本关于这方面的小册子,上面写着男孩会遗精。我记得当时我挺高兴的,因为我原来以为只是女人有月经,现在发现男的也摊上了一件事,心里很高兴。当时我的知识在这方面完全是空白。"

一位在"文革"后期才中学毕业的年轻女性说:"十七八岁的时候我去插队,那时女同学一起洗澡倒都觉得乳房大的漂亮了。但是在男女关系方面我们都很正经。有个别人和农村人好,有性关系,我们都觉得不可思议。还记得村党支部书记对我们说:你们这些傻丫头,什么都不懂。"

二、对性行为的无知

"我俩在婚前一直没有性生活,不是没有机会,而是不懂,我们真的是到了二十七八岁了都不懂此事。就在登记之前,我们有过一次机会。那天我知道他很想做这件事,但一方面是我害怕怀孕,抗拒,另一方面他想做也不知该怎么做,就没做成。"

一位女性讲到她新婚之夜对性的一无所知:"我记得很清楚,我是XX年X月X日结的婚。第一天晚上是在我妈家过的。妈妈帮我铺好被子后,在旁边搁了条小毛巾,我一点都不懂,问妈妈这是做什么用的。我一点也不知道这些事。"

另一位女性讲到自己当初的尴尬经历:"刚开始那次我们根本找不到地方,打开了三个灯也找不到。他说,你自己的东西都找不到。"

一位中年知识女性说:"我原来对这种事一无所知,到二十七八岁还没见过男性生殖器,一辈子的性经验只有可以数得出来的几次。刚结婚时,我毫无性经验,他也没有性经验,一开始弄得不好,手足无措,把他弄疼了,好像还弄伤了,总之是弄错了。"这对夫妇结婚很晚,婚后至今经常分居。

三、对性与生育关系的无知

一位中年女性用生动的事例讲述了自己当年的性无知状态："我们还没结婚时，他就要和我做那件事，我不答应，他硬要做，他排了精可实际上没进去，我为这事紧张了一个星期，后来见来了月经才放心了。我当时完全不明白人怎么就会生孩子，我以为精虫像虱子跳蚤一样能到处爬。我当年去兵团时也是这样想的，所以从不敢把衣服被子晾在男生的衣物上面，害怕沾上这种东西。有件事加重了我这种看法。那时我们连有个女孩，也是北京知青，她人很单纯。不知怎么回事肚子就大起来了，别人都说她坏，问她是不是和男生发生了关系。她说，什么叫'发生关系'？她只承认和男生在一根铁丝上晾过被子。我当时真的以为这样就能怀孕。后来这个女孩到医院去做了检查，发现是子宫瘤，可她的名声已经坏了，她妈妈还到兵团领导那里去提了抗议。我听到这事感到很疑惑，到底人是怎么怀孕的呢？自己只能把这个问题藏在心里，也不敢去问别人。"

一位年届五旬的女性也讲到自己当年类似的无知："那年我大学毕业分去劳改农场，家里让我带上一床鸭绒被，因为是一位表哥盖过的，我就说什么也不肯带，我不敢带是因为怕盖了这被子就会生孩子。"

"我中学上的是女校，闹出很多笑话。我过去以为人长大了自然就会生孩子，女同学们还一本正经地讨论过：难道不结婚就不能生孩子吗？我一直以为孩子和爸爸无关。这也怪我妈妈。因为我长得特别像我爸，所以我问过妈妈，为什么会这样？她说，因为妈妈老想着爸爸，印象就印在脑子里了，所以你就会长得像爸爸了。我还信以为真了。后来我又看到一本书上说，男女同房就有了孩子，我以为同房就是在同一个房间里住，所以觉得和男的住一间房子一定很可怕。家里来客人住了我的床，我就觉得很危险，客人一走我就知道去晒他盖过的被子，晒三天才敢用。这种无知一直持续到18岁。"

一位有过婚前孕经历的女性回忆道："我当时十七八岁，感情也不知道把握。我们结伴去的云南兵团。那次他回北京探亲，我很想他。回来后就有了这种关系。我们住的地方有那种两人间的宿舍，那时候同学们都回去探亲了，我们就发生了关系。当时我们无师自通地觉得应该把男的那个放在女的里面，也不知道这样就能有孩子。只觉得很刺激，很舒服，不觉得难受，也不记得是不是有快感。做了两次之后就不来月经了。过'十一'杀猪，我洗猪肠子时就老觉得要吐，这么晕晕糊糊有一个月的时间，这一个月里我才吃了11斤饭票，还老是因为吃不下去把饭菜倒掉，我怀疑自己得肝炎了。其实我知道怀孕会不来月经，但是不知道怎么会怀孕，所以一直也没往这上面想。后来我从妈妈床底下找到一本避孕手册，看了以后才明白了。"

性的无知在某个时期是纯洁的象征，是值得人们自豪的事情；相反，拥有这方面的知识会成为可耻的事情。记得1974年我在大学读历史系，有一次同宿舍的女同学们聊起"宦官"。有一女生问我是否知道什么是宦官，我说知道，她却立即自豪地说：我就不知道什么是宦官！言下之意她比我要纯洁了许多。我至今还记得自己因为比别人早懂得宦官而引起的羞愧和尴尬。而值得一提的是：我们是一群学历史的大学生！这件事的说明意义是：如果有一个社会或时期，人们会以某种知识为耻（无论是关于什么事物的知识），那么对这个社会或时期人们的理性就不能抱有太大的希望。对这样一个社会最精辟的概括只能是乔治·奥威尔在他那本闻名遐迩的预言体小说《1984》中所说的：战争即和平；自由即奴役；无知即力量。

性学习

性学习的途径同时代气氛有密切的关系，一个社会、一个时代禁欲的气氛越浓厚，人们的性学习过程就越困难，越充满着歪曲和误解。调查结果表明，女性的性学习途径是多种多样的，择其要，可分为以下几类：第一，通过书本学习；第二，通过影视展览学习；第三，通过同性朋友家人学习；第四，通过异性朋友学习；第五，通过动物行为学习；第六，通过其他途径学习。

一、通过书本学习

在新中国成立后头30年，中国人生活在一种禁欲主义的社会气氛当中，人们的性学习过程是比较艰难的。有一位女性回忆了自己在"文化大革命"中最初接触性知识的冒险经历："记得那年我18岁，第一次对性有知识是看了一本叫作《性的生活》的书。那里面讲到快感什么的。那书当时是禁书，我姐姐是我们的家庭警察，监督我们谈什么样的话题，看什么样的书。记得那本书我是躲在厕所里看的，在里面待的时间太长了，姐姐妹妹在外面直砸门。晚上我把书放在枕头底下，被我姐姐搜出来交给了我爸，我爸就把书锁在了抽屉里。我急着还同学书，只好把旁边的抽屉拿下来，把手从缝里伸进去，这才拿到书去还给人家。我记得当时特恨我姐姐。"

"还记得中学的时候我们看过一本关于性的书。大家一个挨一个传着看，一边看一边乐。"

"我有一次看到书上有一个'肏'字，不认得，我就去查字典，后来知道这字念'操'。后来又看《红楼梦》里王熙凤和贾琏怎样怎样，下面怎么硬起来，要插入什么的，就模模糊糊地知道了一点。"

二、通过影视展览学习

虽然色情影视材料的主要功能是娱乐和帮助性唤起，但有不少调查对象提到，她们看色情影视材料的动机之一是学习性行为。

一位年轻女性讲到色情录像带对她了解快感的帮助："我第一次快感是在首次经验的两三年之后。看过'毛片'，看那里面的人感觉那么好，自己为什么没那种感觉？后来自己也感觉到好了。"

一位大学教师说："技巧一开始不太懂，那年他看了黄色录像，模仿了一些。"

一位女性这样讲到她从展览中学习的经历："我在承德看过快乐宫，有雕塑，那是佛教到了最高层次，不到这层次还理解不了。"

三、通过同性朋友家人学习

"我比较幸运，对性的事知道得早。小学时，有个12岁的女生跟我讲了很多奇妙的事情。我当时根本不知道底下有那么个东西，我以为她说的是尿道。还记得我当时心想，那么小的地方，这怎么可能呢？"

"我的女友里有搞医的，和她们聊起来就知道了。"

有些女孩的性教育是由姐姐来做的："那年我姐姐和男孩谈恋爱，她告诉我说，男孩会有性要求，关系不容易限制在不发生关系的界限之内。要是碰到这种情况，你就跟他讲话，男人在这种时候精神都会集中在性冲动上，你一讲话，就能把他的注意力转移开了。"

四、通过异性朋友学习

"我是23岁才有性的概念的，还是通过一件很荒唐的事。有一天晚上我在大街上走，突然有一个骑车的小伙子拦住我，要跟我交朋友，我就跟他去了。他很坦白地告诉我，他是刑满释放犯，找不到工作，让我帮助他。后来他趁我不注意就把生殖器掏出来了。我很生气，转身就走了。他倒没对我怎么样。"

五、通过动物行为学习

一位女性讲到自己的性学习过程是在当年插队时："从队里马配种牛配种，我知道了什么叫结婚。一开始是我们知青中一位年龄最大的大姐去看的,她看完给我们讲了,我们那伙人全都哇哇叫,说我们可不想结婚了。"

另一位女性说:"我后来下乡在马场工作过一段,看到马交配,大概就知道是怎么回事了。"

六、通过其他途径学习

一位当过小学老师的女性说,她的性教育过程十分奇特:"我的一个学生被人强奸了。我从调查了解这件事的过程中,从当事人的叙述中,恍恍惚惚知道了性交的过程。"

从调查结果看,女性的性的学习途径和过程是各色各样的,有的是相当艰难的。学习的困难无疑会加重人们对性的神秘感和罪恶感,使她们或者觉得这件事非常重要、非常神秘、非常好;或者觉得这件事非常可怕、非常肮脏、非常坏。与此同时,她们或多或少失去了对这件事的平常心。

青少年的性教育不仅在中国,而且在世界各国都是一个很有争议的问题。例如在美国,以促进性教育闻名的也是受到很多攻击的一个组织是 1960 年成立的美国性信息组织。围绕性教育的典型争论是:性教育打扰了儿童的天真单纯的太平世界,点燃了青春期青少年的性欲的熊熊火焰。不论有意无意,性教育都会鼓励性试验,造成相应后果。赞成性教育的人则强调:通过提供正确的信息,筛选出正确的态度,性教育可以帮助人们预防性病,避免不情愿的怀孕,纠正错误的性态度等等,使人们过上更加成功的性生活。(凯查杜里安,40)

在其他社会，父母是如何对子女进行性教育的呢？这里记录了一般美国父母对子女进行性教育的程序：(1) 4岁以前：认识到男女孩子的不同性兴趣，讲解男女在生育中起的不同作用，对孩子的某些具体问题给予解答；(2) 4—8岁：讨论感情、性吸引力、兴趣，用正确的专有名词讲乳房、阴道、阴茎，解释某些脏话的意思，告诉孩子们如何防止坏人的接近和伤害；(3) 9—13岁：讲月经周期的青春期心理变化，男女在生育中的作用，避孕和流产，讨论性病的传播及预防；(4) 14—19岁：讲约会、恋爱、性交和结婚，并包括各种题目，如爱情、宗教、道德观念，进一步强化避孕和性病的知识。(哈斯等，402)

但是，父母对子女所做的性教育在青少年性知识的来源当中其实只占很小的比重。下表是美国青少年的性学习途径，从中可以看到，由学校和父母对青少年进行性教育的作用远远比不上其他途径：

美国青少年性知识来源

来源	比例（%）	准确性
其他孩童	60	不准确
书籍	20	准确
父母	10	不太准确
学校	5	准确

（哈斯等，400）

父母和学校本应成为青少年性学习的主要途径，但由于前述的种种争论、责难和阻力，他们并未担当起这个责任。这种情况在中国和西方都存在。为了使青少年对性这件事能有平常心，父母和教师应当负起性教育的责任。

初恋

有人说，人一生只能有一次真正的恋爱，可从调查的结果看，初恋对象最终成为配偶的情况并不普遍。但初恋给当事人留下的印象往往十分强烈，因为它大悲大喜，轰轰烈烈，富于神秘感，而且十分纯洁。

一、初恋对象成为配偶

"我丈夫就是我的初恋。我俩一样大，但我智力上比较晚熟。我被他吸引了，被他的文学艺术修养所吸引。我家里不主张我看书，所以我到那个单位前一本中外古典小说都没看过，只看过一点民间故事，还有《红旗飘飘》《星火燎原》什么的，就这些书'文革'中还因为怕惹事给烧了。我几乎没接触过文学艺术的熏陶。他有很好的艺术修养，这样的异性给我很特别的感觉。他给我讲普希金，讲屠格涅夫，讲巴尔扎克，给我看他们的小说，当时好多都是手抄的。他的父亲当时被定为叛徒，他从很优越的环境被抛到社会底层。我认识他时，他的人生观很灰，很忧郁。而这一切对我来说是极其新鲜的，很打动我。但是我们当时都很单纯，并没有谈恋爱。后来别人都传我俩好了，党支部书记听到就跑去我家，对我父母说，男方家庭很有问题，这个男孩很落后，很颓废，让我家里做我的工作。那天一下班，我就发现爸妈脸色不对。爸爸很愤怒地说：25岁以前不许谈恋爱。我说我没谈恋爱。我爸说你不要骗我，我就坚持说没有这事。我爸就拍着桌子痛骂我，说你要这样我打断你的腿。这么小年纪谈什么恋爱！我那年已经21岁了。后来我把这事和他说了。他说：我这个人就不配有朋友的。当时他爸的叛徒结论刚好定下来，他哥哥的女朋友就因为这个吹掉了。他特别伤心。他伤心的样子特别打动我，一种仗义救助落难者的心情油然而生。我就想，不行，我非要跟他好不可。后来我就特别主动。我说，我一定要跟你好。他说：我是没有前途的，你是大有前途的，不要让我影响了你。他越是这么说，我越觉得不能离开他。我就瞒着爸爸和他好了。"

"我第一眼看到他就喜欢上他了。我当时正好看了张洁的《爱，是不能忘记的》，我就想，为什么要等待呢，我就是要去追求爱。我那天夜里一整夜没睡，一直在给他写信，里面有这样的话：你就是在月亮上我也要追去。第二天我去投信，刚把信扔进信筒我脑子就昏了，我一直拼命想，我贴邮票了吗？我肯定没贴邮票，他不会收到这封信了！我等了两三天，他一直没有动静。我沉不住气了，就让我的一个女友去把他叫来，他真的没收到我的信。后来我才知道，是我太着急了，他见我的第二天才收到信。后来他对我说：'我现在还不能把握我的情感，我不想伤害任何人。我可以做你的哥哥，你可以在我面前撒娇，可以做任何事。'我很痛苦，很失望。但我又想，既然自己想要，就只好承受。一般人都认为，男追女名正言顺，女追男就很压抑。我周围的女孩也都认为，别人追你有价值感，自己去追男的会丢脸。可我的看法是，对爱就是要去追求，我不愿等待，我觉得等来的爱不是爱。那段时间，我心中不是阳光灿烂的，爱在我心里变成了痛苦。"

二、没有结果但感情强烈的初恋

"我的第一次是在大学三年级，这次初恋使我知道了真正的恋爱是什么样的，恋爱时人的心理状态。他比我小几岁，我家里就坚决不同意。我爸说男小女大的婚姻不会幸福。那时我们俩爱得如火如荼的，在学校里很有名。我在学校很有名，那人也有才气，风花雪月惯了，写得一手好文章。我们的恋爱闹得轰轰烈烈的。我能够从一个人的眼神判断出他的感情。一个人爱的时候，眼神专注，充满柔情和爱意，不爱的时候，眼光就散了。这个男孩的前女友失恋了，又翻回头来找他。我表面说你应该去安慰她，其实心里特别不高兴。春节联欢会上，我喝醉了，躺在了操场上，是他把我背回来的。人喝醉了样子很难看，他没说什么，但我后来看出来了。当我发现他的眼光散了的时候，我就断然和他分手了。我认为，缘分尽了就不要死缠烂打。我工作以后，有一次在公共汽车上认错人，以为是他，心咚咚地跳，面红耳赤。后来有一段时间，我老盼着能在汽车上碰到他。那男孩后来给我写过信，说很回味我们那段恋情。后来我又跟他通过电话，但是我发现，我对他已经没有感觉了。"

"我经历过一次死去活来的初恋，从头到尾我们俩竟然没拉过手。那是在插队的时候，我们在一个企业的宣传队里认识的。

这个男的特别出色，除了长相。他眼睛特别小，大鼻头，绿豆眼，像个日本人。我们给他起了个日本人的名字，对他是一种居高临下的同情态度。后来这种情况就变了。每次排练，他不来我就着急，他一来我就烦躁不安。他这个人很爱干净，生活很有规律，性格坚毅。他经常早上四点钟起来到厕所去苦练乐器。他爱上了我。我们之间非常默契。但是我那时一方面觉得21岁就谈恋爱有耻辱感；另一方面我心目中的郎才女貌是包括了英俊潇洒的。有半年时间，我俩谁也不肯表明态度。可是他一开口我就明白了，俩人就像肚里蛔虫似的。后来我们宣传队要解散，为了留个纪念，我们准备排一台节目去汇报。整个排练的过程简直苦不堪言。我天天哭，谁都不知道我哭什么。我常常哭得歌唱不下去，舞跳不下去，他却完全不动声色。我实在不甘心就这么分开，就写了个条，用的是裴多菲的句式：生命诚可贵，爱情价更高，若为革命故，二者皆可抛。我总担心他对我有变化。后来他给我写了一封信，我请一个朋友帮我分析以后该怎么办，就给他看了这封信。有一次这个朋友用这封信和他开玩笑，他气坏了。那次他正好有事回来，我都不敢去看他。临走时他把我叫去说：你把我的信给别人看了？我还没来得及解释他就说：你要是这样我以后就不能给你写信了。他自尊心特强，我也自尊心特强。他走了，我泪流满面。我们俩互相特别理解，但性格太冲突了。多年后，他和别人结了婚生了子。我对他说：你是一流的好人，但我们两人不合适。他是一个特别传统的人，不苟言笑。外表很温和，内心却是男子气十足。"

"我在大学没看上同班的男孩，觉得他们都没有神秘感，都不行似的。上大二暑假时，爸爸让我'行万里路，读万卷书'，去我西安的亲戚家,这是我一生第一次远离父母,踏上人生旅途。一上火车,我一眼就把一个男孩从人堆里挑了出来。男孩如果不聪明就对我一点吸引力也没有。他当时帮别人拿东西什么的,能看出来别人挺信赖他的。后来车开了,我忽然发现他的座位和我背对背,我看了他几眼,没说话。在西安,有一次我去逛碑林,就那么巧碰上了他,我一眼就认出他来了。他家是西安的,我让他带我看,他介绍得头头是道。我们俩一聊,原来我们还是同一个专业的,感觉一下又近了一步。我就留了他的地址,约好结伴去玩。后来我给他写了封信,请他介绍介绍西安,他真的回了封信。他的字写得特别好看,很圆熟,信也写得很含蓄。我一下子就完了,被折服了。回京后我们通了半年的信。到寒假时,我们都觉得该见面了,我就去了。那时也就是拉拉手啊,亲一亲啊,就觉得一切该发生的都发生了。后来我俩就谁都离不开谁了。"

"我的初恋发生在 17 岁。他是我家的一个远亲。小时他家生活困难,我母亲经常照顾他家。我一开始就是特别佩服他,因为他是个大学生。好了不到一年,他突然宣布要跟别人结婚,因为怕分到外地去,他匆匆找了一个售货员。二十多年之后,最近我们又开始接触,感觉怪怪的。他和妻子感情一直不好,他的婚姻名存实亡。我没恨过他,他没有伤害过我。"

初恋在一些女性的生活中具有与婚姻关系类似的感觉。一位女性讲到自己曾像"前妻"一样对待已分手的初恋恋人:"他和我分手后和另一个女孩好,可后来人家突然不要他了,他父母又离婚了。我这人天生有同情心,就常常去看他。我是以慈善的形象出现的,是同情他。其间有过一两次亲热行动,但都不能恢复我们以前的感情了。后来有几年我们没见面,我还挺有毅力的,化悲痛为力量,考上了研究生。他对我冷淡,我也觉得挺没趣的。有次打电话,他说他要结婚了,我当时还是挺嫉妒、挺生气的,也许还是忘不了那段经历吧,那是我一生第一次正儿八经的恋爱。我当时就想把电话摔了,可又变了主意。我盘问他,那女孩是干什么的?她上过大学吗?他说上夜大的。我说,那怎么行呢!我能见见她吗?俨然以前妻的身份说话。"

一位女性这样回忆自己不成功的初恋:"那时我爱他到什么程度:我有好几次在夜深人静的时候悄悄去看他屋里的灯光,看一会儿才独自走开,没有一个人发现。"

尽管"成功率"很低,初恋仍是扣人心弦的。无论是成功的恋爱,还是不成功的恋爱,都是那么纯洁,那么强烈,那么美好,那么充满可歌可泣的戏剧性。它是诗,是画,是小说,是戏剧;但它不是虚构的、由艺术家精心制作出来的美,而是由真实的人在俗世中创造出来的超凡脱俗的美,是真实的美——尽管有一种美学观点认为,真实的不可能是美的。它至少证明,中国的女性决不缺少爱的能力,她们当中的佼佼者甚至可以达到爱的艺术家的境界。

异性感情

有人曾经对中国人心目中的"缘分"观念做过专门研究。据我的观察，老派的中国人对"爱"这个观念感到相当陌生，觉得它相当 foreign（外国味）；而"缘"却是个中国味十足的观念。两个人，外人看着很般配，可怎么也搞不到一起去，人们就会说他俩"无缘"；两人特别合得来，尤其是违反了世俗的地位规范走到一起，用西方文化的观点看，这就是典型的浪漫爱情，要让中国人来说就是"有缘"。民间俗语有言："有缘千里来相会，无缘对面不相逢。"说的就是这种感觉。

关于缘分的说法很有道理，或许它是中国人对爱情的一种含蓄的表达方法；或许它是对没有体验过爱情的一种自我安慰方法。例如，我访问的一位中年女性就这样说过："我和他感情还行，还算和睦。我们俩人就算是对上眼了，觉得有缘分。"另一位说："我在三个可能的结婚对象中选择了他，他是三个人里家庭条件最差的。原因是，第一，我对他有同情的感觉；第二，我想低就不想高攀；第三，我们俩有缘分。有次他说，咱们算了吧，我没人家条件好。我坚持和他结婚，我感觉三个人里还是和他感情最好。"

然而，调查中一个在我看来意义十分重大的发现是，爱这种感情绝不是其他民族和其他文化的专利，中国女性完全有爱的能力和爱的经历，只不过有些人缺少爱的机会。当然，不能否认，人所拥有的爱的能力是不同的，有的人能够一次又一次地爱上某个人，爱得非常强烈；有的人却很难爱上一个人；有的人不能忍受同没有爱的人生活在一起；有的人在这方面感觉却迟钝得多。

一、双向的爱

一位学美术的女性讲到她和爱人一见钟情的往事："我们俩一见钟情。我一见他的房间就感到喜欢，满屋子都是画。我俩从认识到结婚只有四个月。那次他对我说：这一切都是我梦寐以求的。听了这话我就全明白了。"

一位在基层文艺团体工作过的前知识青年叙述了她的罗曼史："我和丈夫的结合是上帝给我们安排的缘分。他这个人一点也不随和，他对很多人看不上眼，总是一个人独往独来。他人长得高高大大的，很魁梧。那时我在一个剧团工作，他是团里的木工，家在农村。有人给我们介绍，我还没见他就推掉了。推了之后才见到他，感到他有一种男人的敦厚的感觉。我想，那也不行呀，怎么能嫁给一个农民呢？不是太掉价儿了吗？有一次他和人打扑克，我忽然觉得他的做派透着一股男子气。就那么几秒钟的时间，就有了感觉。以后我不管到哪儿，眼睛都在搜寻他。有人跟我开玩笑，说他这人挺好的。这一段时间，我的心整个让他牵着。你说他不知道吧，他有时会跑到我屋来说话。那时他还在见别的人。他一跟我说他有朋友了我就想哭，好像怕他被别人抢去了；他一说和哪个人不合适，我又好过些。他不爱说话，我说话他就安静地听着。我就是被他这个沉默劲迷住了，离不开他了。有一次他摸了一下我的脸，这是他第一次碰我。后来他说，手滑了好几天。"

"有次我到某地去开会，有个摄影师老和我在一起，他外形特别好。我看出他对我产生了感情，他总是有意无意地把我弄到他的镜头里去。开完会我转去另一个城市，他居然让人带话，让我在那里等他。后来他真的追我到那个城市，我告诉他我有男朋友了。这是真的，我们已经谈了很长一段时间恋爱了。他当时表现得很兴奋，和他在一起我就紧张，他摸过我的手。后来也巧了，有一次他约我我没去。我去洗澡，偏偏碰上有人偷看我洗澡。我大叫：谁！那人吓跑了。我把这事告诉了他，他不容分说马上给我换了一个宾馆，一副很能做主的男人的样子。我又高兴又害怕。我对他说想回北京去，他听了有点失望。我对他的感觉比对我男朋友要好。他男人气特别强，有一种不容分说、从容不迫驾驭女人的豪爽气。回北京的时间到了，他送我去火车站。我们握手道别时，他让我把手套摘下来。我一摘手套，他就把我的手放在了他的脸上，我眼泪一下就下来了。后来他来北京时，我已经快结婚了，就觉得不应该再见他了。"

"我和一个比我小十五岁的男孩发生过一段恋情，那是一次真正的恋爱。他是我的学生。我很紧张，一不见到他就很想他。他的信我百看不厌。每次收到他的信我都马上就回，饭也不吃。有一天他说要找我谈，我感到很紧张。他来了，说话吞吞吐吐的。他说，你先说吧，你说完我说。我回顾了两人交往的过程，并且检讨自己意识有点不健康。他说的话完全出乎我的意料，他说：我对你早有爱慕之心，可是考虑到要避嫌疑，一直不敢表达。我感到惊喜，又不知该怎么办。他给我看了他的日记，厚厚一大本里只有七篇没有提到我的名字。我看了好几天，看完后我们的关系就明确了。他让我一天给他写两封信，不能只写一封信。半年后他毕业分配后，我们的关系就公开了。我们可以拉着手走路，还一起去旅游。"

一位被比自己小七岁的男孩爱上的女性这样讲到他们俩的爱情："他爱唱一个歌，歌词里有这么几句：

你不顾一切前来爱我
不管风儿急浪儿大
我们不要畏惧
让我们把爱情当作一场战斗
风风雨雨算什么
我们不要低头
迈开步向前走
不管它山高水深
……

这么多年了，一有烦恼，一有解不开的疙瘩，他就给我唱这个歌。"这两个人恋得很苦，两家的亲戚因为他们年龄相差太多，全都不能容忍这件事。我访问她时，正值他们面临最后选择的时刻。这位女性说："那年我儿子十二岁，我对他说，你要是能等我六年，我就和你结婚。他真等了我六年。因为孩子考学，我又让他等了一年。他和我感情很深，可又怕别人说自己是缺胳膊短腿还是怎么了。他说，要是有人说我找个妈，我就能拿菜刀找他玩命。他还说，我憋得都快发疯了，可我一说这话你就哗哗地掉眼泪，不说又憋得慌。我要是不跟你结婚，感情上离不开你；我和你结了婚，别人要说我一句我就得跟人拼命。那段时间，我每周去他家一次，每次去都避着人，冬天拿大围巾裹着，夏天就戴大草帽和墨镜。"

"早些年我老吃醋。有个小姑娘爱打电话对他问寒问暖的。我也不直接用这个由头跟他打架，就找别的茬发作。他一看就明白了，他说，算了算了，我还是宁愿你安静一点，还说，其实我特别珍惜你。我知道有很多女孩子喜欢他，也知道他会喜欢什么样的女孩，但是我知道他会珍惜我。"

"他是一个长跑运动员，长得黑黑的，充满阳刚气，性格特别热烈。我和他一接触就觉得性格投合。最好的那段时间，我们整宿在一块儿，搂搂抱抱就觉得特别好。我分到外地，他去看我，那天正好是我的生日。他是中午到达那个城市的，为了当晚赶到我那儿，赶上我的生日，他一直跑步过来，跑了60里路，非常浪漫。后来他变化了。因为周围的人告诉他我的档案不好，调不到一起去。那年他终于写信要跟我吹掉。我因为事先已经从家里听到风声，所以还挺冷静的，我把他给我的信都寄还给他，就算两清了。"

一位有过情人的单身女人对过去的恋爱抱着美好的回忆："那段时间，不管我俩在一起还是不在一起，我心情都特别好，真觉得天更蓝，花也更鲜艳。早上起来，阳光是那么可爱。我们互相温存，学西方人准备个'被窝茶'，弄点面包果酱。上午在书架边，坐在安乐椅上翻翻书，一起出去走走。就连一起做做家务都觉得有趣。家里弥漫着亲切、温馨、愉悦的气氛，最美的是在月光下散步。他告诉我，他在性上不行，可是我觉得两人相依为命就很好，这点并不那么重要。他说，我说这话是无知，可我觉得这样至少比一个人强。可惜到后来，他老是保持着那种又凉又甜的'冰淇淋风格'，我觉得实在太累了，就跟他分了手。"

"在我那次恋爱时，我们两人就那么爱上了。一开始是他追我，后来是我追他。去爱一个人的滋味太苦了。我就想，干吗不找一个对我特别好的人呢？能找一个爱我的人，何必去找一个你要去追他的人呢？当然我也知道，我单去爱他或单纯被他爱都不好。"

一位知识女性这样讲到她的爱情——她同一位使她想起自己已故的父亲的人结了婚："我和我爱人刚见面时，我就有一种归属感。他像我爸爸，长得像，神情也像。我始终不能忘记，爸爸到死都没得到我们的理解，他在'文革'中死去，我一直对他不好。他死后我才知道他对我的爱，才觉得我是爱他的。我心里老有歉疚感。我爱人当时一握我的手，我立刻感到，他就像我们家的人一样。他的手特别大，就像我爸爸的一样。我跟着他吃苦，觉得是在向爸爸赎罪。"

二、单向的爱

不少女性陷入过单向的爱，她们是在失恋中体会爱情的苦与乐的：

"'文革'中我喜欢上红卫兵的一个头头B，我觉得他很有组织能力，很勇敢。他多少知道我的意思，但是我们从来没说开过。因为在爱上他之前,我答应过另一个追求者A,同学当中有人知道。当时的气氛是两个极端,要不就是分男女界限,一旦处朋友就要对这种关系加以维护。因为他们俩是肝胆相照的哥儿们,所以我们俩是完全不可能的,我就很痛苦。那时候答应了一个人再变心就是严重的道德问题,尽管什么也没干过。那段时间我极痛苦。我知道我不爱A,心里一直在想B。有一段我为此失眠,那时正在乡下插队,白天干活特别累,可晚上就是睡不着,眼睁睁看着月亮从升到降,人很快就没样儿了。同学都问我:你怎么了?她们不知道我是因为这个。后来我回家探亲该回村时就想去他县里看他,当时也没想别的,就想去看看他。坐车到了他所在的县,从县城到他那里又走了几十里路,我在他那儿住了几天。一天傍晚,他陪我散步,他一直在说A怎样怎样,我突然冒了一句,哎呀,你干吗老说他,我喜欢的是你!说完就坐在路边抱着膝盖大哭起来。他听完冷冷地说:你怎么现在才说,你不知道我和C的事?我一下就愣了。我说不知道。他说,我们已经确定关系了。我回村后不到一个月忽然接到B一封信,对我表示好感,落款写了'吻你'两字,我看了真是又惊讶又幸福。后来我才听别的同学说出内情,那个女人C的家里给她订了另一个人,B是在和C吹了以后才给我写的那封信。我想,当初我苦苦爱着你、哭着告诉你我的感情时,你不为所动,那边一变你就表了态。我马上觉得味儿就变了。我要的是浪漫的爱,而他却是如此地世俗。我后来一直没给他回信。"

有一位女性给我讲了她和一个爱玩弄女性的男人的苦恋:"大学二年级的寒假,我们系分来一个老师,他个子不高,但是非常潇洒,头发极浓密,极漂亮,动作极富男子气,锋芒外露。

比我大一岁。我那时太不成熟，就愚蠢地迷上了他。他这个人倒不是真的很'花'，只是喜欢搞些小把戏。这个人可让我丢了大面子了。一开始，他老注意我，而且有意让我看出他在看我。就这样慢慢把我迷惑住了。我在他面前变得含蓄害羞。一方面觉得他有意在引起我的注意，另一方面又觉得他不太老实。当时，我的同学中谈恋爱很透明。他为什么一直不对我表示我不清楚。第一个可能是他觉得我不够漂亮；第二个可能是觉得我的性格不够刺激。我熬不住了，就给他写了一封信。文字很简单，但是意思很清楚。我托一个女友帮我送信。她说他不好，劝我别送。我以为他最多会把信退回来，但没想到他会把信让别人给我送回来。那人以为是他追求我，就说他'癞蛤蟆想吃天鹅肉'。他就把我的信给那人看了。我的信在系里一传，我一下就灰了。我怎么做人呀。我当时的感觉是，整个世界都是空的，地球都不转了。我听到楼道里的钢琴声，那么好的音乐，那么明媚的春光，好像都和我无关了。我大哭了一场。我下决心永远不再看他一眼。我那次受的打击太大了，从那以后有好几年我没有笑过。后来我分配了工作，单位里的人都说我这个人特别稳重，其实我心里苦着呢。后来母校调我回去，机会难得，可我不想回去。系里有两个女老师对他说：她不回来就是因为你呀。于是他给我写了一封道歉信，说他没有嘲笑我的意思。后来我们的关系就像平常人一样了。我发现他也很脆弱，我常像个大姐姐一样照顾他。我把他看透以后，我们的关系反而好了。他对那件事很内疚，怕我赌气随便嫁个人。后来有一次见到了我爱人之后他对我说：我放心了。"

"好了一段时间，我觉出他有点不对劲了。因为我太崇拜他了，他渐渐觉得我是一种负担。我对他总是言听计从，让他觉得不堪重负。都怪我太依赖他了。后来他开始冷淡我了。我当时的感觉像天打五雷轰似的。我原来以为我俩这辈子肯定在一起了，甚至想到过，如果他留不了北京，我就跟他到外地去。他说我们俩不合适时，我觉得天旋地转，我就哭。他把过去借我的书还我，我说不要，他说你敢不要！他还挺厉害的。这事对我打击挺大的，我家人也看出来了，他们替我不平，为我担心。我觉得谈过一次恋爱和结过婚没什么区别。我当时想，我怎么办呢？谁还愿意找个谈过恋爱的女孩呢？"

一位中年知识分子讲起她的单恋："在大学里，我爱上一个老师，是纯粹的精神恋爱。看到他一次就一通宵睡不着觉。我当时是他的课代表。他长得有点像外国人那种轮廓。我发现人喜欢某种样子的人就能爱起来，不像那个样子就爱不起来，激动不起来。"

"小时候有个算命的说过，我会特别喜欢男孩子。我家里都是女孩，所以我好像天生就喜欢和男同志接触，结婚后也希望生个男孩。男人真的容易对我有好感。但我并不愿意表现出这一点，总是尽量和男人保持距离。那年我认识了一个男孩子，他比我小两岁。我不知怎么突然觉得喜欢这个男孩，他个子不高，喜欢弹吉他唱歌。我喜欢和他交谈。我始终没捅破说我喜欢他。如果他当时主动说出喜欢我，我感情的闸就关不住了。他什么都跟我说，谈女朋友的事也跟我说。我当时阻拦过他，心里不愿别人夺走他。他结婚后和爱人来北京，那女孩知道结婚时我阻拦过，怕我不欢迎她住我家。我还是让他们住了。我很想把我当初对他的感情说出来，最后还是没说。我怕让人觉得我不正派，犹豫半天没跟他说。我离婚以后，给他写过信，他不知为什么没写回信。我看他是在关键时刻躲了。"

当然也有男方对女方单向的爱:"他一开始和我相处,我没有任何感觉,我们就是一起去看电影,看戏,平静地交往,我没有讨厌他,但也没有激情。后来我觉得这种关系没意思,就说,你别找我了。他那天整宿没睡着觉,还病了一场。我觉得他太可怜了,那就接着好吧。我印象最深的一次是他穿了件新衣服,我忽然觉得他挺漂亮的,那次我们就吻了一下。他从不会说那些缠绵的话,从认识到结婚从没说过。他只是听我讲话。后来有一天,我就说,我答应你吧。他特别高兴。我们那会儿什么也没做,也就是搂搂抱抱什么的。"

三、对爱情的渴望

有些男性似乎不会使用"爱"的语言——在他们大脑的字库中没有存储"爱"这个字,一位结婚多年的女性说:"他从没说过他爱我,我逼他说这个字,他怎么也说不出,只是说,我对你好不好看行动嘛。哪儿有那么多爱情,就是互相关心嘛。他平常总是沉默寡言的。"

男女表达感情的方式或许是有点不同的。另一位女性也谈到她爱人很少对她说"爱"这个字:"一说到这个,他就说,爱不爱看行动就行了。"

不少女性抱怨丈夫婚后感情发生变化:"我们刚接触时感情很好,他很主动,几乎每天都给我写一封信。结婚以后他变化特别大,用他自己的话说,他要'从奴隶到将军'了。"

一位在婚后还常常感到感情饥渴的女性这样谈到她的丈夫:

"他是工人家庭出身。婚后我们有很长时间两地分居。他倒是经常打电话给我,可电话里他总是干瘪瘪的。让我老觉得我们的关系中差点什么。可他觉得对我已经很好了。我总觉得对他在精神上没有依恋。他脑子里好像就没有感情这根弦似的。我每次一谈这个,他就觉得我可笑。在生活上他对我倒真是特别好。他总说:你还追求什么?有吃有喝,我又把你照顾得那么好,你还要什么?可我就是接受不了他这说法。"

不少女性认为,自己比男性更看重浪漫的情调:"他总说我像个高中生,可我觉得他怎么那么没情调。过去我们过生日都要造点气氛,现在他生日都不过了,他觉得这些情调都没有必要了。他对气氛情调要求这么低,这一点很让我失望。他老说我是高中生,长不大,对我不耐烦。"

有位女性抱怨说:"我觉得他是块石头,我的感情好像穿不透他似的。他说过,我们不在一起时,他从不想我。有时出差分开两三个月,他就觉得自由了,像小鸟飞出笼子一般,没有思念过我。"

"我的真情流露老得不到应有的回应。举个例子,结婚生小孩以后,有一段我特别不讲究穿戴,我想节约点钱,心想,结了婚的人还打扮什么,我这都是为家为孩子省,可他就嫌我穿得难看;我看到一种好吃的,比较贵,我知道他喜欢,就给他买回家,可他不但不领情,还嫌我买贵了;过中秋节他出差,我要给他带点月饼,让他路上吃了也是一点安慰,可他就是不愿带。我悄悄给他带上几块,结果还落下埋怨,他说,我说不带不带你非要带,我都送人了!我喜欢美的东西,有一次买了一幅壁挂,满心以为他会喜欢,结果他说,你买的什么狗屁!有时我觉得简直像一种精神摧残似的。"

"我和他谈恋爱那段时间常常憧憬将来有个小家,书架上放些古董,煮一壶茶,我们看书聊天,特别浪漫,当然还要有个孩子。"

一位离婚女性说:"我要找的男人是,真爱到相当的份上,能调动起我全部的女性特质才行。我感到,现在我在爱情里处于一种上升的趋势,我不知道我的下一个对象是什么样的人。我过去觉得我爱不上第一流的男人,是因为我不是个第一流的女人,可我最近结束的一次恋爱对象就是个第一流的男人,他是个典型的一流男子汉。"

"我过去对刘晓庆并没有什么特别好的印象,可有次看了她一篇文章,改变了看法。她在那文章里说,作为一个女人我生活里什么也没有,感情上是零。我看完特同情她。她是痴情的。我觉得人不管男女,只要是痴情的,就是可爱的。"

"我的男朋友是个见异思迁的人,他使我感到,没有永恒的东西。我原来想追求真善美和永恒,可他却让我感到一切美好的东西都只存在于瞬间。"

"'爱'这个字的意义人和人不一样。有人轻易不说爱,一说爱就很重要;有人说爱,意思仅仅是说,我不想 fuck 别人想 fuck 你。"

苏格拉底曾提出这样一个问题:什么是爱?并以狄欧蒂玛(Diotima of Mantinea)这位爱的导师的话作答:"它既非不朽之物,也非必朽之物,而是介于这两者之间……它是一个伟大的精灵,而正像所有的精灵一样,它是神明与凡夫之间的一个中介。"

(转引自罗洛·梅，104）由于研究过同性恋，我开始对这样一个问题不能释怀：一对一的异性感情到底是怎样产生的，它是自然的吗？一女一男爱得死去活来，究竟凭的是一种什么样的心理动力机制？有没有人为的成分？有没有故意的成分？有没有不自然的成分？为什么不是一男两女、两男一女、多男多女，甚至是同性相爱？要想回答这类问题，绝不是仅靠社会学研究能办到的，它需要心理学甚至生物学领域的研究探讨。这也是同性恋者对学界研究同性恋成因耿耿于怀的原因所在——为什么只有同性恋的成因值得研究，异性恋的成因就不值得研究呢？我想，异性恋的成因绝对是一个值得研究的问题，绝非"天生如此"一句话所能囊括的。我可以想到的表现在我们社会中的异性感情至少有这样一些成因：生理上的相互吸引；心理上的相互吸引；生育后代的愿望；社会行为规范的影响；影视文学作品中所充斥的浪漫爱情故事的影响，等等。

从调查的结果看，在感情方面，人们不仅有异性恋倾向与同性恋倾向之分，还有爱的能力的强弱之分，对爱的追求的执着与随遇而安之分。得到了爱的固然感到幸福（其中会不会有自欺欺人的成分？）；得不到爱的女人有的还在苦苦寻觅，有的已经不再奢望。也许很多人可以满足于结伴过日子，也许心理学研究的结果最终表明，"爱"这种感觉不过是一种错觉而已；但的确有人经历过被称作"爱"的这样一种心理过程，有爱和没爱的界限在她们心中像黑和白一样分明。无论如何，"爱"是一种非常奇妙的感觉，在我看来，它不论发生在什么样的人之间（无论是同性异性、年老年轻、婚内婚外、两人还是多人），都是美好的，都是一种不可多得因而值得珍视也是值得尊重的人类体验。虽然当事人有时不得不为了其他的价值牺牲爱,就像《廊桥遗梦》里的女主人公为了家庭价值牺牲爱那样,爱本身是没有罪的。如果一桩爱情发生了,它就是发生了,它不仅不应当因为任何原因受责备,而且从审美的角度来看,它肯定是美的。

初 吻

由于在公开场合很少能够见到中国人接吻，有些外文化的人以为，中国人根本不接吻，也有些老辈和老派的中国人的确持有接吻是外国风俗这样一种看法。例如笔者的母亲就曾以不以为然的口气说过：外国电影里的人怎么那么喜欢这个！访问中发现确有不喜欢接吻的男人和女人；有过接吻经历的人也并非都乐此不疲，尤其对于初吻，感觉更是不同。

一、感觉良好

"初吻感觉挺好的，觉得挺神秘的。"

"我对第一次接吻感觉很好。记得他说，你嘴唇那么薄，嘬都嘬不住。拥抱和接吻在心理上感觉很好。"

"初吻印象不是太深了。记得有一次在他家，我坐在他腿上，觉得挺舒服的。"

二、感觉逐渐变好

"那是我们第一次聊得那么深。他要吻我,我说要到结婚才可以吻。我那时不知道人怎么会生孩子,害怕跟男孩子一碰就会生孩子。他要吻我就躲,头扭来扭去一直躲。我第一次想吻他是有一天晚上,我们坐在大草坪上,他躺在我腿上,我忽然很想吻他一下,就轻轻地吻了一下他的脖子。他说:你胆子大了嘛!这还不能算正式的吻,我想等他的生日再让他吻,后来也没等到生日。第一次吻感觉不太强烈,不是特别幸福。一方面还是害怕,另一方面觉得脏,我虽然知道这是很美好的,但还是要这样想:两个人的嘴怎么能搁一块儿呢?后来就好了,就特别好了。"

一位28岁才得到初吻的女性这样描绘了她的感觉:"那次他要吻我,我本能地往后退,他一看我退就也退回去了。他有点生气,说,你推我。我说,那你说怎么办,还要商量呀。他听我这样说就径直过来吻了我一下。我当时整个人都晕了。回家的路上我回味了一路。这28岁的第一吻感觉特别好,以后我们两人就吻不够了。"

"我的初吻是和一个高中同学,他长得奇丑无比,又瘦又高,可是特别聪明,看了很多小说。有次我俩去颐和园,背个大书包,里面全是书,压得我们摇摇晃晃的。他背的是理工科的书,我背的是历史书,还有古汉语。那是我这辈子第一次 kiss,吓死我了。我一开始使劲躲,推他,后来吻了以后,心里'咯噔'一下,就觉得我这辈子全都交给他了,他也要负责了似的,觉得从此就不同了。我当时以为会怀孕生孩子什么的。我记得特清楚,第一次 kiss 弄得我心惊胆战。在日记里写:我是个被人家吻过的人了。记得当时的感觉就像现在'不是处女'的感觉一样。"

三、感觉不好

"初吻的感觉就是觉得嘴唇那么软,心理反应并不特别好。他把舌尖伸到我嘴里,我不知道是为什么,他还喘气,我也不明白,以为他特别累。比起吻,我更喜欢抚摸。"

"我小时学过画画,有一个男孩很喜欢看我的画,就让他妹妹和我接近。她对我说,她哥哥想到我家看我的画,后来他就常来我家。他那时要去当兵,他对我表示,舍不得离开我。有一次他让我去他家看别人的画,其实是个圈套。我去了,那儿有一屋子画。天黑了,我说你怎么不开灯?他突然一把抱住我,又啃又咬,我当时拼命尖叫,后来他放开了我。"

"我的初吻在二十七八岁时,那个人留给我一个使我反感的印象。他突然拉住我吻了一下,使我很反感。"

有些教育水平较低及与农村环境联系较多的人会同城里人在表达爱情上有文化上的差异,例如在一对城乡结合的婚姻中,夫妻双方从来没有好好接过吻,那位女性说:"我们结婚十年了,从没接过吻。我要求他吻我,他就推说老抽烟,嘴臭。我让他学电视里外国人的样子吻吻我,他特别勉强,也就轻轻一碰,还说,这有什么好的。上班时,他从来都不和我一起走。"

一位知识女性说:"我从来不喜欢接吻,不觉得有什么乐趣。倒也不觉得有什么肮脏、罪恶,就是不喜欢。我想也许是吻的方式不对。其实白种人也不一定都懂,我听说西方有接吻学校,学完了还发毕业证书呢。"

从调查的结果看，接吻绝对不是我们这个社会中的人不喜欢的肉体接触方式，但是吻的行为和对吻的感觉肯定有着差异。这种差异不仅仅是个人间的差异，而且可能有社会阶层、教育程度、城乡风俗和中外文化的差异。这些差异有的十分明显，有的却很微妙，难以在一瞥之中察觉。

婚前性行为

我在20世纪80年代末所做的一项北京市随机抽样调查表明，有过婚前性行为的人在样本中所占比例约为15%；而对婚前性行为持允许态度的占到约30%。一个值得注意的相关变量是年龄：年长的一代无论在行为还是态度上都明显地比年轻一代保守。（李银河，99）本次对女性的调查也表明，人们在对待婚前性行为的观念和行为上有很大不同，造成差异的因素既有年龄，也有社会经济地位。

一、拒绝婚前性关系

一位女性这样谈到她对婚前性行为的抵制："我是婚后才同意做这事的。婚前他有几次想做，我不让他做，不配合，结果他就没做成。"

在"文化大革命"时期，婚前性行为规范相当严厉，一位"文革"期间结婚的女性说："我是1975年9月领的结婚证，10月办的事（婚礼），办完了才敢干那事。"

一位女性讲了她的初恋和当时的婚前性规范："我18岁时认

识了一个同学的哥哥,他想和我有性接触,可我当时正准备去当兵,怕参军体检时查出来,就没敢做。"

一位中年的独身女性说:"37岁以前我一直很传统,觉得不结婚就不能有这种行为,怕将来结婚不是处女,人家不珍惜我。"

一位独身女性说:"我在二十四五岁时有一段特别想结婚,因为我一直以为结婚以后才能有性生活。"

二、对婚前性关系抱有犯罪感

"开始的一两年时间我一直很疼,可能因为我们一开始是偷偷地做,觉得是犯罪,觉得是干坏事,空气很紧张,害怕被别人发现。这样有一两年,后来好些了,但还是没有幸福感。每次做都害怕有人闯进来。我的幻觉里老有这样的情景:有人发现了我们,把我们抓到公安局去。"

"我的第一次是到外地探望男朋友的时候。那时我已经23岁了。感觉挺神秘的。记得那是个冬天,我夏天时攒了几天假去看他。在他们招待所里,当时又紧张又快,跟做贼似的。当时我还正倒霉。他一碰到我就流出来了。只记得当时特别害怕,觉得是不正当的。我那时思想还比较正统。"

"那天晚上他说:你今晚住这儿别走了。我说话都带了哭声,我说,你到底想干什么嘛!后来我还是走了,心里很别扭,既觉得扫了他的兴,又觉得他那样提出是不应该的,不结婚就同居不好。他说,这样也好,我们就拥拥抱抱,接接吻,搞精神恋爱。可后来我们还是觉得精神恋爱是空的。有一次我们去外地旅游,那里情调特别好,我们只租了一个房间。第一天我们各睡各的,第二天晚上他酒喝多了，回来后就向我提出了要求，当时我也喝了酒，我就答应了。当晚没做成功。第二天早上醒来听到鸟叫声，我就说，鸟叫真好听。他突然说，我们再来一次好吗？我以为他是说再来这里玩一次，就说'好哇'。他就和我做了。这次我流血了，很紧张，脸色苍白，把我们俩都吓坏了。他说了一句让我有点生气的话，他说，没想到你把自己保护得这么好。"

"第一次时我傻乎乎的，感觉不好。那个男孩非做不可。我疼得很厉害，心想，以后要总是这样就不再做了。当时还有点负罪感，因为没结婚。"

有的女性在发生了婚前性关系之后，主要的感觉不是负罪感，而是一种吃了亏的感觉。一个很小年纪与异性发生过两性关系的女孩承认："做完之后特别后悔，使劲哭了很久。"

一位有过婚前性关系的女性说："第一次以后有很短的一段时间，我只想过要结婚，没想过以后还会交别的男朋友。想到人家会觉得我不好，我觉得有点吃亏。"

三、对婚前性关系毫无犯罪感

"我认为婚前性关系应当允许，我也说不上为什么，只是觉得感情到了那一步就行。就连婚后（婚外性行为）我都认为可以，更何况是婚前，还是个自由人。我觉得这件事不必看得很重，这只是形式，应看重内容。对我来说，更深层次的美感更重要。"

"上大学时，婚前性关系很普遍。宿舍楼上公开贴着'不准同居'的标语，证明这不是少数人的问题了。那年在宿舍楼里查暴徒，没查出暴徒倒查出很多同居的男女。有的就在床上拉个帘。同学关系好的宿舍,一个人的朋友来了,别的人就自觉地走了,这边干完了,到楼道里喊一声'回来吧',大家再回来。我估计大约有80%—90%的同学有婚前性关系。我觉得没必要压抑、做作,我追求自然。工作时要本分,业余就追求本色,力所能及地放松一点。"

"我是25岁结的婚,21岁有性经验。那是我第一个男朋友,当时有很舒服的感觉。"

一位女性这样谈到她的婚前性关系:"我自己当时没有什么犯罪感。在没有这种事(性关系)之前,我对他至少有好感;有了这种事后就没有好感了。我觉得自己对人该高标准严要求了。我感到感情和性应当是统一的。"

"初次性交经验是在19岁,当时就那么做了,很自然,到了那火候就做了。那是我的男朋友(未婚)。第一次特别疼,感觉不好。父母到现在都觉得我是处女,我也没特别小心地瞒他们,躲着藏着。那时他们要是知道了会很伤心,但他们从没直接问过我。现在要是知道了就不会太大惊小怪了。"

一位在酒店当服务员的女性说:"在我周围的人里,有一半人(拿婚前性关系)不当回事,另一半人是没机会。我周围认识的人里没有 virgin(处女)。"

有的人因为是同即将结婚的男友发生性关系,所以没有负罪感:"我们是婚前就做过那事的。在婚前大约半年时,他父母不在北京,我们就有了机会。当时也没觉得有什么不对,不害怕,只是不想让人知道。"

一位四十多岁还是处女的女性说:"在我这个年龄再保持贞节已是可笑的,不是什么值得骄傲的事情了。我曾经试着和一个人做这件事，但他怕负责任，怕做了以后，我要求见面的次数增多，他又做不到。"

婚前性行为规范是一个反映社会性观念变化的敏感指标。在美国，这个变化十分明显。青少年婚前性行为发生率在20世纪有极大提高。几十年前，有婚前性行为的人比例较低，而且婚前性行为往往会导致婚姻。金赛调查发现，在婚前90%的男性曾与女友或娼妓性交；已婚妇女中有50%有婚前性行为。关于婚前性行为与教育程度的关系，在女性中是正相关关系，在男性中是负相关关系，这一点与女性的婚龄有关：由于文化程度越低的女性结婚越早，所以初中文化程度的女性有过婚前性交的只占30%；高中文化者占47%；研究生程度者却高达60%以上。（金赛，104—109）

在金赛调查之后的几十年间，美国人的婚前性行为比例有大幅度增加：15岁的青年有性行为者已占六分之一；到20岁时达到70%；男女两性都有四分之三的人有婚前性行为。根据1974年美国全国成年人调查发现，到25岁为止，已有97%的男性和81%的女性有过婚前性行为。法国1972年的调查表明，到29岁，有75%的男性和55%的女性有性行为。西德1973年的统计数据表明，到21岁，未婚大学生中男性44%、女性33%有婚前性行为；未婚工人中81%的男性和83%的女性有婚前性行为。在瑞典，99%的妇女和男人一样，在建立永久的结合之前，已经有过性经验。（哈斯等，145、220；拉里亚等，34—35）

生活在中国的人们都能感觉到，近十几年来，婚前性行为的规范宽松了许多，自己经历过或亲朋好友里有过婚前性行为的人所占比例明显增加,这在五六十年代——尤其是"文革"时期——是不能想象的。尽管如此,还是有不少女性对这种行为有负罪感,或坚决不肯"越轨"。可以说,在婚前性行为规范上,我们的社会正日益形成多元的价值——人们按照自己认为可以的方式行事。如果某人认为不可以做这件事,那也是她将传统文化或她生长环境的行为规范内化的结果。换言之,与过去几十年相比,这种约束较多来自内心的约束,较少来自外部的约束。

初次性交

女性对初次性交的感觉有的是正面的,有的是负面的,这一点同双方感情有着密切的关系。也就是说,尽管第一次大多数女性都会流血,都会有不同程度的疼痛感,但由于性交双方感情较好,女性会视这种经历为义务,并因此产生归属感;而如果双方感情不好,就会因此加重厌恶感。

一、首次经验以正面感觉为主——义务感与归属感

"第一次性生活很痛苦,特别疼。我真的完全是为了爱才接受,因为爱就要忍着,就要付出。他都不忍心了,说,看你那痛苦的样子就算了。第一次做完后,觉得世界上的人都变了。在街上见到一个人就会想,他晚上会做那件事,好像看到了人的另外一面。"

"我们结婚后性生活一直不成功,好几天之后才成功,没什么快感,只感到心理上的满足。"

"我们登记后就有了性关系,那时还没举行婚礼。第一次除了疼没什么感觉。有一种感觉,觉得自己从此是大人了。"

"我们的第一次没什么感觉,心里觉得有点紧张,不很疼,稀里糊涂地就过来了。"

"我初次性交是21岁,是在婚前。没觉得特别疼。"

"我和他婚前没有性生活。婚前他就担心自己不好,觉得自己岁数太大(30多岁了),神经衰弱,多愁善感。结婚那天他心理压力很大。当夜没放进去就射了。他当时就说:我不行,咱们俩得离婚。婚后一个月左右才真正做成。我有点疼,流了一点血。他阴茎偏小,生理上不强,所以心理压力大。"

"第一次特别疼,后来也有时候会疼。"

"第一次他也不会我也不会。我爱人道德品质方面无可挑剔。他们家是革命家庭,除了正统的教育别的什么都不讲,所以我们一点都不懂,连要过性生活都不知道,那时候什么书也找不到,妈妈也不跟我们说。第一次他都找不着地方。我当时特别疼,最后总算是搞成了。开开灯,看了有血,他说:你还是个处女嘛。(当时厂里有人说我不正经,名声不好。)"

"我第一次性交当然是在婚后,好像没觉得疼。一开始他不熟练,处女膜好像是后来才破的。"

"记得头一次我不让他做这事,其他想做什么都可以,因为我不想要孩子。他说,像我这样是很罕见的。后来吃了避孕药才敢做了。我对这个第一次没什么印象了。好像不痛,也不知道有高潮这回事。他也不知道。"

一位把自己的第一次给了一位有妇之夫的女性这样描述了她的感觉:"那天他来到我的宿舍,那是我第一次性交。他把我按在床上,进入以后有一点痛。在这之前我只知道男人要进入女人的身体,可不知道要进哪儿去。他进入以后,我有一种两人融为一体的感觉。我认为，这就是说，我们要一起生活了，有一种'我是他的人了'的感觉。"

二、首次经验以负面感觉为主——厌恶感

那些在回忆第一次性交经历时有厌恶痛苦感觉的女性，大多不是已经离婚，就是和丈夫关系不好。由此看来，性生活与夫妻感情关系密切，但是，很难断言二者究竟孰因孰果；极有可能是互为因果的——因为感情不好才对性交感到厌恶，又因为对性交印象很坏加重了夫妻感情的恶化。

一位离婚女性这样回忆自己的第一次性生活："第一次性经验感觉太坏了。我和他结婚以前没谈过恋爱。我一开始就不太喜欢他，觉得挺别扭的。他第一次性生活就尿了我一下子（北京俚语：一身）的尿，给我印象坏极了。我后来一直不喜欢性生活。我一直没受过人的爱抚，没得到过爱，只有受辱的感觉。"

"头一次很疼，流了血，不是很成功。他那一晚上没怎么让我睡觉，做了四次。最后那次我哭了，坐起来对他说，你干什么呀！随后几天一直都很疼，一个月以后才不疼了。"

"第一次不觉得疼，他是早泄。我挺厌恶的，虽然我没说，但他能感觉到。到这次为止，我没见过男性生殖器，只见过小孩的，觉得挺受刺激的。"

"头一次我很害怕，觉得疼，也觉得震惊，不喜欢，不高兴，心里也不舒服。我喜欢男人的最多就是抱一抱，抚爱一下，就行了。"

有的女性对首次经验的感觉不好，并不是由于对事情本身的

反感,而是因为第一次性关系的对象不是丈夫而是情人,心理压力太大:"我的第一次不是跟丈夫。那时我已经不小了。记得我们接吻时我很恐惧,很恨人家,觉得是他害了我。我觉得那是一种出自本能的恐惧,无形之中和我从小所受的中国式教育有关。对这件事我一开始是排斥的,他求我,我一直拒绝,最后实在推辞不了才做的。其实他的传统道德观念也很强。我们只是一般的男女朋友,他有妻子。我对第一次看得还是很重的。"

尽管女性对首次性交经验的感觉很不同,但她们大都对它看得很重,因为它毕竟是她们人生经历中的"第一次"。人的一生中有许多"第一次",记得有位母亲说过她如何怀着欣喜的心情观察孩子的"第一次":第一次说话,第一次走路,第一次识字等等。然而,在很多女人的心目中,第一次性交同其他的"第一次"有不同的意义——丧失童贞,成为"大人",成为和以前不同的一种人;这种感觉应当被看作主要是源于心理的,而不是生理的。也就是说,这个"第一次"与其他"第一次"的不同点主要来自社会的规范,来自社会为性行为赋予的特殊意义(如,童贞的观念等等)。

性交频率

与性交频率有关的因素很多,最明显的是年龄——频率随年龄的增长而下降;此外还有夫妻感情的因素,身体状况因素,以及居住地点和条件的因素等等。调查发现,人们的性交频率差距极大,有的夫妻的频率是以月为单位的,可有的频率是以天为单位的。虽然本次访谈样本很小,但是仍能看出一个规律,即,频率极高和频率极低的都是人数很少的人群,大多数人处于中间状态。用统计术语来说,应当是一个正态分布。

一、频率极高者

"我们结婚的头五年,几乎是每天一次,有时一晚上两三次。"

"我怀孕以前差不多每天一次,怀孕以后就少了。我认为怀孕就不可以做这事了,怕小孩流产。"

一位离婚女性说:"刚结婚时每天都有;到了30岁明显下降;离婚前两三年已经厌恶性生活了。结婚晚期,我们两人形在一起,神已经散了。"

二、频率居中者

"那几年时间,一星期两次,后来他到别处去上学,就一星期一次了。一星期他到我那里,一星期我去找他。最好的时候也要隔一天一次。"

一位离婚女性说:"刚结婚时一星期两次,后来感情不好了就少多了。"

一位中年女性说:"我们大约一星期两次。"

一位四十多岁的女性说:"刚结婚时一周二至三次,现在两次,情绪不好时就十天半月一次。"

一位三十多岁的女性说:"他不累时,我们一星期一两次,完全看心情好不好,他难得在家。"

一位四十出头的女性说:"刚结婚时一星期两次,最近几年身体不太好,现在一星期一次。"

一位中年女性说:"刚结婚那时天天有,后来两三天一次,怀孕期间很少,一个月也就两次,生完孩子以后的半年几乎没有。后来又恢复了一礼拜两三次。33到34岁以后就凭兴趣了,每月五六次,时间不固定。有时一夜两次,有时几个月也没有。那个夏天整整三个月都没有。"

三、频率极低者

调查中发现,特别低的性生活频率往往有这样几类原因:第一,两地分居和一方出差;第二,身体状况;第三,住房条件;最后当然是性欲低下。如果内心动力强烈,上述所有的外因都可以有克服的办法。

一位结婚已近十年的女性说:"这些年间,只是在有孩子之前一礼拜一次,目的很明确,就是为了要个孩子,不是因为性欲来了要这么做。自从有了孩子之后,这么些年才一两次,孩子已经上小学三年级了。"

"刚结婚时每周一两次,从婚后第二三年起,他常年出差,差不多半年一年才一次。他没有也行。中间我病了几年。后来有三年和孩子一起三人住一间房,基本没法做,只有孩子上外地看奶奶时才做。50岁以后,差不多一月一次,一周一次太勤了。有个和我岁数差不多的同事说,他们夫妻俩也是一两个月一次。"

"刚结婚时一星期两三次,后来有几年时间老不在一起,就寒暑假时在一起。"

"自从33岁我得了肝炎,近20年来,我们基本上一月一次,一个月两次都是多的。"

"一间房子四个人住,性生活很少。我不愉快,觉得他不够爱我,他也觉得我不喜欢他。"

"我和一个女孩谈起过性,她说了我,说怎么能谈这种事。她和她丈夫婚前有过性关系,婚后反而变成了兄妹一样,有两年没有性生活。"

据统计,西方各国的婚内性生活频率在近几十年有明显提高。在19世纪,特别是维多利亚时代,许多牧师和医生认为性交会给人体带来消耗和损害,因此每月最多一次。许多人也都抱有这种信念。这种做法起到了控制人口的作用,但低于人们对性交频率的意愿。在现代婚姻生活中,除了婚姻刚开始的第一个星期外，世界各国的配偶们的性生活大都在每周 2—5 次之间。此后性生活频率几乎总是随年龄增加而下降。据金赛调查，20 岁前结婚的女性婚内性交频率平均为每周 2.8 次；30 岁时降为每周 2.2 次；40 岁时为每周 1.5 次；50 岁时为每周 1.0 次；60 岁时为每周 0.6 次。（金赛，143）据美国近期的统计，20 多岁的青年夫妻性活动最活跃，平均每周性交三四次；30 岁以上的大约每周两次；50 岁以后下降到每周一次以下。这是平均数。每个年龄组都有极大差异，有些人多到一天数次，而另一些人则少到每月一次。（哈斯等，223—224）

此次调查所得的性交频率也有极大差异，由此可以得到这样一个结论：性这件事在人们的生活中拥有极其不同的地位——在那些每天性交和成年累月才做一次的人们的心目中，性的重要性显然会有极大的差异。

值得注意的是，男女双方的感情同性交频率之间并没有必然的联系，婚姻的稳固同性交频率也并没有必然的联系。调查中发现，有些很少性交的夫妻，感情还是很好的；频繁的性交也并不能防止离婚。当然，影响肯定会有一些，但或许没有人们想象得那么大。有研究者认为，现代西方人异化的表现之一就是，"古代的床上艺术将为电子计算机式的现代精确效率所取代……一旦落后于性交频率时间表，夫妇双方便会以为爱情已减少了许多"。（罗洛·梅，54）从中国女性对性交频率的重视程度看，她们的这种"异化"程度还不算太高。

性交方式

关于性交体位，调查对象大致可以分为两类，一类能自然地对待这件事，尽情尽兴，无论什么姿势都能接受，没有心理障碍；另一类把性交体位分成可接受的（一般都是男上位）和不可接受的，对不可接受的体位有负面道德评价，有羞耻感。值得注意的是，这两类人当中，前者往往被视为"坏女人"，淫荡的人；后者才算"好女人"，端庄的人。这一标准及其所由产生的氛围同英国的维多利亚时期十分相似，那个时期正是如此为女人分类的。坏女人才喜欢性，有性欲；好女人必定是性欲低下的。

一、爱抚（foreplay）

在被调查女性的经历中，有的在性交之前是有爱抚活动的，有的没有；而大多数女性感到自己是有这个要求的。

一位女性承认丈夫的性交前爱抚做得尚可，她说："他大概知道我的阴蒂在哪儿，敏感处在哪儿。"

女对男的手淫有时是被当作性交前的准备动作来做的："我是和老公在一起后才知道这种做法的，是他教我的。我一碰他他就说：你是不是想要我呀？我自己很少做。"

有的男性在做爱时却很少考虑女性有对唤起性欲的抚摸的需要："他一开始就进去，也不抚摸。我就像受刑一样。有半年时间一直是这样。每当做这件事时，我就想着上饶集中营妇女遭强奸的感觉。我劝他先抚摸我再做，可他不喜欢乳房。我让他摸摸乳房，他总是完成任务似的碰一下，说，行了吗？行了吗？他从不主动抚摸我的乳房。"

"我们每次时间都特别长，我的腰都疼了。可惜他不懂爱抚，要爱抚一下就好了。"

二、光线

对性生活的环境和气氛有影响的一个重要因素是光线。被调查的女性对光线有不同的看法和做法：

"我和他做爱时爱开着灯，我愿意让他看着我。"

"做爱时我喜欢有一盏昏暗的灯，不喜欢把灯全熄掉。完全看不见了，找兴奋点都找不着了。"

"我不喜欢亮，也不喜欢漆黑一团，喜欢有微弱的光线。我喜欢借助微弱的光看他的表情，看他因为我而如醉如痴，感到特别自豪。他的脸在微光下显得特别年轻、圆润、光洁。"

不少女性表示自己不喜欢光线，但男方喜欢：

"我喜欢黑着灯，他喜欢亮。他喜欢看，老掀起被子来看。我不喜欢这样，不好意思。"

"开着灯做过。要开灯都是他开的，我不喜欢。我大多数时间穿着点衣服，少数时间全裸。他是全裸的。"

有的女性对性交时的光线没有特别的感觉,有一位女性说:"我认为亮着灯关着灯无所谓,反正不用担心有第三个人看到。"

三、将性交体位区分为可接受的和不可接受的

有不少人的性交经历中只有男上位一种形式:"我们永远只用男上位,觉得别的都不舒服。我看过《金瓶梅》,不想学,觉得费劲,也不值得。"

"我们结婚几十年来一直是男上女下,什么别的姿势都没做过。"

"我们只用男上位,别的方式弄不成。"

"我们总是我在下,他在上。他要变换姿势,我不干,就这样还疼呢,再变姿势不更疼了?他说我就像一只面口袋,一动也不动。"

"从来只是一个姿势——男上女下。"

"我们永远是男上位,觉得其他姿势也没什么不好意思的,可是没有这个姿势方便。"

一位离婚后才从其他人那里获得快感的女性这样回忆她婚内的性生活:"我一直没有过快感,也不知道其他姿势,只是脸朝上那一种,他也不知道别的。"

还有人虽然试过别的方式,但还是以男上位为主:"各种体位都试过,男上位、侧位等等,最常用的还是男上女下。"

"我喜欢他在上面。有时中途会换体位,最后还是男上女下。"

"除了男上女下之外,别的姿势也试过。"

"变过花样,最喜欢男上位。"

有的女性对某种体位特别不喜欢,反感比较集中地来自后

进式：

"试过后进式，不行，方位不对。不觉得不好，只是不喜欢。"

"我自尊心特强，不愿跟牲口似的趴在底下，觉得这样子很屈辱。"

"对各种技巧我不是反感，只觉得那不是我想要的。我喜欢纯洁，干净。对那些我不喜欢的技巧我就不会去做。觉得恶心。我讨厌后进式。其实我在这个问题上是很随和，很随意的。"

"我讨厌从后边，因为看不到他的脸。我也不喜欢这种姿势，觉得它太动物式了。"

四、各种体位都可接受

一位交了新男友的离婚女性将他与前夫做了比较："对他我各种姿势都可以试，他能把我带入一种很温柔的气氛当中去。我前夫只会用脏话造气氛，我特厌恶。"

"我们俩之间什么都能做，没有羞耻感，只有赤裸裸的本能，有一种原始的感觉。我们只把这件事当作一件事来做，非常单纯，不想其他的一切。"

"只要能给对方带来快感，我什么都可以做。不是总男上女下，而是你照顾我，我也照顾你。两人同时来快感的情况很少，但是感觉特别好。我也不告诉他我的性感带在哪里，告诉他就没意思了。"

"我俩一开始老是一种姿势，后来社会开放了，我们看了些录像带，也接受了其他的方式。"

"我可以接受不同的姿势，但是有的姿势不可能有性高潮。

我是只有面对面的姿势才能有快感。后进式像动物，但我不反感，也没害羞感。"

"各种姿势都试过。"

"我比较喜欢女上位。一开始不喜欢后进式，因为肚子特别疼，倒不是因为别的。"

"我和他有过后进式。"

"我觉得后进式也能接受。"

"我试过在例假期间做爱，只要小心些，感觉还不错。"

五、相互手淫和口交

一位离婚女性这样说："结婚那么多年，我从没喜欢过丈夫的那个东西，从来没敢仔细看过它，更没用手碰过它。和那个男人在一起时，我才第一次感到喜欢男人那个东西，那么仔细地看它，摆弄它。我给他口淫是主动的，他没有提出来。"

"口交不觉得反感，他要求我做我就做了。"

"我做过口交，但不喜欢。他第一次对我提出这个要求时，我觉得挺新奇的，没有反感。"

"他对我做过手淫，我没对他做过，我没兴趣做。"

"他把我训练出来了，让我主动。他现在身体不如以前了。每次都是他先满足我，才满足自己。他晚上乏，就早上做。有时我能来两次快感。我知道他累了，就用手帮他放出来。"

"口交也可以，只是不能太深。"

"试过69，感觉很好，不过得互相不觉得脏才行。"

"我发现我们已经没有什么没试过的了。我们那里很僻静，周围环境没有压力,一切都跟着感觉走。我感觉最强烈的是69式,古书上叫作'颠倒鸳鸯'。传统上一般都认为生殖器很脏,手都不愿碰,更不用说口了。可是我们时间长了,口都觉得有瘾了。弗洛伊德所说的口唇期大概就指这个吧。这种方式基本上是为了满足我;我对他的生殖器老觉得恶心,他对我的一直感觉很好。"

"有的行为我接受不了。我可以给男的用口,但是男的对我用口我就觉得不舒服,只能强忍着承受。我比较喜欢女上位,因为在上边的感觉和手淫的位置一样,所以感觉好。他喜欢各种新奇的东西,只要是新奇的,他就喜欢;我不一样,我全凭感觉,感觉不好就不喜欢。"

有些女性对口交反感;有的一开始反感,后来才喜欢:

"我拒绝口交,心理上反感,生理上也不觉得好。"

"口交试过,不喜欢,感觉不好。"

"我觉得口交脏死了。"

"做过口对生殖器,我不喜欢。"

"他让我做过口交。我觉得脏,那是出小便的地方。我特别难受,人格上也不能接受,反感。他让我看录像带。我怕他射精,我觉得恶心,觉得又苦又涩又麻。他射了精我就往外吐。他想让我弄得满嘴都是,还说吃下去有营养。有几次是他强迫我做的,后来我就喜欢了。"

六、肛交

肛交是比较特殊亦比较少见的一种性行为,有人甚至以为只有男同性恋者才有这种行为,调查发现,不少女性有异性恋肛交经历；当然也有男方提出被女方拒绝的情况。

有的女性是出于对男性的关怀而答应肛交的，有一位女性曾因为男友总抱怨她的阴道松弛而多次求医问药："我问过一个小大夫，他说可以试试肛交，我试了两三次，他两三分钟就射精了，我没有什么特别的感觉。"

"我有过肛交，很疼，不喜欢。有一次还弄裂了。我们只是想什么都试一试。局部疼，但放松时有快乐的感觉。"

一位女性讲了她的肛交经历："肛交我一直不同意，怕疼，觉得脏，他也看我特别痛苦。后来我想也许能练出来。第一次做，我觉得（肛门）好像合不起来了似的，好像大便会流出来似的。他处在里边，就像搁了开塞露一样。我说他，你怎么就像给我搁了开塞露似的。我觉得也有刺激，可不是舒服满足的刺激，是紧张的刺激。"

"我那个男朋友喜欢69式，我们几乎什么都试过。肛交一开始觉得不好，后来也有性快感。"

一位有过同陌生人发生偶尔性交经历的女性说："肛交有一点快感，但主要是疼的感觉。我的运气不错，在性方面我没遇到过怪诞的、让人接受不了的行为。"

一位同居女性说："他提出来过，可是我们没真正做成过。试过一次，特别疼。"

也有女性应男性的要求满足男方被动肛交的愿望："他让我给他弄肛门，他觉得好，但他没说过同性恋的事。我看他不像。他脾气特别大，动不动就要跟人吵架，动刀子。"

更多的女性是完全不接受肛交的：

"我觉得肛交太脏，而且不可能有快感。"

"没试过肛交，听说过这种做法，觉得脏。"

"我从生理上不能接受肛交，觉得生理上不舒服。"

"对肛交有好奇心，但是做不成。一个是因为皮肤娇嫩，另一个是从卫生角度不能接受。"

"我觉得肛交是不能接受的，觉得脏。"

"我从没肛交过，觉得特别脏。"

"肛交我受不了，疼得受不了，所以没有做过。"

"他说过有的人肛交这种事，我说你别胡说，我不信。"

七、性交流

在被调查的女性中，在与性伴侣就性问题的交流程度上可以分成两类，一类人从不交流；另一类人可以坦诚地讨论这个问题。一位属于同丈夫从不交流一类的知识女性说："我们从来不讨论这个问题。我们倒是正面背面都试过，我出国回来之后，花样多了点，侧面啦，爱抚啦，各种姿势都试过。在国外时偷偷去看过色情电影，不好意思公开去看。我和丈夫从来没有讨论过这个问题。"

虽然有人从不和对方交流性技巧，但有不少人的确是交流的，有一位女性就这样谈到过她男友的要求："他说过，他喜欢我对他的生殖器部位使用强烈的动作。他喜欢花样多，花样越多越有吸引力。"

性交方式也像性交频率一样，人们的行为方式有着极大的差异。一些人毫不害羞去做的事情，另一些人就连想都不愿去想；

一些人乐此不疲的方式，另一些人简直闻所未闻；一些人当作享受的，另一些人视为耻辱。人们为什么会对一件事有如此不同的看法、不同的感觉？难道她们不是在同一个社会中生活？难道她们的生理构造有什么不同，使她们对某种行为方式有完全不同的感觉？在思索这一问题时，我不能不引用福柯的"凝视"（gaze）这一意象。社会对人的行为的凝视是一个常量，而人们对凝视的感知和恐惧却有天壤之别。显然，那些尝试各种性方式的人，较少感觉到或一时忘掉了社会的凝视；而那些因某种动作像动物（或畜牲）而感到羞耻的人，则更多更强烈地感觉到了这种凝视，以致她们会对同一种行为产生那么不同的看法。

至于为什么人们对社会凝视的感觉会有如许不同，金赛提供了一个答案。他的调查发现，教育程度越高的夫妻，其性交体位越多。而这只是众多可能的影响因素之一。此外，宗教信仰也是约束力之一。用中国女性的性交方式同西方女性相比，有无宗教约束的差别显而易见。不必说那些欣然尝试口交肛交的女性；即使是拒绝此类行为方式的人们，也只是因为嫌脏怕痛一类的世俗原因，绝少出于宗教禁忌。对于中国女性来说，为自愿的口交肛交行为要判60年徒刑（在美国的某个州）是匪夷所思的。

中国文化在这一点上有欧洲古代遗风。根据福柯的考证，古希腊人往往把性行为看成是一个整体行为，不会认为某种姿势或某种做法是不合适的。他将古希腊人对性的态度概括为"快感的养生法"，他说："养生法的当务之急绝不在于行动的方式上：它从未涉及性关系的类型，它的'自然的'姿势或是不合适的做法；也从不关心手淫和性障碍的问题，以及避孕的方法——后两方面后来变得非常重要。性关系是从整体上加以考虑的，因为这种活动的重要性不在它所采用的种种方式，应该搞清楚的是，是否应该进行性活动，它的频繁的程度，以及在怎样的情况下进行，而性活动的问题主要是从环境及量的方面提出来的。"（福柯，278）在对各种性行为方式和技巧的接纳和评价问题上，金赛也做出了一个重要的贡献：他使这样一种激进的性价值观流行开来，即任何在生物学上可能的事物，其本身似乎并不是内在有害的。因此，在性的技巧和方式上不应当做正确与错误的划分。

在一个世纪前的美国，男上位被视为性行为中唯一在生理和道德上正确的姿势，这一姿势又被戏称为"传教士式"，因为据说在南洋群岛的美国传教士每当看到土著民用其他姿势性交，便告知曰：正确的姿势是"男上女下"。

在现代，西方国家的人们大多经历了一个性技巧渐趋多样化的过程：20世纪40年代，在金赛报告中，有三分之二的人以传统的传教士式（男上位）为主；大约有14%的人只采用这一种姿势；有五分之三的人有口淫方式的接触，有过口淫行为的女性只占53%。数据表明，1900年以后出生的几代女性，越来越多地运用不同的体位。在1900年以前出生的那一代女性中，只用男上位而从未用过任何其他体位的人，占约16%；但在出生于1920—1929年间的一代女性中，这样的人只占6%。最老一代女性中的35%与最年轻一代中的52%，采用过女上位；31%的妻子用过侧位；约15%的妻子用过后入位；9%用过坐位；4%用过立位。（金赛，155）

到了1983年，据统计，约有三分之二的夫妻有口交行为；有一半的夫妻采用过女上位；有10%—20%的人采用过站立、坐位或后进式性交方式。而现在的调查表明，至少有四分之三的夫妻承认他们经常采用女上位方式；有91%的女性承认她们偶尔或经常采用口淫方式接触男性。法国1970年的一项调查表明，在所有有过性经历的人当中，60%的男性和55%的女性有过口交经历，其中女性性高潮达到率为70%。（拉里亚等，39；詹达等，68；哈斯等，223）性技巧的多样化反映出社会"凝视"在这个领域的弱化，人们在性活动中得到了更多的自由。

与此同时，有人从另一个角度提出批评，认为现代人变得越来越看重性技巧，人的性激情及性乐趣反而越来越少；性技巧要是强调得太过分，个人对做爱便会持一种机械的态度，从而造成个人内在的疏离感、孤独感。这种考虑也不无道理。性活动中最重要的毕竟是感情的交流，技巧只是交流的工具而已。

性快感

性快感（orgasm，又译性高潮）在不少西方社会中都被当作一个极重要的论题，人们在书籍报刊、广播电视中不厌其烦地讨论这个话题；女人如果在性活动中达不到快感，还会去找心理医生看"病"；男人如果不能给女人带来快感，也会有心理压力。中国的情况却远非如此，从社会气氛上看，传媒并未太关注这件事；从我访谈的女人的经历与观念看，这个社会的人们对此事看得比较平常、自然，有的女性对自己从未有过性快感这一事实处之泰然，甚至持有性快感很不重要这样一种坦率的看法。

一、何时初获快感

有些女性结婚伊始就有性快感："性高潮从刚结婚时就有了，只有个别的时候没有。这是一种最好的感觉，有时可以连续来两三次。"

"我的第一次性快感来之前，我根本不知道这个，它突然就来了。我是性生活刚开始的时候就有性快感，可不是每次都有的。这跟生理情况有关。如果正好碰到敏感区就会有快感。性敏感区是身上的某些部位,不固定。"

"我真正有快感是蜜月时有的,我事先一点也不知道,是很偶然有快感的。后来的性生活中,大概有一半有快感。我们后来看了点书,掌握了一些技巧,觉得这件事挺简单的。性交前有些爱抚,摸摸乳头什么的,就比较容易进入性高潮。"

"结婚后没几个月就懂得快感了,自然而然就来了,没听任何人说过。"

有不少女性是生完孩子才体会到性快感的:"我是生完孩子以后知道性高潮的,以前我很傻,他也很傻,都不懂。后来他有了外遇,大概是那时候知道的吧。后来他跟我讲过性高潮的事。我也不知怎么就会有快感了。我觉得在性生活中,如果是特别想做爱的时候就会有快感,心里不想做的时候就不会有快感。累的时候做就感觉不到,休息好了就会有快感。那感觉很好,但是我不能用语言把它形容出来。"

"我很难达到快感,他不懂爱抚,完事就睡了。我是有了孩子以后才知道快感的。"

"我是到生完孩子之后才知道快感的。我生孩子时用了侧切,半年以后才不疼了。那时才觉得做这事时舒服了,有了欲望。"

一位 19 岁开始有性经历的女性说:"21 岁开始我交了第二个男友,半年以后有了快感。"

"我是结婚以后两三年才知道性高潮的。"

"我结婚后的很长时间都不知道。我来不来快感和姿势有关。我喜欢在上面,在上面时几乎每次都有。不见得非要男人进入才可以有,仅凭抚摸也可以达到快感。"

"我到 30 岁才懂得快感。"

一位近40岁时才知道快感的知识女性说:"我是偶尔看了一次色情片以后才有了快感的,就觉得特别舒服。回想起小时候有一次上体育课爬那种粗绳子时有过这种感觉。后来和丈夫做时也有过这种感觉,他就特别高兴。有时我需要的时间长,他就等我来了再完,替我服务,可有时越是这样想越不来。"

有的女性是在比较中才知道什么是快感的,一位离婚后又有了新伴侣的女性这样说:"过去和他没有过强烈快感,没有比较,也觉得不错,挺满足挺高兴的。可是有了比较才知道原来太没滋拉味了。"

二、性高潮的感觉和频率

一位女性这样描述性高潮的感觉:"不知是什么东西(像是血液)渗透到全身的每个毛孔。高潮过后,所有的毛孔都放开了,全身有一种麻酥酥的感觉。"

"我和他做爱时能连续来三四次快感,我的感觉是,做完了以后就去死都可以。"

"快感的感觉起初是影影绰绰,朦朦胧胧的。后来和一个朋友谈到快感,她说,快感来了的感觉是想大声喊,让全世界都知道。这话给我印象特别深。后来我的感觉就清楚多了。我是在排卵期和月经后三四天时感觉最好。最好的时候能连续来两次快感。我觉得快感在衰退,后来排卵期快感没有了,只有月经后三四天有快感。从39岁开始就完全没有快感了。我做了努力,尽量配合,还是不行。"

"月经刚完时做这事感觉最好,很快就能来快感。"

一位40岁上下的离婚女性这样谈到她的一位男友:"我和他见第二面时他就有性要求。和他做爱感觉好得不得了。看来他在这方面是个老手,他真懂得怎么让你舒服。他会调动女人,会刺激女人,让我整个身体里像烧起来一样。从这个人以后,我才觉得50多岁的人可以接受了,和自己岁数相当的反而不愿接受了。我后来觉得50多岁的人挺可爱的,他们的魅力是我的同龄人没法比的。"

一位离婚女性讲到她婚后不久就得到了快感的感觉:"和他在一起不久就有快感了,是一种挺舒服挺奇妙的感觉。所以我觉得人的结婚年龄不该太晚,因为那是对人性的摧残。"

一位独身女性说:"我觉得有时候憋尿之后会有一种强烈的快感,我猜是膀胱压迫了阴道的缘故。我不知这是不是性快感,所以我有时候就故意憋尿。有时月经带里放很厚的纸也会带来快感。"

但也有人讲到对性高潮的另一种感觉,一位年过五旬的女性这样说:"我每次性高潮,随后的两三天都会觉得累。"

关于性快感的频率:"我发现我这个人的特点是,只要男的行,我可以没完没了。我对快感的感觉是,那是一种舒服的销魂的感觉。这种感觉有时大有时小,有时感觉会比平时更好一些。差不多10次里面有10次会有这种感觉。"

"一开始是每十次中三四次有快感,感觉到迟钝是在35岁以后。后来就越来越少,感觉越来越不好。"

"同居几年后,我能体会到快感了,很舒服。我也有了这种要求,想天天都做。我80%的时候会有快感,后来不用到高潮也感到很舒服。"

"有性快感的次数大约占 50%。"

"不是每次都能得到性快感，大约 20 至 30 次中能得到一次。"

三、很少或从未体验过性高潮

有的人从没有得到过性交快感，一位女性说："婚后第一年，性生活还挺好的，也就是不疼了吧，可从来没有感到过快感。"

"我从刚结婚时起，就不觉得这件事有什么好的，但以为就是这样的。我跟丈夫从没有过快感，我不知道，不问，也没人告诉我。后来就生孩子。我一直以为就该是这样的。他每次做从没超过七八下，不超过一分钟。"

"从 26 岁到 36 岁，这 10 年我都没有过快感，他速度太快，碰两下就能放出来，可我得有这时间的两倍长才能来快感。"

"一开始的时候我不知道有高潮这件事，他也不知道。"

"听人说快感是一种触电的感觉，我没有过这种感觉。"

性快感同做爱环境有关。一位女性谈到她的婚前性关系时这样说："有时借别人的房子，提心吊胆的，就顾不上快感了。"

"我和他有过很少的几次快感，更多是他的快感。"

被调查的女性中的确有人曾为无法得到性快感去求过医，但可以肯定地说，为此求医的人很少："我为性快感的事去过一个心理门诊，他们总说我们这一行要怎样怎样，要让人得到性快感。其实在我看来，他们也未必能让人得到快感，这种事要靠自己悟出来。"

调查中最令人震惊的对快感的态度来自一位非常美丽聪明的女性，她态度极为坦然安详地对我说："我从来没感觉过快感。

（问：一生不体验一下快感不遗憾吗？）既然我从来不知道它是什么，也就没有损失什么。"

人类与其他动物相比在性方面的独特之处有二，其一是人类可以在一年中的任何时间性交；其二就是人类女性可以有性高潮，而其他种类的雌性动物没有性高潮，或很少见。因此，人类这一物种的女性性高潮几乎可以说是灵长目动物中独一无二的现象。对此，有一种从社会生物学角度出发的进化论式的分析：人类女性性欲高潮的发展是由于人类婴儿生来就特别不能自立，需要父母照顾。女性性欲高潮以及女性在月经周期的任何阶段对性一直感兴趣就是为了维系永久配偶而发展起来的。（海德，68）

人类对女性性高潮的认识经过了一个否定之否定的过程。在早年，弗洛伊德提出了一个广为人知的观点，就是将女性的性快感划分为阴蒂快感与阴道快感。前者是不成熟的表现；后者才是女性在性方面成熟的标志。弗洛伊德的后继者中还有人对这一理论作了进一步的演绎：女性从前青春期到青春期的一个主要课程是学习从阴蒂高潮转向阴道高潮，这种转变象征着从主动性到被动性的转变。阴蒂高潮象征主动，这是做一个真正女性化的女人应当抛去的男性成分。（转引自海德，60）

对这一理论的第一次否定是由马斯特斯和约翰逊（Masters and Johnson）通过仪器发现手淫和性交得到的性高潮是同一种生理反应过程时完成的，那时，几乎没有人还相信弗洛伊德式的两种高潮的区分了。

然而，由于佩里（John D. Perry）和惠普尔（Beverly Whipple）于1981年提出"G点"（G spot）理论，人类对女性性高潮的认识完成了一个否定之否定。他们二人继续了恩斯特·格拉芬伯格（Ernst Gräfenberg）的工作，得出如下结论：阴道前壁存在着一个性高度敏感区域，该区被他们称为格拉芬伯格区（Gräfenberg spot）或 G 点，它由像阴茎和阴蒂一样的勃起组织构成，在高潮时能像男性高潮射精一样射出化学成分相同的分泌物。G 点的发现重新肯定了阴蒂高潮与阴道高潮的划分。但是，他们的理论与弗洛伊德的理论有一个重要的区别，即他们并不认为两种高潮中哪种更优越、更成熟，反而认为它说明女性可以通过多种途径获得性快感。（哈斯等，50）值得注意的是，有学者提出，仅有不到 10% 的女性存在阴道前壁敏感区即 G 点。

在西方，许多世纪以来，人们都把性快感看成不道德的、堕落的、邪恶的或者不正常的体验。中世纪教会的性观念主宰欧洲时，强调男子射精时间越短越好，以防止女性获得性高潮。为了打破这种观念，西方学者常常引用中国古代文化中关于女性性高潮的观点作为对比。中国有关的古籍上主张，对于男人来说，理想的状况是尽量延长性交时间，男人在性交过程中所吸收的阴的本质的多少视性交时间长短而定；男人还必须成功地激起女方的性高潮，使其发挥出最大限度的性能力。在西方人眼中，中国人有一个独特的观念，即认为女方的性高潮对于其自身和男方都是同等重要的。（坦娜希尔，185）

直到金赛调查的公布以及马斯特斯和约翰逊采用先进手段对性快感所做的科学研究完成之后，才彻底地改变了西方人对女性性高潮的否定态度，人们才最终接受了性快感是自然的、重要的人类生理机能的观点。根据金赛调查，有 14% 的女性在青春期到来之前达到过性高潮，约为有过前青春期性反应的女性的一半。其中86%是通过自我刺激；约7%通过与其他女孩的性接触；2%通过亲昵式爱抚；1%通过与男孩或男性成人的性交合。特别有意思的是，2%是通过与狗或猫的肉体接触而达到首次性高潮的；约2%通过其他方式，包括爬绳子。(金赛，21)另据调查，已婚妇女只在部分性交中达到性高潮。总计约有10%的妻子，在任何时候的任何一次性交中都从未达到过性高潮；在婚后第一年中，约75%的妻子至少达到过一次；到结婚约20年以后，性高潮累计发生率达到90%。(金赛，144)在苏联，由于人们在性交时偏爱后进式，所以有45%的妇女从未达到过性高潮。(坦娜希尔，454)有一种动物学观点认为，雌性动物之所以没有性高潮，乃是因为后进式交尾使阴蒂得不到刺激的缘故。

不幸的是，后来的人们又走向另一个极端，"性快感是正当的"观点到了这些人那里，却变成了凡性交必须使自身及性关系的对方得到快感。男人以为，他们每逢与女人性交，都必须使对方达到性高潮；女人们则以为，如果她们不能每次都有高潮体验，她一定是什么地方出了毛病。康诺利(Cyril Connolly)提出了"高潮强迫症"这一概念，他认为，人们对性高潮近似强迫症似的追求，是一种异化的表现。人们总是焦虑地强调要获得性高潮，强调满足对方。男人往往郑重其事地问女人，她"达到高潮"没有？她有没有"大快感"？要不便是用某些委婉的话来问女方满意没有。而波伏瓦等人都曾指出，在这种时候，这类话是女性最不愿意被问到的问题。(罗洛·梅，55—56)

如果用福柯的"凝视"意象来分析，西方女性在获取快感方面更能感到社会凝视的压力，而中国社会的"凝视"目光还没有转向这个方面——这绝不是说中国社会的"凝视"范围窄些或程度差些,只是说它的凝视贯注在其他方面,如非婚性关系,各种"变态"的性活动等方面。弗洛伊德也曾注意到,在对待性高潮的态度上的确存在着文化的差别:在某些社会里,妇女的性生活比西方社会要单纯。只要她的情人或丈夫乐于与她行房,她便心满意足;她从不担心自己是否性冷感(frigid)或能否到达高潮,很可能她从不知高潮为何物。但在西方社会中,男子必须使女子能经历所谓"高潮体验",才敢相信自己算个男子汉;女方则不但必须使男方经历高潮,以证明他是个男子汉;她还要自己有这种经验,来证明自己是个女人。否则就要担心自己患上了性冷淡的毛病。(弗洛伊德,9—10)

值得注意的是,近年来,随着国门的开放,西方文化的涌入,越来越多的中国人接触到西方文化中对性快感的看法。我想,它对中国女性对性快感的想法会产生一定的影响。

性美感

大概只有在少数几个像中国文化这样我愿称之为"文明过度"的文化中，才会提出有关性是美还是丑这样的问题——由于教化过多、过久，我们离人的自然状态（动物或畜牲的状态）越来越远。在我们的文化中，最严重最频繁被使用的骂人话是说某人像"畜牲"；第一性征（生殖器官）、第二性征（肉体性别特征，如胡须和乳房）及第三性征（装饰性别特征，如发式和服饰）都要尽量加以掩饰，至少不能加以强调，因为它们容易暴露出或强调了人的动物性。性行为在中国文化中因此处于一种特别尴尬的地位，说得不好听一点，中国人在性的问题上相当"变态"，也就是没有平常心。由于我们是文明的人，道德深厚，所以应当尽量远离各种动物性的活动，性活动就是这种很接近动物性的活动。可是人又有这种动物本能（中国人特别不愿承认这一点），社会和家庭又要通过这一活动来繁衍（中国人特别愿意强调这一点，好像这才是为性活动"正名"）。于是就很尴尬，于是就很变态，于是就没有了平常心。这种文明过度使我们感到性活动或性活动中的某种形式、姿态是丑的；不喜欢这种活动的人有一种道德优越感；喜欢这种活动的人有一种自甘堕落的放荡感。

两种感觉都不正常,都缺少平常心,都缺少对一种人类自然活动的自然的美感。

然而,在现代中国社会中,已经生长起一群能够对人类的性征及性活动拥有自然的美感的女性,在她们身上,可以看到中国文化在性的问题上恢复平常心的希望。

访问对象当中,有几位文化水平最高、修养最好的女性,不约而同地提出自己对性美感的追求。一位从世俗观念看在性关系上过于随心所欲的女性这样讲:"我的朋友中有一个老太太,她很孤独,但生活得很洒脱。她的语言很美。如果一个人的生活中有艺术有美,就不应压抑自己。我想过,人应该活得短一点,但是亮一点。只要能活得有光彩,我宁愿拿生命中的其他年来换。每当我想到自己的老年,首先想到的是自己这些年的生活是不是五颜六色的。如果它一直是五颜六色的就行了。所以我并不担心未来。有好几次,我都想把自己这根浪漫的'筋'掐掉,可我太向往美了,所以不见容于社会。我希望过一种又干净又充实的生活,我希望自己做一个没有太多毛病的人。"

另一位是这样说的:"性生活的满足是一种艺术的感觉,和音乐、绘画、艺术、诗是相通的。如果两个人在这方面都有修养,就会增加性的享受感。再把周围环境的色彩灯光考虑进去,心情和环境相呼应,这是最好的。有人会想,我也不想当艺术家,为什么要受美感教育,其实人在做这件事时,是创造人的结晶,聪明敏感、审美感觉都很重要。"

一位双性恋者讲到自己对美的感觉:"有一次我坐在草坪上,看到有一个女人提着篮子走过,我突然觉得她美极了,就想去拥抱她，我觉得她身上散发出一种家的感觉，一种温暖的感觉。有的时候我会为人的一个动作一个表情而感动。比如有一次我在地铁车站等车，看到一个小伙子抬手看看表，忽然一甩头，我有一种很着迷的感觉，是美的感觉。"

"有一次他说的话把我吓坏了，他对我说：你知道我真正崇拜你的是什么？是你的身体，它综合了东西方女人的骨骼和皮肤，让人想起雏猪和雏鸽。那次我感觉特别好。有点害怕的感觉，又像在发烧。那是一种像沙漠上的波浪起伏的感觉，一种很飘逸的感觉。就像那些诗歌都有的性暗示，我感到他是坚硬的钢铁，我像海一样，能够十足地承受他，包容他。如果把我和他在这种时候的感觉说出来，似乎都能够出口成诗。"

一位目前正与人同居的离婚女性特别欣赏新任男友的幽默感，对过去的婚姻生活感到遗憾："我很后悔那时不知道什么叫美，也没有人指导我什么叫美。那时候也就听听话匣子（北京俚语：收音机），没电视也没录像。"

一位女性这样谈到自己的男友："他是年轻的，纯情的，像太阳光一样灿烂。他没有什么性技巧，但给人一种纯净的感觉。"

"我喜欢上午做爱，不喜欢晚上在暗地里做。我认为喜欢黑暗的人不自信。女的对男的也有视觉方面的感觉。我喜欢男人敏捷灵巧，喜欢那种轻型的男人。白天做爱有冒险的快感。把窗户遮得严严的，屋里有多少灯开多少灯。我那段时间很注意锻炼身体，感到体形是有价值的，在做爱时一扭身有褶子就不好了。我自己也是比较轻型的敏感的人。有时我有一种自我欣赏的感觉。我们在床的对面放一面镜子，做爱时看到自己也不觉得害羞。我们看到的都是美的感觉。"

弗洛伊德曾说:"我坚决认为,'美'的观念植根于性的激荡,其原义乃是'能激惹性感者'。"(弗洛伊德,53)什么时候中国人都能够像这些女性一样自然、坦然地欣赏性活动中的美,他们才能有在这个问题上的平常心,他们的生活才能变得更加正常而美好。

性交反感

调查中发现不少女性对性交反感,其中既有长期性交疼痛引起的反感,也有一般的性欲低下。某个时期特别盛行的带有禁欲主义色彩和传统道德印迹的社会规范和社会气氛在其中究竟起到何种作用,这个问题具有深入探讨的必要。

一、性交疼痛引起的反感

有的女性经年累月地性交疼痛,一直就那么忍着。其实,双方稍微沟通一下,先有了互相关心照顾的态度,再有一点点不难学习的技巧,就完全可以解除痛苦。一位结婚多年的女性自从孩子出生之后一直性交疼痛,她说:"我每次都疼,宫颈三度糜烂。我和他从来不讨论这个问题,我老是迎合他,他问我感觉怎样,我老说不错不错,因为我一说感觉不好他就不乐意,我觉得他真是无药可医了。我要是说他弄得疼,他就说我有毛病,是'二尾子'(不男不女之人),'男人投女胎'。我争辩说这事有他的责任,他就推说我们俩体质上不合适。"

"结婚有两年时间我一直觉得疼极了。其实处女膜一直就没有彻底破。越弄不好就越要弄,结果我有一段时间,天一黑恐惧感就来了。一想到要做这事就害怕,觉得像受刑似的。他说,我一看你这样就不想做了,好像我欺负你似的。有次我去看别的妇科病,医生说,你还没结婚哪?我说结了。她说你的处女膜还没破,上面有些痕迹,可还没破。那时我们结婚都两年了。后来她让我把丈夫叫来,开导了我们一番。以后才好了。"

有的女性由于羞于同男方沟通,长期忍受只有痛苦没有快乐的性生活:"我一直不喜欢做这件事。有时就只能一边干一边想别的事。我想我的数学题,他干他的。一般不疼,有时疼。现在年龄大了,分泌物很少,身体也不如以前了。我觉得那里就像一张纸似的,没有弹性,一碰就有撕裂感,像要撕裂一样,像受刑一样,我就使劲咬牙忍着。"

一位调查对象认为她的妹妹是性冷淡:"我妹妹性生活老流血,她丈夫一要求性生活,她就紧张、哆嗦,所以他们很少做这事。"

一位知识女性是这样看待性的:"我只想亲热亲热爱抚爱抚,并不想干这个事。又疼,完了还得洗,很麻烦。"

二、性欲低下引起的反感

"我总是觉得特别疲劳,老有困的感觉,觉得做这事耽误睡觉,而且还老要等到孩子睡熟之后才能做事。我俩倒也没有为这事发生过纠纷。有时候我不想干,就说我感冒了,他马上说:'行行,你别说了,我明白了。'他的要求也不是特别强烈。"

一位同丈夫性生活不协调的女性说："我曾经有过一个情人，有过性关系。他有过不少女人，是个在这方面经验很丰富的人，比我丈夫会多了。可是他也不能使我喜欢这件事。他试了很久，最后说：我怎么就调动不起你来，我没碰到过你这样的人。他把我弄得烦死了，我都忍无可忍了。感觉比我丈夫好一些，但还是没有让我特别喜欢这种事。从和他的接触，我倒排除了心里的疑惑。没有比较的时候，我不能肯定是不是因为对方做得不好我才不喜欢；有了比较之后，我想可能我是真的不喜欢这件事。"

一位离婚女性讲了自己的性冷淡经历："结婚六年，我们在性上没有快乐可言。那时社会上也不宣传不教育，大街上更没人说这个，我每次做这事都很紧张。他在公安局工作。有一次他对我说：我看了缴获的流氓团伙的黄色带子，那上面的女的干这个还哼哼呢。我不懂，说，哼哼什么呀？他就不说了。我就怕打胎，心理厌恶，肉体也痛苦。我前夫是个大高个，挺漂亮的。有时他想干我不想干，我都能和他扭起来。有时就妥协，应付他。我们俩当中对这件事从来不谈不说，他这个人倒不粗暴，很克制的。"

"刚结婚头两三个月，因为他包皮过长，里面有脏东西，我连续两次得阴道炎，尿里有血。为这事我挺怨他的，对性事也没什么兴趣了。加上两人感情本来就不大好，特别影响情绪。"

"我有一阵性冷淡，别人拿来'毛片'我都反感。我对我的那个情人在这方面也无动于衷，他就说，你是不是性冷淡哪？他特别理解我，老爱研究我。"

"我这个人身体发育早，脑子发育晚。在大学里，别人谈恋爱，我一点都不知道。记得有一个男生企图和我好，他邀我和他上街买东西，还对我说：你们班的人都在谈恋爱。我说：啊？不知道啊。后来我有了一个男朋友，我觉得就是很喜欢他，老想看见他，老想一块儿玩，一块儿聊天。可是我不喜欢他对我搂抱接吻，我很厌恶那些动作。当时我们学校有规定，不许谈恋爱，我以此为借口和他吹了。我后来结婚生了小孩，可我从来都不喜欢拥抱接吻，觉得深吻尤其不舒服，也不觉得喜欢男人的抚摸，好像我从生理上就不喜欢抚摸的感觉。可以说除了性交别的都不喜欢。"

"他告诉我，我对自己的肉体感到自卑。他给了我自信，从此我就觉得这种事比较顺理成章了。他问我，你愿意我怎么样，我说，我愿意让你抱着我说话，我喜欢父亲那样的安详的爱。"

一位结婚十多年的女性说："我是到近两年才不再反感、讨厌、害怕这事了，但从来没有过快感。我爱人有手淫习惯。他觉得手淫力度比性交强，所以手淫比性交的感觉还要好些。"

"我这个人好像比较冷，他有一次说，我都怀疑你能不能怀孕。"

"我和丈夫是经人介绍认识的，他之前也谈过几个，都是介绍的，因为我们单位没有像我这种年龄的人，其他人都结婚了。刚结婚的时候我'宫冷'，就是对性事没兴趣，不是疼，也不是不好意思，就是不喜欢。快感有过，特别少。他精神头大，可我爱困，总想睡觉。有时他摸一摸能有一些感觉，或是一个人出差，隔的时间长了，也会有一些感觉。"

"我只喜欢两人黏黏糊糊的，亲亲热热的，不喜欢别的。我感觉最好时并不是性交时，而是亲热的抚摸。上来就直奔主题，感觉一点也不好。他看书上写的，想弄些花样，我不配合。因为我本来就不喜欢这件事，再弄那些花样很没必要。"

"我丈夫知道对女的时间应当长，可他总是很短，不超过一分钟。他还老埋怨我紧、涩。我也很少动情，动了情更难受。刚一兴奋，他进去就出来，我更该有一种没着没落的感觉了。他把这事变成了一件特别累的事。我当时很害羞。他让我配合他治，射精时用手按住防止早泄。我觉得破坏了神秘感。以后我就很不喜欢做这件事了，不想做。"

有些女性对性交有一种恐怖的感觉，一位女性这样说："男人在做这事时面目狰狞，很恐怖。"

有的女性的性冷淡是因与配偶无感情所致，一位与丈夫因感情不和离婚的女性这样回忆她对丈夫生殖器的感觉："有一次他借着酒劲把裤子一脱，把那东西一亮，又长又大，我赶紧把眼睛闭起来。结婚那么多年我都没有好好看过那东西。"

一位很不喜欢性事的女性说："我们可能是有问题，我和他都没有被很好地开发。但是我也不是很遗憾。如果我们以前有过好的感觉而现在没有了，会感到遗憾；从不知道更好的感觉就不会遗憾。"

一位很不喜欢性关系的女性如此谈到她的姐姐："我姐和我一样，也不喜欢这事。我姐夫是个很拘谨的人，姐姐说，这件事特别没意思，每次不得不做，实在是没有办法，只盼着快完快好。"

"我是结婚半年后怀孕的，怀孕后我脾气不好，不许他动我。他得有一年时间没动过我。我看出他很痛苦，可我不让他就不敢动我。"

一位已过更年期的女性说："后来他因为身体不好就不能勃

起了。不到 60 岁就停下来可能是比较早,没有性生活后,我也觉得没必要了。有时做梦会有性高潮,我觉得是肾虚。我们的性生活一直是低水平的。"

为什么被世界上一些女性视为极大享受的活动,会被另一些女性轻视?后者的生活质量是否一定低于前者?从调查的情况看,似乎性欲低下的女性并不必然对自己的生活不满意。也就是说,至少在主观感觉中,性活动并不一定同生活质量成正比关系。诚然,如果从大思想家福柯的"体验"论(包括"极限体验")出发来评价一个人的生活质量,性欲低下者会丧失生活中的许多"体验",甚至丧失了感受快乐的能力。福柯曾在接受一位记者的采访时发表过这样一段精彩的言论:"我认为快乐是一种非常困难的行为……我希望自己将死于过度的快乐,任何一种快乐都成。"(转引自米勒,526)一个人如果丧失了感受快乐的能力,她的生活将会怎样?

性欲

被访问到的女性在性欲方面可以分为两大类,一类是完全感觉不到性欲的存在;另一类对性欲有明显的感觉,有的甚至相当强烈。

一、自述感觉不到性欲的女性

一位因长年与丈夫两地分居而性交频率极低的女性说:"我没有感觉到有这种欲望,每年的大多数时间都我一个人过,我从来没有过睡不着觉的时候。"

一位年过五旬的女性说:"我没觉得有什么性欲。有一次我丈夫对我说,我觉得你也不是没有性欲,就是对我没有。有时,他在床边摆了些有关性的书,我看也不看,他就很伤心。"

一位有婚外情但无婚外性关系的女性这样解释自己的行为:"我的道德感还是挺强的。以丈夫为主,与别的男人只是有时偶然有一点亲密关系。有一段时间我丈夫对我的感情没把握,有焦灼感,有疑心,因为我的生活圈子里男性太多了,他不喜欢我的朋友们。我对他说:我不会乱来,我对性本来就没有兴趣,性对我没有吸引力；但不能保证我的感情不会偶尔向别人有一点偏移。"

有的中年女性讲到自己的性欲衰退过程："随着年龄的增长，这种欲望越来越少，加上前不久我又信佛信道，去年这一整年我连这个心都没动一下。"

二、从别的女人那里得知有性欲存在

"有一次我劝一个离婚女人别和人东睡西睡，会睡出病来的。她说她有这个需要。这是我第一次知道，女人也有欲望。"

一位女大夫讲她接待过的一对夫妻："那个男孩说，他对性事不大感兴趣，因为家里环境隔音不好，不能避开家里人。应当有个温馨的环境才能干这件事。可是他老婆不管环境气氛如何，也不管他情绪如何，想做就要做。那个女孩怨气也很大，她说，她的感觉是有劲没地儿使。这是我见过的唯一一例女方性欲强烈的病例。"

一位女性这样讲到她母亲的情况："我爸妈关系不好，长期两地分居。有很长一段时间，爸一年才回家一次，12天的探亲假。我妈性要求多，老因为这事和我爸打架。爸调回来时，我妈40岁。她老得不到安慰，脾气特别急躁。我觉得她脾气已经扭曲了。现在他们还是不住一起，各自为政，俩人到一块儿老打架。我爸说，我这么大岁数了，她老让我做那事，我一身病，怎么能干得了，没那精力。可我妈觉得不是那回事，是我爸不想付出爱了。我在父母中间，作为女人我同情我妈，女人没个男人爱抚多艰难哪。我也是从三四十岁过来的人嘛。可是我也能理解我爸，我妈脾气那么大，动不动就声嘶力竭的，他也难。"

三、自述有性欲感觉的女性

一位女性说："我从很小就有性的感觉。"

"我是生完孩子以后才有了性欲的感觉的。"

有些女性表达过自己性欲不得满足的情况："从 26 岁到 36 岁这 10 年间，我们差不多每礼拜一次。熬到一礼拜，才能得到一点安慰、一点温柔，但得到更多的还是洗衣服，干活，累。"

一位有过情人的女性这样说："我认识他之后才知道自己还有这要求，才知道自己是个女人。"

一位单身女性说，自己虽仍是处女，但也有生理上的感觉，有时感到兴奋："20 多岁时感觉朦胧，年龄越大这种感觉越深。"

一位离婚女性说："我是 35 岁离的婚，后来有一整年没有男朋友，到 38 岁那年，我才感到有一种没法克制的欲望。"

"我抽烟跟这个有关系，听说抽烟能抑制性欲，我是从报上看到这种说法的，也有女友这样跟我说过。"

四、性欲的感觉是怎样的

被访问的女性对性欲的描述是各不相同的。一位女性这样描述了自己的性欲："有的时候会感到子宫蠕动，好像一定要有男人的器官才能解决。"

"我来例假前夕就有冲动。有时在想象中会出现异性的器官。"

"月经来潮之前，阴部有节奏地抽动，可能这就是性欲的感觉吧。"

"我觉得性欲的感觉就是想和男人有性行为的感觉。在生理上的表现就是白带很多，心理上的表现是很爱激动。大学毕业后有一段时间，我的内裤每天都是湿答答的。我认识一位女医生，我问她这样子是不是病，她就笑了。她说不是病，是雌性激素分泌多造成的。这种情况一直到快40岁才好，白带少了。"

"我觉得性欲的感觉就是阴蒂发痒似的。"

"有一次我和丈夫做爱，不论怎么弄，下边都不能湿；可是和这个情人，不用弄下边自然就湿了。每次他洗完澡光着身子跳上床，我见他这个样子，自然就有欲望了。"

"我觉得性欲就是一种心里痒痒的感觉，从生理上说，是一种下部发热的感觉。"

"感觉到过生理的冲动，是一种小腹发胀的感觉。在遇到一个人特别可爱、能打动你的时候也有这种感觉。"

一位女性这样形容性欲的感觉："那是一种全身发酥的感觉。"

一位中年的未婚女性说："年轻的时候，在夏天的晚上，我会突然有浑身膨胀的感觉，有时是大腿根部，有时是腋窝，是很难受的一种感觉。每当这种感觉一来，我就不得不起来走走，要不就要赶紧想办法睡着，就是为了避免这种感觉。这感觉出现后很不舒服。"

"记得大学刚毕业的时候，我还觉得自己像个没发育丰满的小鸡似的，到了二十四五岁时就觉得自己成熟了。有时自己抚摸自己，觉得该鼓的地方鼓，该扁的地方扁，感觉很好，也希望别人的抚摸。有时生理上冲动很厉害，身体躁动不安的。"

"那年春天，有一种原始的东西回到身上的感觉，那就是食欲和性欲。有一种爆发似的感觉，特别想找男人。欲望爆发后，我想到的是要克制自己，不要破坏别人的利益，不要张扬。"

一位曾遭人诱奸失身的女性这样讲到自己对性欲的感觉："在出这次事之前，我对性完全没有感觉。有一次我帮哥哥办事，他一个朋友把我带到公园里动手动脚，我当时完全没有反应，碰哪儿也引不起我的欲望，就没干成。还有一次坐火车，有个小当兵的正好在火车站等车。我们俩坐在一个比较暗的地方，他也有动作，我还是没有反应。所以我觉得，如果我自身不成熟，他们就不能得手。年龄小时毫无感觉，年龄大时（被男人）一碰身上就软了，有反应了。"

一位离婚后过着单身生活的女性说："我有一点特别苦恼：在性生活方面，我的要求挺强烈的。有时有忍受不住的躁动的感觉。下了班百无聊赖。女人是有需求的，我不太愿意压抑自己。有一次实在忍受不了，正好我去某饭店办事，发现有一个外国男人，他看我的眼神让我明白了他的愿望。按说一个良家妇女应当是傲气的，可我当时有点抑制不住，就跟他去了他的房间。先是聊天，后来就留下来了。他使我很舒服，很满足。我不是那种人，所以我一分钱没要，他要送礼我都觉得受侮辱。第二天清醒过来，我觉得很内疚，自责。这种事有过很多次。"

关于何时性欲最强，有一位女性这样说："月经前2—3天，月经中（他有时月经时也做），月经8天后有3—5天。"

在维多利亚时代，人们对人类性欲的看法是：妇女天生是性冷淡的，天生不喜欢性，男人却受性驱使。19世纪的泌尿专家阿克顿（William Acton）说："一个温良的妇女很少渴望在性方面来满足自己。她顺从丈夫,但只是为了让他满意。……结了婚的妇女不希望自己受到情妇一样的待遇。"(转引自拉里亚等,49)这一观念甚至渗透到金赛的调查当中。金赛用自己所获得的资料证明,男性的性生活开始得较早,手淫次数较多,而且从这些活动中达到的性高潮次数较多,他由此得出结论认为:男女的性能力有着本质的先天的差别。弗洛伊德也表达过男性比女性的性能量更充足的思想。其实这是社会文化氛围对男女两性的不同期望所造成的错觉。后来马斯特斯和约翰逊的研究就推翻了上述观点,证明男女两性的性反应周期是基本相同的;女人通过手淫达到性高潮的能力绝不弱于男人;而且在一次性交中,女人常常可以多次达到高潮,以此与男人的不应期相比,甚至可以得出女性的性能力高过男性,至少不会低于男性的结论。

由于在公众场合(传媒和教育过程)很少有人讨论性欲的问题,在私人场合有不少人也从不跟家人及异性伴侣讨论这个问题,所以被调查到的女性在性欲问题上像在其他许多涉及性的问题上一样,呈现出一种散漫的——用统计术语说是离散的——状况。也就是说,有人毫无性欲可言,有人性欲却相当强烈。如果说这种差异是人的社会教化过程和社会文化环境造成的,倒蛮有说服力;但如果说差异是生理原因造成的,就会令人对人体生理学的前景大为担忧——器官的相同和功能的相异会让生理学陷入一筹莫展的境地。因此我们只好推断,这种在性欲上的差异是后天习得的品性;性欲的强与弱大多是心理上而非生理上的差别。正如福柯所说,社会能够改变肉体,甚至塑造了它的"生理功能"。(转引自米勒,465)

从社会"凝视"的角度来说,中国女性与西方女性相比,在性方面处于更加自由、散漫的状态，当然，这种自由并不表现在性关系的自由上，而是表现在可以坦然承认自己性欲低下或根本没有性欲；而且也不会因此造成什么心理问题，感到非去看医生不可，或非得矫正不可。从这一角度看，西方女性的自由较少，中国女性的自由较多。至于这种差异形成的原因，当然有东西方传统文化习俗的差异的作用，还有近现代思想观念在性的问题上演变的作用。

手淫

对于手淫这件事，被调查的女性持有极不同的看法和做法。从行为上看，被调查者可以被归为从不做、偶尔做和经常做三类；从态度上看，则可分为有罪恶感和无罪恶感两大类。

一、从不手淫

有些女性从不手淫，并且对这种行为持负面的看法："我知道手淫，结婚前就知道，是从书上知道的。记得书上都说这样不太好，所以我从没想过自己也试试。我觉得这种事在男性中比较多，有的人为这个挺苦恼的，我认为这是一种病态，不正常。"

"我不手淫，我觉得手淫在道德上不好，只有在和爱人在一起时发生这种事（与性有关的事）才是可以接受的。"

"我从没手淫过，觉得挺恶心的。我觉得男的手淫的比较多，女的不是特别多。虽然我从生理的角度可以理解手淫，但我没觉得有这个需要。我觉得这和人们身体的差异有关。"

一位完全不否认自己的性欲和很会享受性快乐的女性认为，手淫是不约束自己的自我放纵，她说："我没有做过手淫。特别想的时候,拿腿夹着被子就很舒服。我觉得不能这样不约束自己。我买过 o. b. (一种塞入式月经棉),往里塞的时候挺害怕的,没觉得有意外的刺激感和解脱感。"

有的女性虽然自己从没做过,但对手淫并无苛评,一位年龄较大的女性这样说:"我不知道手淫,从没做过。可也不觉得这事违反道德。如果女的做这事不会伤身体的话,自己满足一下有什么不好?如果能自己调理一下,有什么不好?"

"我听说过手淫,但我从来不做。我不愿让别人碰我那里,自己也不碰那里。我觉得这事特别脏。但只是觉得它生理上脏,在道德上我倒不觉得它有什么不对。有需要的人可以去做,不需要的就不做。如果一个人身体条件好,觉得有这个需要,这样做对身体也没什么伤害,也许还是好事。可是我自己找不到这个感觉。我找过,没有找到。"

"我和一个朋友讨论过手淫的事。我说,手是最脏的。她说,好多人在手上戴避孕套。我还是更喜欢男女之间拥抱的感觉,温暖、甜蜜。我觉得手淫没必要,不是非常需要的,不到不这么做难受的地步。我对手淫的看法是,每人的身体状况不一样,如果身体需要,就不是不道德的。"

有不少女性不做这件事仅仅是因为没有感到有这种需要:"我知道有人手淫,但我从不手淫,没想过,也没有特别想要过这个东西。"

"没有手淫过,觉得做这种事无聊,没想过。"

一位因身体原因到 40 多岁仍是处女的女性说,她从不手淫,"因为我要的是精神和肉体的和谐一致。仅仅是肉体满足我不需要,也不是觉得不好,但是觉得没有必要。"

二、有手淫行为但有不同程度的负面评价

有的女性认为手淫会使自己变得不愿与人交流:"这件事我是做在前,懂得在后。也就是说,做的时候不知道自己在干什么。记得是在'文化大革命'时,有一次家里人都出去了,只有我一个人在家里。我坐在桌子前看一本什么书。当时我穿着裙子,不自觉地摸自己,就会了。看书上说,手淫使人记忆变得不好,神经衰弱。我也听到过另一种说法,说手淫没有任何坏处,除了由于对手淫的恐惧带来的心理问题。我觉得手淫对人的心理和生理都会带来偏差。它会使人变得不愿和人交流,变自私了,不喜欢别人再碰自己。我每次手淫后,男友再抚摸我的时候,我就不会觉得舒服了。这种感觉既是生理的,又是心理的。好多男人也不愿意手淫,克制自己,尽量不做。"

有人认为,手淫会使自己感到空虚、可怜:"我自己做过,但我觉得自慰的方式和男女方式还是不一样。自慰可以有生理快感,但觉得很空虚,跟和男人干时心理不一样。有一点罪恶感,但觉得身体有需要时也顾不上这些了。看这两个字就知道不是什么好事,我以前以为主要是指男性的。一开始不知道女人也有这种事,后来慢慢才知道的。有一段时间特别频繁,大约是23—26岁,那是像洪水猛兽的年龄,能感到一股一股的冲动,现在就没这种感觉了。那时一礼拜就要有一次,是自发的。做的时候觉得特别空虚,也觉得自己挺可怜的。后来结婚时已经平静下来,性冲动已经很淡了。"

有人认为,手淫是不自然的行为,是不符合人的天性的。一位从未结过婚的单身女性如此谈到她对手淫的看法以及她的手

淫经历："我认为手淫不违反道德，与别人不相干。这种事做得太多对身体不好，有一点也无妨。我用某种姿势就可达到快感，什么时候我想要就能达到。我知道这件事是通过一个偶然的机会。我自己觉得身体不好，就练太极拳，练气功、瑜伽功。在二十六七岁的时候就知道了。方法很简单：坐在床上，上身向前弯，手够脚尖抻腿筋，就能有快感，也就几秒钟时间就行了。我平时很少做，因为我觉得手淫是人为的，不是自然的。我不赞成做作，但我也不认为人做了这事就坏了，只是说它不符合人的天性，是不自然的，是人不该得到的，是对人的损害。在心理上生理上对人都不好。所以我认为，这事可以做，但不可以多做。老这样做人也就麻木了，没有新鲜感了。俗话说，树挪死，人挪活，老做同样的事就不好了。"

一位从很小就有手淫行为的女性说："从两三岁时我就觉得摩擦那里有好处，是一种身心很愉快的感觉，就是快感。我从那么小就知道了这件事。记得四五岁时，我就知道用手了，有时在桌角上摩擦也能有快感，没有用过工具。到十五六岁时，我会先有一番幻想，然后做这件事。有一阵罪恶感相当严重，因为我很小就不知为什么知道这事要避人。我自己在家时，差不多每天都有，长的半小时，短的几分钟，有时事情太忙就忘了。"

一位知识女性说："我从很小就知道手淫，好像是刚记事的时候，自然而然就知道了。我在被窝里做，有时让妈妈看见了，就用眼神斥责我，导致我对这件事有罪恶感，觉得这样做是不好的。我在夏天都不行，只有冬天在被窝里才敢做这件事。"这位女性还讲到了手淫的两种后果，其一是"自己会满足自己以后，就不再受到外面诱惑的吸引了"；其二是"就因为我有这个毛病，导致了性关系上的失败——从来没有从任何一个男人身上感觉到过性的快乐,都是自己解决。有的人在感情上还没感动我,就露出性的兴趣,我就特别愤怒,就想伤害他们"。她所有的性欲都靠自己解决,没有感觉到过那种必须由男性来解决的性欲。她这样谈到她对丈夫的感觉:"我在性方面对他从没有过要求,感情上对他也没有依赖。"

三、有手淫行为并作正面评价

"我从很小就知道手淫,五六岁就知道了,也不知是怎么碰了一下就知道了。我知道这事不太好,知道不光彩。记得小时候我姥姥对我说过,手不许碰那儿啊。可能是从那时开始我就知道这不好了。但是我并没有负罪感,好像男人对这种事有负罪感。有时候我就需要自己解决一下,来快感时里面有一种有节奏的抽搐的感觉。我直到婚后才知道这就是快感,我原来以为是另外一种东西。"

"我觉得这事在道德上没有什么不好。想做爱时自己就做。我一开始不知道手淫这个词,最早只是下意识地摸一摸,挺舒服的。看到生理卫生书上说,这是不良行为,做多了,那里就不敏感了,会影响性生活。我近几年才知道这个词。我没有特别多地做这件事,可是做时也没有负罪感。"

一位女性这样讲到自己的手淫频率:"刚离婚那段时间,每周三至五次。从我的情人身上,我才懂得这件事(性交)的好处,过去我丈夫要求特别频繁,我一直不喜欢,离婚后,我喜欢这事又得不到了,所以手淫比较多。离婚后我见过一些男人,有的人从一见面就感到不能接受。这段时间机会很少，可欲望很强。有的女人是只要能满足欲望、人还过得去就行，我不行。那就只有自己满足自己呗。"

"我对手淫从一开始就没有过罪恶感。结婚那么多年，只有自己手淫时才能达到高潮。后来和情人有了高潮，但相比之下，还是没有手淫的感觉好。离婚后有一段时间，我每次手淫后就大哭一场，因为我当时精神上特别痛苦。"

一位离婚多年的单身母亲说："手淫有过，要不这么多年是怎么过来的。最早知道手淫是中学一个女同学告诉我的。她对我说，自己摸自己挺舒服的。那时我乳房刚刚发育，摸上去也没什么感觉。我就这么对她说了，她说，不是这儿，是下边。那时我不好意思，就没往下问。"

"我有了欲望就会自己解决。记得上中学的时候，我上课时坐在教室后面也能做。"

"我知道手淫，对此没有什么罪恶感。我觉得这是个人自己的事情，跟别人没关系。就像吃饭一样。说手淫对身体有害是想制止这种行为的人编出来吓唬人的，不是真的。"

"我觉得手淫是对性关系的补充。我知道男人手淫的很多，女的也很多。"

"我是22岁懂得手淫的，差不多每天得有一次。所以听有人说女的30岁才性欲高，我觉得不对。后来有了正常的性生活之后，我还是喜欢手淫。"

"我第一次知道性满足是由一位外国女友教给我的。我俩关系很好，我在性问题上的开放是受了她的影响。她并不是我的性伙伴，她鼓励并且教会了我手淫。我是在一个特别沮丧的情况下和她谈起这些事的,她当场教给了我。"

一位离婚女性谈到自己的手淫经历:"那年我去了南方,就想一个人保持孤独。清晨做这事很解决问题,起床后感到精神饱满。我是无师自通地就会做。有一段感到没法克制的冲动,和性交的频率差不多。"

"我有时觉得自己手淫比和男人在一起来要好些,男人喘气有气味,特别讨厌。"

"我从第一次发生性关系之后就懂得手淫了。在那之前只有过乳房发胀的感觉,有了生殖器接触后才知道,碰阴蒂有一种奇妙的感觉。我对这事没有罪恶感,倒有很现实的想法:我失过身,觉得结婚不大可能,有了这个,也就不需要男的了。"

"我是看书知道的。我的快感不是男人给的,是自己给的。我只动阴蒂就可以,手指不进去,进去就不卫生了。"

手淫不仅在单身女性独自一人时才发生,已婚女性也有这种行为,有时甚至会当着丈夫的面发生,或并不对丈夫隐瞒。一位女性这样讲到她的日常性生活:"在性方面,他是一个比较冷淡收敛的男人,不是个性欲旺盛的人。仅靠他的力量我很难达到快感,结婚四五年后他一直都没有给过我快乐。我从来都不靠他。每次我们做事都是前半部靠他,后半部靠我自己。我总是在后半部靠手达到高潮。当着他的面,他也挺接受的,他不觉得受侮辱。"

一位归国留学生说:"出国后才知道这件事。听那里的中国男同学讲过色情电影院的事,他们讲得很放肆,我也想见识一下,就偷偷去看了。我看到电影上的人老大喊大叫,觉得很奇怪,不知她们是怎么了。后来我就知道了手淫和快感。我做这事时没有负罪感,他(她丈夫)自己也有这种事,也不瞒我。"

"我小时候就喜欢夹着枕头睡,最早知道手淫是在结婚前。一般我性生活不满足的时候手淫较多;性生活满足就不想手淫。我觉得这完全是自己的事,没有负罪感。我感觉到手淫完后容易入睡。我丈夫知道我有时手淫,他对此没什么看法。"

有人并不知道自己的做法算不算手淫,她说:"有时乳头会痒,用手抚摸,乳头就变硬了,有时突然全身会有触电的感觉。"

有的女性倒不觉得手淫在道德伦理或人际关系方面有什么不好的后果,但是觉得它在肉体上会造成对性交感觉的损害,或对手淫行为本身感觉并不太好:"我觉得手淫时阴蒂会失去感觉。我不太爱做这种事,虽然我也没觉得它是坏事。"

"我知道手淫,但不想多做。我觉得用手摸阴蒂不如全身夹紧,手摩阴蒂太重之后,感觉就不好了,发木,应该是似有似无的感觉才好。我很少做,但也不觉得做这事有什么不好。"

四、手淫时的性幻想

自慰想象是各类性幻想中最为常见的一种。女性的性幻想大多是浪漫的爱情故事:"我想的大多数时间就是自己特别喜欢的男人,有电影里的男人,也有想象中的男人。就像浪漫的爱情影片,想象那种凄艳委婉的爱。我从小就喜欢这样的爱情故事。"

有的女性认为性幻想能增强手淫的效果:"我手淫时,如果想着自己特别喜欢的人就更舒服。我就想他怎么吻我,拥抱我这类情景。"

一位女性详细地讲述了自己手淫时的性幻想:"我总是编一

个爱情故事，每次都是不重样的。记得有一次我看到一幅风景画，上面画着小白桦林，小窝棚。我就幻想在家里和谁生了气，上了火车就来到了一个和那幅画一样的地方。我下了火车，见到有几个伐木工人从窝棚里走了出来。我在那里帮他们做饭，烧水，他们准备去伐木。其中有几个人好像对我不怀好意，只有一个人对我很好。后来别人下山了，只留那个人看窝棚。我躺在他的怀里，看着天上的星星。就幻想到这种程度就行了，这是一种精神上的满足，像散文诗，又像童话，是非常美的。"

"在我的性幻想中，男角不是某个固定的人，但他总是极其正派，不近女色的人，就像柳下惠那样。然后就变得温情脉脉的。有一个幻想是这样的：我去上小学，衣服又破又脏，别人都不理我。正在这时，我忽然在校门口看到一个大哥哥，充满同情地看着我……后来我们不知怎么又上了一辆公共汽车，半睡半醒的。汽车里空落落的，很黑，他对我说，不管别人对你怎么样，我会始终对你好……我住在一个小屋子里，他来了，对我说，你的衣服太破了，头发也没梳好……我要是出去没有回家，他就着急地到处找我。他就像父亲，又像个大哥哥，关心着我。"

一位离婚女性讲到自己手淫时的幻想："我的幻想没有固定的人，都是抽象的，想象一种场景、一种气氛。想象的多是草原，温暖的，舒适的，绿的，像英国的乡村。只要故宫的红墙或者红海洋之类的景象一出现，就能抑制。"

还有人提到性梦："我会做有性内容的梦。梦里能有性高潮，有时感觉非常强烈，感觉特别舒服。多数都是和认识的人，有时是男朋友，有时是别的男人，还梦到过和女人做爱，有次竟梦见和我妈，两人抱在一起，像做爱一样。这真是一个奇怪的梦。"

有些女性手淫时的想象总是一到性就打住了："我的想象都是浪漫的爱情，情节一发展到性就停住了，因为我觉得自己做的手淫是下贱的，不能让它再亵渎了我的幻想。"

女性的手淫一向是性规范中较严厉否定的行为，在我看原因是双重的：一方面，它是性欲的表现，而不为生育仅为快乐的性欲，一向容易被赋予负面的评价；另一方面，它使女性可以不靠男性自行得到性欲的满足，从男权的角度看，它似乎是对男权的一种回避、蔑视，甚至是挑战。因此，在古籍和民间的观念中，一直有大量关于手淫有害的说法。虽然这些说法中有不少是从保健角度讲的，但在这些说法的背后，无疑有上述两个方面的意识在起作用。

有关手淫的记载可在许多古代文化的典籍中发现，其中包括巴比伦、古埃及、希伯来、古印度。著名人类学家保罗·曼泰加扎（Paolo Mantegazza）把欧洲人叫作"手淫者种族"。他论证道，西方文明同时既刺激又压抑性欲，对非婚姻性交的限制促使人们进行手淫以作为替代。（凯查杜里安，360）因此有人认为，西方的主要文化形式之一是手淫的流行，尽管手淫从18世纪中期到20世纪初期一直是性方面的大忌之一，是通向无名恐怖的大门。

手淫禁忌在世界上许多文化中都有发现。伴随着手淫禁忌的是大量以医学和生理学名义出现的恫吓。在维多利亚时代的英国，女孩受到严密监视，所有触摸生殖器的行为都会受到严惩。医生告诫自慰的女人，这种行为过度会导致粉刺、耳聋、视力减退、气喘、肺结核、癫痫、瘫痪、记忆力丧失、犯罪、精神错乱和意志薄弱；它不仅会造成病理影响，还会造成一种玷污人的身心的罪恶气质；总之，手淫是一切坏事的根源。就连医学工作者中也一度盛行对手淫的谬见。一项对医科大学毕业生的调查表明，几乎有一半的学生认为，手淫会引起心理疾病。（詹达等，11）

金赛指出，宗教之所以严惩手淫，是因为它偏离了性的"首要目标"——生殖。正统犹太教一度以死刑来惩罚手淫。……由于两千多年来宗教一直惩罚手淫，由于多数医生和专业人员一直禁止手淫，因此毫不奇怪，有过自我刺激的女性中，约半数由此产生了心理烦恼。这意味着，在每一天中都有数百万美国女子，在毫无必要地损害着自己的自信心和社会能力，有时也损害着婚内性生活和谐。这种损害并非来自手淫本身，而是来自她们的行为与道德戒律之间的冲突。在女性中，由此引起烦恼的人多于由任何其他类型性活动引起烦恼的人。（金赛，49—50）

最早的关于手淫的正面评价出现于17世纪，医生西尼巴尔迪（Giovanni Sinibaldi）赞成自慰，他提出，自慰不仅能够预防疾病，还能够使人气色良好。但是，更多的医生还是反对手淫，并把很多病态毫无根据地与手淫联系在一起。

金赛则是从动物学和人类女性与雌性动物比较的角度对手淫行为加以论证的："雌性家鼠、灰鼠（栗鼠）、兔、豪猪、松鼠、雪貂、马、牛、象、狗、狒狒、猿、黑猩猩，都经常从事自我刺激。这说明，人类女性自我刺激生殖器，是一种与所有哺乳动物共享的能力，而且也都同样少于该物种的雄性。不过，人类女性比任何动物更多地懂得如何在自我刺激中达到性高潮，因此人类女性确实由此达到性高潮的比例，就比任何动物都高得多，接近百分之百。这一点，正是人类女性与任何雌性动物的根本区别。"据金赛调查，在所有性行为类型中，女性最经常地通过自我刺激达到性高潮。在自我刺激的总次数中，女性能达到性高潮的比例在95%以上。（金赛，34—36）

现代医学认为，不仅没有任何确凿证据说明手淫是罪恶和不成熟的行为，而且有很多证据表明，手淫至少是无害的。到了20世纪60年代，手淫更在马斯特斯和约翰逊的著作中被高度评价为获得性释放的最有效手段。有些医生把自慰视为缓解性需求和性紧张的健康方法来加以提倡；更有性治疗家指导求治者通过自慰来体验快感，学习获得性高潮的过程。现代西方医学已经公认：手淫是一个积极的、促进性行为发展的因素。它通常能增加身体的舒适感，使性的快感和性幻想的内容融为一体。它坚定了女性应有的观念：女性性反应是正常的，自然的，令人愉快的。（拉里亚等，65）

手淫对于女权主义的意义非同小可。著名的妇女研究者、《海蒂报告》一书的作者雪儿·海蒂（Shere Hite）就曾主张，妇女应该独立地获得性的满足。她的调查有一个惊人的发现，即，只有很少女人在日常的性生活中达到性高潮，而通常大多数女人都是通过自我性刺激的手段达到性高潮的。一位女权主义者甚至声称："妇女发现了手淫方法，这真是太棒了，因为这样她们就可以随心所欲地摆脱男人了。"（转引自詹达等，57、67）

关于手淫行为的发生率，在20世纪40年代的美国，据金赛的数据，92%的男性和58%的女性有手淫行为；据1974年的调查，94%的男性和63%的女性有过手淫行为；到了20世纪80年代，这个比率继续上升：约四分之三的青春期女孩自慰，另外还有

10%在20岁以后发生自慰。最新数据表明，成年人中无论男女，自慰的发生率都在90%以上。以下是西德城市青年的手淫状况：

西德城市未婚男女（16—17岁）手淫情况（1973年）

初次手淫时的年龄	男性（%）	女性（%）
13岁	61	28
14岁	82	39
15岁	92	49
16岁	93	50

（拉里亚等，25）

根据金赛的调查，女性手淫的频率有赖于女性的身心状况，因此它是测定她对性活动的兴趣程度的最好办法。它比用异性性活动来测定更好，因为后者更经常是由男性发起的，不足以测定女性的主动发起能力和性兴趣。在手淫人口中，每周平均数为2.4次，频率随年龄递减。据统计，女性的手淫频率为：单身女子中平均每周0.3—0.4次；在婚女子中平均每周0.2次（每月1次）。(哈斯等，143；凯查杜里安，363)

上述统计数字表明，手淫是人类性活动的重要方式。然而，还是有相当比例的女性拒绝手淫。根据金赛的说法：我们调查的女性中，有许多人从未自我刺激过，其中44%说是因为自己认为它是一种道德上的错误。显然，许多这样的女性的性反应能力极差，因此才觉得遵守道德戒律轻而易举。从未自我刺激过的女性中，81%说是由于自己没有感到对它有什么需求；从未有过此类行为的女性中，还有28%是因为她们不知道女性也能自我刺

激。(金赛，49)

在行为之外，仍有许多人在观念上不能接受手淫，或认为对手淫比对性交更羞于启齿。21岁的美国人有五分之一拒绝回答关于初次手淫的年龄。在1967年一项全美调查中，那些承认自己有过手淫经历的大学生（在男生中占82%，女生中占33%）被询问，是否对这种行为怀有犯罪感、焦虑感。男女两性中各有三分之二的人承认有过这种感觉，其中有40%的人想过手淫是错误的、不道德的；有10%的人想过自己的学习能力会受影响；20%的人想过自己的身体健康会受影响；40%至50%想过这是不成熟的表现；10%至20%想过自己日后的性能力会受到不利影响。(加尼翁，139) 由此可见，人们对手淫行为的看法有多么混乱，又对此怀有多么强烈的犯罪感。

在美国，手淫行为受到社会经济地位的影响。在上过大学的、中产阶级的人中，手淫更为常见；而在未上过大学的、下层社会的人中，手淫比较少见；此外，在有过自我刺激的女性中，受教育程度越高，达到性高潮的也就越多。形成这种区别有这样几种原因：首先，社会上层阶级女性的首次性交经验一般都发生得较晚，所以只好以手淫方式满足性欲。例如，在16至21岁期间，82%进过大学的女性没有性行为，而相比之下，没上过大学的女性则只有62%没有发生过性行为；其次，手淫的一大特点是要求在这个过程中伴有幻想，而对性幻想的爱好是中产阶级的特点；第三，对手淫行为的禁忌在上层社会并不十分严厉，受过高等教育的人们在性态度上更为开放，这种情况不同于下层社会。(詹达等，101、103)

本次调查中也发现了以下一些与手淫有关的因素：

第一，手淫和性交的关系。对于一些女性来说，在对待手淫和性交（不一定仅限于婚内性关系）这二者的看法上，往往存在着一种反比的关系，即，越是对手淫持正面评价的女性，越不喜欢性交；反之亦然，越不喜欢性交关系的，越容易对手淫做出正面评价。二者或一因一果，或互为因果。也可以做这样的概括：喜欢"正常"的性行为方式和男女情爱的人是一类；喜欢手淫同不喜欢男女情爱的是另一类人。例如，一位尽管有过婚前性行为和婚外性行为但行为方式"正常"的女性，就表达过她对手淫的反感，她说："我知道有手淫这件事，那叫什么事呀，那不是太降低人格了吗？我男友对我说过这样的话：自己解脱有什么不好？可我宁肯忍着也不愿做这种事，忍着忍着就没有感觉了。"一位在性欲难以解决时宁愿去找陌生人做一夜夫妻也不愿自慰的女性说："我觉得手淫对身心不好，不可取，不应该做。"这似乎是一个悖论现象：在我的调查对象中，那些倾向于性自由（有同不止一个性伴性交的经历，性关系比较随便）并不同程度上有实践的女性往往都较反对手淫，认为不可取；而那些在与男性的性关系上比较拘谨的女性却更能容忍和更倾向于经历手淫。

第二，手淫与教育程度的关系。从调查中似乎可隐隐看出对手淫的看法和行为同教育程度的差别有关：教育程度较高的女性更容忍手淫，有这种行为的也更多；教育程度较低的女性对手淫的看法更严厉些，也较少有手淫行为。对这一相关因素的解释大致应当与前引以西方人为对象的研究结果相仿。

避孕与人工流产

在被调查的女性中，绝大多数有过避孕与人工流产的经历，在她们的经历中，有许多男权的伤害，有很多女人的牺牲，有许多肉体的痛苦和精神的磨难。

一、避孕实践

在避孕问题上，男权主义表现得最突出：许多男人不愿为减轻女人巨大的痛苦而稍稍损害自己的快感；不愿为降低女性怀孕的风险而令自己有一点轻微的不便。一位离婚母亲说："我做过五次人流，因为他欲望很高，不愿避孕。最后一次流产后我上了环。"

"我一共流过三次产。他不愿用避孕套，愿寻求最大的快乐。所以我们极少用避孕套，就靠安全期避孕，三次都是因为这个怀的孕。去流产特别难过，刮得轻了刮不干净，重了痛苦得要命。"

"他不在乎女人怀孕是什么感觉。我第一次怀孕根本不知道。有一次干了点重活就自然流产了。我去厕所，掉下一大块血，我才知道我怀孕流产了。后来我在一年内又有两次人工流产。到第三次流产我才知道要避孕。过去我们只用安全期避孕法。安全期内体内射精,安全期外体外射精。我做人流做怕了,我对他说,你要是不戴避孕套,咱们以后就别做了。后来他才接受。"

另一位女性是因为丈夫"不会用避孕套"不得不去戴环,她说:"以前吃了一年多避孕药,吃了药常觉得恶心。丈夫不会用避孕套,生孩子之后做过三次人工流产,所以还是得上环。"

有的女性为了照顾男方而不用避孕套:"刚结婚时是我吃避孕药,我的一个女朋友告诉我,一开始别让男的用避孕套,会影响快感。结婚半年后改用避孕套,还有一段时间试用体外射精和安全期。快感起码有20%—30%被担心怀孕干扰了,就是戴套也担心会破。生完孩子以后戴上环,可一个月后复检时,发现避孕环已经脱落了。"

也确有女性是不喜欢避孕套的,一位知识女性说:"结婚第一天我吃的是避孕药,防止在没有准备的情况下怀孕。刚结婚那段时间用过避孕套,他和我都不舒服。本来还有点热情,一戴就没有了。"

一位女性讲了自己的避孕史:"刚结婚的时候不用避孕,生了孩子以后,有两年时间是我吃避孕药。只用过一次避孕套,我感觉太涩,不舒服。后来整个单位所有妇女都让做长效措施,就都上了环。更年期之后子宫萎缩就不用避孕了。"

男性在避孕问题上的自我牺牲最能引起女性的好感:"他在性问题上是比较自律的,他也不是性欲很强的人。我们用安全期法,可是只有月经完了以后第五天才完全不避孕,其他时间全用体外排精法。他在这方面品德很高尚。"

一位处于男爱女、女不爱男的关系中的女性说:"他把我偶像化了,我的话就是圣旨。他特别认真避孕,我们用避孕套,有时根本不用我说,他就先做好了。他挺心疼我的。"

"我们是用安全期避孕和体外排精。我没有流过产。有一段戴过环,效果不好,后来就摘了。"

"我们用的方法是避孕套和体外射精,没吃过药。第一次怀孕是因为完全不懂,那时我们正在旅游,玩得太高兴了。有时分开一段时间,重聚时玩得忘我,就忘掉避孕。我的经验是来完例假时特别容易怀孕,安全期不安全。"

"我结婚六年一直用避孕套和避孕膜,六年间一直没做过人工流产。"

"我们的避孕方式主要是体外射精和安全期。"

一位在性上非常开放、毫无心理负担的女性说:"我们的避孕方法是体外射精,既没吃过药,也没用过避孕套,没有失败过。"

一位女性这样评价自己使用过的避孕方法:"避孕套容易失误,戴环有异物感。"

二、婚前人工流产

婚前人工流产与婚后人工流产的感觉很不同,尤其在风气开化和医院对流产处置方法改变之前,婚前人工流产的精神压力要大得多。

一位在"文化革命"期间婚前怀孕的女性回忆了她的惊险经历:"23岁时我怀孕了,从怀孕到做手术引产是四个半月。当时我想过避孕,但因为没结婚没法去问人,怕万一别人问我一句答不上来。我不懂也不敢去医院,怕人不给做手术还问三问四,也怕传出来不好做人。我一开始就自己又揉又捶地瞎折腾，弄得出了血，可孩子还是不掉。后来我又从书上看到一种中药能打胎，就买这种药喝，喝了还是没见效。这时我又听说有一种叫凤仙花籽的药能打胎，又吃了好多，孩子还是不出来。后来我折腾得心慌，反应不对劲，只好去看妇产科。人家把保卫科的叫来，把事情弄清楚才给我做了引产。"

一位知识女性这样回忆了自己的人工流产史："第一次做人流我几乎没有肉体的疼痛感觉，只觉得天塌下来了一样。到医院时我戴个大口罩，把自己打扮得特别老，编了假名字和假单位，做的时候一心想着快点完事，所以根本没觉得疼。做半截医生才发现我还戴着口罩，生气地说，你戴口罩，万一窒息算谁的责任？吓得我赶快摘了口罩。好不容易做完了，医生让我在外面躺二十分钟再走，我一分钟也没敢多待，一跳下床就往楼下跑。我一共做过四次人流，从第二次开始就觉得疼了，而且一次比一次疼，因为精神压力越来越轻，就越来越觉出疼来了。以前要问单位、结婚没有，现在也不问了。"

"我的第一次性经历与众不同，那是在粉碎了四人帮的时候，我们俩都喝醉了，我那次就没挡住他。他没进去，可是精子爬进去了，我就怀孕了。我妈跟我讲过，我们家的人有特别容易怀孕的遗传。我那时也不懂得吃避孕药。怀孕之后，我特别不高兴，觉得丢人，他也吓得够呛。我偷偷地去做手术，他在外面等着我，挺负责任的，我一直念他这点好。结果我的处女膜是让大夫的'鸭子嘴'（一种扩张阴道的器械）捅破的。还记得大夫说过：怎么跟没同过房似的。"

"我那年25岁，他岁数小，我们没法结婚。婚前怀了孕不敢和人说。他陪我去打胎。我那次怀的是双胞胎,做了两次才做干净。"

一位单身女性有过四次怀孕和流产的经历:"那次怀孕前,有人告诉我做完那事洗洗就行了,可后来忽然不来例假了,一检查是怀孕了。最后那次是因为太相信安全期了,俩人兴致起来时瞎折腾,有点忘乎所以了。不是每回都戴避孕套,也不是从头到尾都戴的,所以又怀了一次孕。"

三、婚后人工流产

婚后人工流产比婚前人工流产给女性的精神压力要小得多,但由于夫妻感情不同,也会有相当不同的感觉——感情好的觉得可以承受,甚至没什么反感;感情不好的就会觉得特别痛苦、委屈。

一位幸福的母亲说:"我做过几次人流之后就决定要了。怀孕是我一生最漂亮、最容光焕发的时候。"

一位对丈夫仍有感情的离婚女性说:"我流过四次产,第一次是因为有风疹,怕影响孩子,必须做,就做了;第二次是因为孩子在肚里死了;第三次是避孕失败;生过孩子这次是因为安全期没算好。我每次流产,他都陪我去。我还记得有一次下着大雪,他给我做的排骨,那么大老远骑着车冒着雪给我送去,给我印象挺深的。"

不少女性对意外怀孕非常恐惧,甚至感到愤怒。有一位与丈夫感情不好的女性这样讲到自己去做人工流产时的心情:"那次是我月经以后第三天,他高度兴奋,结果我就怀了孕。我感到很生气，心情特别不好。一个是觉得挺麻烦的，再一个是因为我这人挺传统的，觉得不好意思，怕别人说我性欲强，不理智。我认为对性欲，男女都应有理智，能够驾驭它。堕胎不是好事，名声也不是好名声，低层次的人才爱闹这种事，出了这事听上去好像文化不高似的，会被人看作没有抑制力，没有节制。"

一位离婚女性说："结婚半年以后就不对头了，我没想过要孩子，所以特别怨恨他，我不相信这事会发生在我身上，当时感觉就像天打五雷轰一样。我一把抓过化验单，转身就跑。回家把化验单往床上一扔，意思是说，瞧你干的好事。他都吓傻了，根本就没敢说要这个孩子。他妈在这事上很通情达理，没有干涉。我去做人流时都快三个月了。据说是双胞胎。我不觉得可惜，主要是跟他感情不好。他对我特别好，投入的是全部的感情，我对他几乎没什么感情，觉得他不是个成熟的男人。我怀孕后他特别害怕。他说，我也没干什么，怎么就把你弄成这个样了？"

有些女性抱怨男性对自己做人工流产不关心："人说流产应该像养小月似的，可我做人流时爱人也不陪我，还是情人陪我去的。流产疼得要命。"

"我一共做过四次人工流产，避孕环没起作用。我们俩既没蜜月，也没爱抚。"

从调查结果来看，男女关系中的男权模式与避孕方法有直接的联系——那些没有男女平等观念的人会认为，避孕只是女方的责任，有的男人为了自己的快感不惜让女人付出身心痛苦的代价，这一点在避孕套的使用上最为明显。此外，调查还表明，夫妻感情不好和女性对流产的厌恶是互为因果的——由于夫妻感情不好和男人的自私、不照顾女方身心痛苦，使女性对怀孕流产产生强烈的厌恶心理；女性对怀孕流产的厌恶又反转过来恶化了夫妻感情。这是一个毫无希望的恶性循环，成为导致婚姻解体的一个重要原因。

在东欧国家所经历的深刻的经济危机、政治混乱和社会变动当中，在新的社会规范重新确立之时，人工流产竟然在几乎所有的后社会主义国家当中成为社会密切关注的焦点。尤其在波兰，人工流产在政治上显示出其特殊的重要性。对于想进入国家领导层的人来说，反对人工堕胎成为"政治上正确"的标志，因为对他们来说，得到天主教会的政治支持至关重要。提交政府讨论的首部人工堕胎法案以妇女实行堕胎为有罪，并建议处两年监禁。虽然最后批准的法案对堕胎不判徒刑，但仍暗示堕胎有罪。这一法律其实与民意相左：1992年3月的一次民意调查表明，与1990年8月相比，对人工堕胎权利的支持率增加了24个百分点，而反对者所占比例下降了20个百分点；1992年年底对1112位波兰妇女代表的调查也表明，多达78%的人认为应该允许人工堕胎，只有不足20%的人认为应当禁止堕胎。在德国，基督教民主联盟领导下的联合政府威胁要在东部施行对人工堕胎的限制（东部过去的法律是：应要求而施行的人工流产在怀孕12个星期以内是合法的），以使之更加符合西方的思路，在那里，除非医生会诊确认必须采取人工堕胎以避免严重后果，否则即为非法。由女权运动评论家发起的保卫现行法律的一系列示威活动，使在东部推行限制堕胎的努力受到了成功的抵制。（Watson，1993）

基督教在避孕问题上一直态度严厉，认为避孕阻断了生命孕育的自然过程，因而是一种严重的罪恶。幸亏中国没有这样的宗教戒律，世俗文化也不认为避孕是什么严重的问题，否则计划生育将遇到更大的阻力。也许中国对避孕这一观念的形成并非侥幸——中国文化本来就十分强调生育的价值，如果再加上避孕禁忌，恐怕人口爆炸发生得还要早得多；西方女人对生育一直抱有矛盾心理，怕影响自己的体形，怕加重生活的负担，怕损害与丈夫情人的感情；如果没有避孕禁忌，人口会更早掉到更替水平以下。因此可以说，在某种特定的文化中，生育观念与避孕禁忌是互为因果的。

生育

生育是夫妻关系中的大事，也是女人一生中的大事。然而，在女性的心目中，生育的意义有很大的不同。有的人把生育列为自己人生目的中极为重要的一项内容；有的只是把它当成难以回避的责任；还有人不愿生育。由于生育给女人带来巨大的肉体痛苦，女人生育时特别需要男人的体贴和关爱，如果男人自私冷淡，经历生育痛苦的女人会比平时感觉强烈得多，甚至会造成对婚姻关系、夫妻感情的致命伤害。

一、生育的原因

一位被"文革"耽误了学业的女性这样讲到自己生育的原因："人要超越死亡。西方人在宗教里寻求永生，中国人从生孩子寻求永生。我们夫妻俩的才华都糟蹋了，我们生命的价值就体现在孩子身上了。"

有的女人是为了弥补与丈夫感情的不足才决定要孩子的："我知道自己不爱他，听说孩子可以弥补感情的不足，就生了孩子。带孩子真是累极了。每天我哄孩子睡了，他就等在旁边过性生活，真是地狱一般的生活。"

一位儿子已自杀死去的离婚母亲说："孩子是我生命的延续，孩子是我的作品，孩子死了，我的生命就枯萎了。"

一位婚姻发生危机的女性承认，孩子在她婚姻中的分量远远超过夫妻性爱："在我的家庭生活中，性占三分之一，孩子占三分之二。我对孩子有一种刻骨铭心的爱，她前几天摔伤了一次，我的心都碎了。"

一位在很年轻时被人诱奸失身的女性说："我本来很可能不会享受性的快乐，但会结婚生子，会做个贤妻良母的。是那个男人把这一切都弄歪了。人在艰难困苦当中奔个什么东西呢？如果有个孩子，生活就有了个目标。"

一位生育过程很痛苦的女性表示，尽管如此，她还想再生一个孩子。她说："预产期那天我还上了班，上到五点，后来就开始阵痛，我赶紧去医院，平常走五分钟的路，那次走了半个钟头才走到。到了医院，发现宫口已经开了七指。我生这个女儿时胎盘断了，刮了一夜，刮了之后又缝，一直折腾到早上六七点钟。生了这孩子之后我真不想再要了。可是女儿长大以后，我又觉得孩子太孤单，想再生一个。我爱人是想要男孩，我倒无所谓。如果没有计划生育我就要两个。"

二、不想生育的原因

一位做过多次人流的中年离婚女性说："我过去没有要孩子，以后也不想要孩子，主要是生孩子怕疼，不想承受这个痛苦；另外也没有精力抚养孩子。"

一位没生过孩子而且基本上决定不要孩子的女性略带惋惜地说:"我现在想体验一下怀孕和分娩的感觉,可是要养孩子我想最多养到三岁,再大了我就受不了了。要上幼儿园,要教育他,这就太麻烦了。"

"我第一次怀孕时不想要孩子,完全没有思想准备。我原来不打算要孩子,没想要过,也没认真想过这件事。怀孕后我哭了一场,写信告诉了妈妈,妈妈回信说:既来之,则安之。"

"我生过一个女孩。其实当时我不想要孩子,我觉得如果真的要孩子就要优生。怀孕后我心情很不好。我妈妈不同意我做人流,我就生了。这个女孩有先天性心脏病,是一种罕见的先天性心脏病。当时面临一个做不做手术的问题。如果不会留下后遗症就做,会留后遗症就不必做了。医院认为没必要做这个手术,结果就没做,孩子活了三个月后去世了。这事对我打击挺大的。"

有一位单身女性说:"我想做个独身母亲,好有个精神寄托,但担心养不起。自己做不到,让孩子受罪,要是那样的话,自己就太残忍了。"

三、生育时的感觉

女性往往特别看重丈夫在自己生育时的表现,因为这个时候是她们最需要丈夫的关心体贴的时候,有好几位调查对象都是在生孩子时发现丈夫不关心自己而初萌离异之心的。一位女性回忆道:"我结婚四个月后就有了小孩。我生孩子三天之后他才来看我,而且也没有羞愧的感觉。"

"生完孩子以后有一段时间感受很深刻。有人说有些女人生孩子之后会得神经官能症。就像波伏瓦所说的那样，不是每个女人都有母性的，是社会强加给她母亲这一角色。生孩子以前，丈夫对我还可以，他对我最不好的是刚生完孩子之后。那时候特别希望丈夫说几句安慰的话。可是他来了之后就问了一句：男孩还是女孩？我说：男孩。他听完一句话没说就走了。我当时特别想哭。我本不想生孩子，为了给他家传宗接代只好生了。我的邻床对她的丈夫大发脾气，他也不敢回嘴，我看着很羡慕。女人生孩子的感受就像死过一回一样，在这种起死回生的时候，孤独感显得最难忍受。他只是在最后才带着他妈来看孙子。我当时看到这个孩子以后就想：这个小东西和我有什么关系呢？我当时就暗暗下了决心：我非跟这个男人离婚不可。"

"我怀孕生孩子身体那么弱，需要人照顾，可他那时正好不在身边。坐月子的时候只有我和孩子两个。孩子是爱的结晶，是检验一个人感情的试金石。记得生完孩子天特别冷，我身上心里都冷透了。他说，谁家女人不生孩子。他妈就是一年一个连生了八个，生完就死了。他觉得女的就是传宗接代的工具。"

一位女性谈到生育对她的性生活的影响："他说我在性的方面不能满足他。他在里面好像没有感觉，不知是在里面还是在外面。而他的另一个女友里面比我紧。就因为他这么说，我才劝我妹妹剖腹产。他每次都是先跟我亲热，然后自己手淫或我帮他手淫到射精。他一直说，我体会不到快乐，只觉得累。就因为这个，我能原谅他。我为此还到男性科去咨询过，大夫说我们属于天生不和谐，阴茎阴道大小不配合，没有办法。我觉得他是性欲亢进，他说不是亢进。我想找中医的办法治阴道，可又没敢照着医生的法子做。我觉得这和我生孩子有关。"

在讨论中国女性的生育行为时，一个不可忽视的因素是从 20 世纪 70 年代以来推行的计划生育政策的影响。中国计划生育政策的实施已经大大降低了妇女的生育水平，从而使她们的生活方式和生命周期都发生了很大的改变。妇女的平均生育年龄逐步下降，从 1970 年的 39 岁下降到 1981 年的 34 岁，也就是说，中国妇女在 34 岁就结束了生育旺盛期。(朱楚珠等，1985) 目前中国已婚妇女的避孕率达 83%，有的地区达 90% 以上。1992 年中国人口出生率为 18.2/1000，人口自然增长率为 11.6/1000，比 1970 年分别下降了 45% 和 55%。

在所有有关生育的指标中，最有表现力的是妇女的总和生育率。中国妇女的总和生育率在 20 世纪 40 年代平均为 5.44；50 年代为 5.87；60 年代为 5.68；70 年代为 4.01。全国育龄妇女生育水平在 70 年代的大幅度降低的基础上，在 80 年代又有显著下降。具体说，总和生育率由 1970 年的 5.81 降至 1979 年的 2.75；1980 年为 2.24；1981 年为 2.63；1989 年为 2.25。1990 年全国人口普查资料表明，平均每个妇女活产子女数为 2.10；平均每个妇女存活子女数为 1.96；总和生育率为 2.31。

在一个竞争的社会中，生育是为女性同男性的竞争造成最明显不利的事情。首先，在实际层面上，在劳动市场中，女性的生育使她们有一段时间不得不中断工作，随后有几年时间又不能不花精力照顾孩子，因而使雇主觉得不如雇男性劳动力划算；在观念层面上，一些人因女性的生育、哺乳功能而推论，女人最适当的角色是抚育、理家和做服务性工作，因此认为她们天生应当留在家里，缺少在公众领域从事各种事业的能力和兴趣。正因为如此，有些女权主义理论把生育当作男女不平等的基础。在我国，由于计划生育和一胎化的普及，生育已经变成在很短时间可以完成的事情，它对女性的影响已经不像传统社会中那样强大。但是在男女不平等的观念中，生育仍是一个重要的原因。近期有关"女人回家"的观点就带有这种观念的影响。中国的女性要争取男女平等，还有待理清有关生育及其对女性的影响的许多观念。

家庭暴力

家庭暴力是一般公众和学者近年来最为关注的问题。甚至有人认为，由于家庭暴力过于普遍，它已经成为常态而非例外反常现象了。尽管有法律保护妇女不受虐待，但是家庭暴力很少能得到立案审理，除非出现打成重伤或致人死亡的情况。许多受虐妇女因此丧失了起诉的勇气，不得不继续维持充满暴力的婚姻关系。有些人甚至走极端，主张只有用暴力和谋杀的手段才能结束这种关系。北京市婚姻家庭研究会在1994年主办的一次婚姻质量调查表明，不论程度频率如何，丈夫打过妻子的占21.3%；妻子打过丈夫的占15.5%。中国目前正在展开关于家庭暴力对策的讨论，从立法和司法的角度确认这一针对妇女的暴力罪行，并找到制止此类行为的对策。

调查中发现不少家庭暴力现象，其中不仅有丈夫打妻子，还有针对子女的家庭暴力，以及自诉的婚内强奸。

一位离婚女性说："他提出离婚，我不同意，他就打我。他特别狡猾，打得我很疼，又不到医院可以开出伤害证明的程度。后来我被打得实在熬不住，只好答应离婚。"

一位被丈夫打过多次的知识女性这样说:"他打我,我没因他打我而恨他。他是个很弱的人,没处发泄怨气,我就成了他发泄的对象,但我不怨他。他在别人面前总说我是多好的妻子,我问他,你告诉过别人你打过我吗?"一次我们交谈时,她脸上被打的肿块还没褪去,清晰可见,她说:"他打我,我就不理他,一句话也不说,让他打。"

"有一阵他常常为一点小事大发脾气,还打过我一次。他有暴力倾向。"

一位经常挨丈夫打的女性和自己的好朋友商量离婚的可能性:"我问过许多好朋友,他们都劝我不要离,说离了婚带个孩子很难。我心太软,真正要离开他,又怕他伤心。他打了我也是这样,他一道歉我就原谅他了,无论吵得多厉害我都不记仇。"

家庭暴力中除了丈夫对妻子施暴,还有对子女的暴力:"我们儿子16岁的时候,他为一件小事打孩子。他打了儿子一耳光,就那么寸,耳膜穿孔。从那以后,儿子瞧不起他爸爸,可又特别惧怕他爸爸,不知怎么才能躲开他,又躲不开他。我觉得夹在他们俩中间特别为难。"

有的女性认为自己的性生活应当属于婚内强奸的范围。一位女性这样说:"结婚一年之后,我生了个孩子,因为带小孩的事我们经常争吵,感情越来越坏。性生活也不行了。他每次都像强迫似的,我认为是婚内强奸。有几年,他经常打我。他要干,我不干,他就打我,把我鼻子都打流血了。我不知道用什么能制住他,就不跟他同房。就为这个他打我,不是打着玩的,是真打,打完就强奸式地做那事。我感到很屈辱。这种情况持续了六年。单位里的人看出我挨了打,问他为什么打老婆,他说是因为我不会干家务活。那段时间我身上总是青一块紫一块的。"

这位女性认为她丈夫有点虐待狂,她说:"他力气特别大,我看他有点虐待狂,可他不承认,他说,我又没有在外面强奸女人。他这个人在温柔里体会不到快感,只有在施虐中才能得到发泄。"这位女性还自我解嘲地说:"我从杂志上看到有更惨烈的,有女人被丈夫捆起来打,拿烟头烫什么的,这样一比我觉得我的遭遇还不算太坏。"

有调查表明,家庭暴力是一种不为人知的传染病,是妇女致伤的一个主要原因。在美国的家庭暴力中,95%的受害者是妇女;在美国妇女的一生中,每四人有一人会遭受其家庭伴侣的暴力侵犯;每年都有约600万妻子受到丈夫的虐待;每年约有2000至4000名妇女被殴打致死;美国警察有三分之一的时间花在应付因家庭暴力打来的电话上;所有警察受伤的40%和死亡的20%是被卷入家庭纠纷的结果;被谋杀的妇女中有60%是死于熟人之手,最常见的情况是分居和离婚的妇女被男方设陷阱加以谋杀;因伤住院的妇女中有20%—30%是被性伴侣伤害的;产妇中有17%报告说在怀孕期间受过暴力侵犯。

一个样本容量为2000人的随机抽样调查表明,在1979年,有16%的夫妻之间发生过暴力行为(从打一巴掌到真正的殴打);整个婚姻关系期间平均约有28%的夫妻之间有暴力行为。关于婚内强奸的普遍程度的一项调查表明,在美国旧金山地区,12%的已婚妇女报告自己曾经历过婚姻关系中被强迫进行性交。(海德,400—407)

在法国,有200万妇女经常遭受男人的虐待;在德国有400

万妇女遭受丈夫的虐待。有调查表明,在犹太家庭中,丈夫对妻子的暴力很普遍,其实犹太教义并不赞成家庭暴力,也是主张对施暴者加以惩罚的,同时应当对受害者给以补偿。以色列的一项调查表明,受虐妇女的生活环境同监狱极其相似:与世隔绝,受害人被割断了与外界的信息联系,丧失了来自外界的物质与精神支持。

传媒揭露的一个印度妇女个案引起公众的关注:她被姻亲杀害,原因是婚后八年其父仍不能交齐嫁妆钱。这一案件使人们对在印度针对妇女的暴力状况有了认识。移民妇女中的家庭暴力状况也非常严重。每年有数以千计的南亚妇女到达美国,由于丈夫的虐待,她们对新生活的梦想很快就被噩梦毁掉了。这个群体所处的困难环境使这些妇女比其他人更难寻求帮助。但是在过去10年当中,已有十几个支持南亚妇女的团体成立,它们的愿望就是要关心和帮助这些妇女。

许多人提出疑问:为什么这些受虐的妇女还要继续留在充满暴力的家庭里,答案是她们的自信心被暴力摧毁了。有调查表明,被动接受和麻木不仁是受虐妻子的典型特征。妇女挨打一般要经过三个阶段:挨打时,她们感到吃惊,竭力躲闪;然后感到恐惧,竭力讨好丈夫;最后感到抑郁,躲到一边自责。一旦挨打成为习惯,其后果可能是丧命。妻子挨打的社会后果除了伤害、致死之外,还可能导致下一代的效仿行为。妻子的挨打还常常伴随着子女的挨打和受性虐待;待子女长大成人后,有可能继续这种受虐的生活模式。

近年来,妇女运动越来越多地关注针对妇女的暴力这一问题,人们从不同的角度对男性针对女性的暴力行为做出解释。自由主义女权主义和心理分析派把暴力看作少数人的变态；社会结构论的解释则认为，暴力行为是社会的阶级差别所带来的挫折感和压抑感导致的；由于社会上有些人不能实现自己心中的目标，由于相对贫困和绝对贫困，由于恶劣的住房、恶劣的工作环境，由于缺少工作机会，一些人才会变得有暴力倾向，因此，对妇女施暴的现象较多发生在社会的下层。有许多女权主义者对暴力现象持有这样的看法：如果像统计数字所表明的那样，强奸犯大多数对于被害妇女不是陌生人而是熟人，那么这种暴力行为就应当说是由不平等的权力关系造成的。有学者提出，家内的男女不平等与家庭暴力有直接的关系；如果夫妻平等的家庭增加了，家庭暴力一定会大大下降。

自内罗毕战略提出与针对妇女的暴力做斗争以来，各国妇女做出了积极的努力，从推广妇女教育和建立受虐妇女庇护所，到成立全女性警察部队，一场全球性的反对对妇女施加暴力的运动正在蓬勃兴起。不少人提出建议，应当建立一个全球性的网络，把针对妇女的暴力这一问题摆进世界人权问题的议事日程当中去。这个专门对付针对妇女的暴力的全球性网络将把社会工作、法律、教育、卫生及受虐妇女庇护所等各方面的力量聚集在一起，帮助受虐妇女。

在消除对妇女一切形式的暴力方面，中国政府的措施是：第一，倡导尊重妇女、爱护妇女的社会风气，反对歧视妇女，谴责和惩治一切侵害妇女的暴力行为；第二，完善消除对妇女暴力侵害的专门性、预防性和行政性的法律、法规体系及执法监督体系，实现妇女人权保障的全面法制化；第三，提高妇女的法制观念和法律意识，以法维权的能力，以及增强妇女的防暴抗暴能力；第四，政府和非政府组织要重视和受理妇女的来信来访，为受害妇女排忧解难，伸张正义。可以预期，受到家庭暴力侵害的中国妇女的状况在社会各界的共同努力下，会得到改善。

虐恋与强奸想象

　　虐恋是女权主义理论高度关注的一个问题。因为自19世纪30年代以来，越来越多的人接受了关于女性天生有受虐心理的观点，不仅文化界持这种看法，医学界也有这种看法。对于女权主义来说，关于女性是否天生有受虐倾向的问题一直是个敏感的问题。如果女性的受虐倾向是天生的，那么男性统治的社会结构就有了心理学的基础。女权主义认为，虐待狂是仇视女性的男权文化的必然表现，是利用女性内心最深处的性欲来强化男性的统治，使这一统治看上去是自然的。

　　关于虐恋的发生率没有准确的统计数字，但是根据金赛调查，男女两性中各有四分之一在性行为中都会因轻度的咬和被咬（不到咬出血的程度）而动情；相当数量的人的性行为中，有轻度的攻击性和粗暴行为；大约有20%的男性和12%的女性被调查者承认，自己会因为听到包括强奸、捆绑、镣铐、鞭打和责罚这类情节的故事而动情；有更多的女性倾向于把自己想象成受虐的角色，当然也有少数男性因为把自己想象为受虐的角色而动情。（加尼翁，286—287）

一、"性虐待"——S/M 游戏

调查中少数女性经历过或听到熟人朋友有过性虐待游戏的经历。

"我喜欢轻度的受虐,也想有一点施虐,像演戏一样地做。我喜欢在做爱时被捆起来,我也喜欢捆别人,这样做的时候会兴奋。我还幻想过用布包裹,就像包裹婴儿那样。但不喜欢打,我怕疼,如果有了痛感就不好了。我爱想象行为的过程,想象事情发生在地板上,在卫生间里,是一种美的感觉。"

"我有个女朋友,她丈夫老揍她,可她还是特别爱他。她丈夫是那种特别有魅力的男人,男性气质特别好。我观察她丈夫并不是出于爱地打她,可那女的感觉很幸福。在家里,所有的活都是她干。"

关于性虐待狂和受虐狂,一位有过多位性伴的女性说:"有人要求这样做,我不同意。我认识一个女孩有受虐狂倾向,她有一个年龄比她大很多的男友。每次做爱之前她都要求那男人鞭打她。"

另一位女性也说:"听说过性虐待狂,从电影和杂志里看到过。我认识一个女孩,每次必须用皮鞭抽打她,才能做爱。"

暴力不仅指肉体上的虐待,还应包括精神上的折磨。一位女性这样讲到她的男友:"他平时老折磨我,让我觉得受不了。他常常编一些很悲伤的浪漫故事讲给我听,非把我弄哭了他才满意。除了精神上,肉体上也是这样。他总是使劲揉搓我,弄得我又叫又喊,非得让我露出痛苦的表情他才满意。"

性交过程中伴侣施加在对方身上的轻微疼痛也可归入 S/M

范畴，一位与人同居的女性说："我听说过虐待狂。他有一次（性交时）咬了我，我身上都紫了。"

有时，比较猛烈甚至"残暴"的性活动不但不会伤害女性对男性的感情，反而会增强她对他的依恋感和归属感。这种"残暴"并不是真正的非理性的残暴，而是带上了游戏的性质，是一种理性对非理性状态的模仿。一位女性这样回忆她和情人的第一夜："那一夜有七八次，我觉得简直是虐待。"可据她说，他们两人的感情从那以后却越来越好。

有的女性喜欢男性带有强奸意味的冲动："他是个处于疯狂状态的男人。我倒可以接受这种人。他总是像要强奸我一样地扑上来。说实话，在内心深处，我喜欢这种方式。有一次，他真的要强奸我，要不是我力气大，他就干成了。"

"他总是先把我弄得很疼，然后再来哄我，安慰我。"

"结婚前偷情的时候经常在身上留下伤痕，当时也不觉得疼，都不记得是什么时候留下的。"

一位能够从疼痛中得到快乐的女性说："他怀疑我有受虐狂，因为我觉得疼和痒的感觉是在一起的，大痒就和疼差不多了。"

一位女性还讲过她邂逅一位有受虐倾向的男性并同他做虐待游戏的经历："有一次我去舞会，回家的路上，有个小伙子追上了我，提出让我去他家，我去了。他哭哭啼啼地给我讲，他的妻子和一个香港人跑了，他好久没做那事了。他想拥抱我，还说让我把他当弟弟。后来他提出让我摸摸他，说着就把那东西露出来，我说不行。他脸通红通红的，说：我求你了。我说绝对不行。后来他让我打他，我打了他十几个耳光。后来我还是帮他用手弄了，然后我去洗手。这个人后来出国去做生意，回来还和我联系过,说他很想我。"

二、强奸受虐想象和对虐恋的看法

谈到婚姻暴力问题,不能不提到中国一句俗话:打是亲,骂是爱,不打不骂是祸害。是不是有些中国女性把男人的打骂当作他男子气的表现?有些女人的内心深处是不是有受虐心理?

一位打算离婚的女性说:"他从来没打过我骂过我,我倒希望他男子气重一点。我们俩连吵架都吵不起来。他把我偶像化了。"

一位离婚女性把丈夫进攻性不强作为离婚的原因之一:"他不是有什么毛病,也挺强的,但他不是很有侵犯性、进攻性的男人,什么都听我的。我有希望受侵犯的感觉。"

"我有被侵犯的想象。不是强奸,而是觉得男性的强大,自己处于被动地位,这一点让人动情。可是他(指性伴侣)从没表现过男人的主动。"

"我的想象总是很刺激,有强奸想象。我喜欢有暴力,有激情,但不到虐待的程度。男人不要到虐待狂的程度,女性也不要太被动。"

有不少调查对象承认自己有过强奸想象和被强奸想象。有一位是这样讲的:"有的幻想中我是被强奸的,有时那个被强奸的我又变成了一个小姑娘,我是男的,想强奸她。这种强奸想象在婚前都是没有成功的,因为我并不知道该怎么做,在婚后就都是成功的了。后来就跟快感连在一起了。"

一位女性讲了常在她幻想中出现的一个强奸情节:"那就像

是一个香港录像片里的情节。有一个阔商把一个女人弄到山上的别墅中,她被一个年轻的打手看着。他去给她送东西吃,然后就打她,掐她,最后强奸了她。"

"我从15岁的时候起就有这种感觉,只要看有虐待内容的电影和书,就有反应,比如那时候演的一个写西藏农奴的电影,叫《农奴》,里面有奴隶主用鞭子打农奴的情节。看的时候,我两腿夹得特别紧,脚使劲踩着,全身扭动,出一身汗,阴道有抽动的感觉。我现在觉得,那是少女期的性萌动。有一次我和表哥看一本书,看到里面地主用鞭子抽长工的一段,我就受不了了。我表哥看见我在那儿拧身子就说:你干吗呢?我只要看到别人受虐待就会有这种感觉。"不知在影视作品中表现施虐和受虐场面的导演们是否知道,他们的作品有这样一种社会心理效果——唤起性欲。无论他们是有意识的,还是无意识或下意识的,刺激和唤起性欲无疑是这类情节的功能之一。

一位在国外留过学的女性说:"听说过性虐待狂,在国外时看过这类的电影。"

一位女性对性虐待狂倾向作过一些理性的思考和概括:"我看过《爱你九周半》(一部描写虐恋的著名美国影片),是借录像带看的。我能理解这种事,不认为是不好的。说它不好没有任何意义。至于女人本性里是不是就有这种性质,我没研究过;但我觉得有相当一部分女人有虐待别人和受男人虐待的欲望。要对一个男人产生受虐的心情,必须很爱这个男人。女人有双重性,施虐和受虐的欲望都有。当然这种关系应该是有游戏性质的。女权主义肯定认为受虐心理是邪恶的,而这种心理就像山、像河,是一种客观的存在。"

当然，许多女性完全不喜欢甚至不能想象性虐待狂心理：

"我在感情上喜欢阳刚气重的男的，但在性生活上喜欢秀气温柔的男性。"

"我从没遇到过有虐待狂倾向的人和事，但是如果男方有占有欲，能欣赏你的肉体，我会更高兴，可是绝不能狂暴。"

"对性虐待狂没遇到过也不能想象，我喜欢温柔，只希望适当表现男性的力量。我害怕粗暴，喜欢文雅，因为从小老看到我爸打我妈。"

那些挨过丈夫打的女性大多不是从游戏的角度来理解性关系中的虐待狂的，一位女性这样说："我听说过性虐待狂，觉得他们是牲畜，不是人。对这种人，要不就该给他们治病，要不就该枪毙他们。我觉得流氓都有点虐待狂，只有强迫别人，他们才觉得带劲。"

在虐恋和受虐想象问题上有这样几种立场：第一种是以弗洛伊德为代表的以施虐心理为男性固有特征和以受虐心理为女性固有特征的立场；第二种立场是女权主义的批判上述理论的立场；第三种立场是以福柯为代表的视虐恋为权力游戏和纯粹的感官享受的立场。

弗洛伊德说："虐待症的根基，不难马上在正常人身上找到。多数男人的性欲之中都混合了侵略性和征服欲，表现在生物学上者，使得他向性对象求爱的时候，如果不曾遭遇阻抗让他去克服，便觉索然无味。故而虐待症可以说是性本能里侵略的成分之独立及强化。""虐待症与被虐待症在性错乱现象之中具有相当特殊的地位，其中主动与被动之间的强烈对比原是性生活里常见的

特性。"(弗洛伊德，36—37)

弗洛伊德派心理学家玛丽·波拿巴（Marie Bonaparte）有这样一个观点："全部生物不论动物或植物，被动是雌性细胞的特征。卵细胞的使命是等待雄细胞——主动活动的精子到来并穿入。但这样的穿入意味着破坏雌性细胞组织，而破坏活生物的组织可能引起毁灭，即有生必有死。雌性细胞受精是以受创伤开始，从这种意义上说，雌性细胞是原始的'受虐狂'。……实质上，各种形式受虐狂都多少与女性有关：从同类相食的口腔阶段希望被父亲吃掉，经过受虐狂的肛门阶段希望受父亲鞭打，到性器官阶段的被阉割直到成年期女性希望被戳入。……我认为成年女性交媾时的阴道敏感性大部分取决于这种受虐心理，并或多或少无意识地接受儿时大量受虐的鞭打幻想。实际上，妇女在性交中是遭受男子阳物的某种鞭挞，她不仅接受它的鞭打甚至往往爱上它的暴虐。"(转引自海德，53—54)

曾是弗洛伊德的分析对象后来成了他的门徒的海伦妮·多伊奇（Helene Deutsch）因持有女性天生有受虐心理这一观点而名噪一时（女权主义者则认为她是臭名昭著）。多伊奇认为，女性是天生自虐、自恋和被动的，而且认为这是女性最基本的特性。她的主要观点是：由于女性只有在被男性征服的情况下，才能使阴道感觉到性兴奋，因此，这个过程就使她变得自虐。(卡普兰，20) 英国作家伯顿（Robert Burton）也曾说过这样一句话："一切恋爱都是一种奴役现象。"(转引自刘燕明等，208)

一位心理学者为虐恋做了如下的定义："所有那些包含把统治与服从关系色情化的性实践。"她引述了一位女性的故事：从6岁起，她的性幻想中就有盖世太保型的人物，他们强迫她很痛苦地裸露身体，使她受窘，羞辱她，伤害她的肢体，高高在上地统治她。她一直觉得自己不正常，是变态，直到她听到统计资料说，有25%的女性有过被强奸想象，就像《飘》里面的白瑞德对郝斯嘉所做过的婚内强奸那样，她才改变了对自己的严酷看法。一种被普遍接受的观念认为，粗暴地对待女性，似乎能够增加男性的魅力。(Bartky, 46)

尽管弗洛伊德承认受虐心理在男女两性中都存在，他还是把受虐心理当成女性特征来看待，甚至认为男性的受虐心理也是其女性化的表现。有什么理由将两性都有发生的某种心理特征武断地确定为女性特征呢？实在缺少证据。其实，有证据表明，受虐狂倾向的发生率在男性中要远远高于女性。对此有人做出如下解释，认为受虐狂可能是出于对性的一种内疚或罪恶感而自责自罚的表现，借对痛苦的接受以显示自己的情爱。这种情况男性中较为多见的原因在于，女性在正常的性行为中多已具有了屈服和顺从行为，因此，受虐行为对加强女性性刺激作用不大。

虽然统计表明25%的女性曾有过"强奸想象"，但有女权主义者指出，强奸想象与渴望被强奸毫无关系。我想，这就是游戏性的暴力和真正的暴力之间的界限所在。不少女性可以有强奸受虐想象，并以此为性唤起的手段，但是没有一个女人会喜欢真正的暴力。所谓虐恋正是一种双方同意并预先商定的施虐受虐游戏，而不是由一方任意施加的暴力。毫无准备和突如其来的痛苦绝不会导致性快感，即使有最狂热的受虐心理的人也不例外。有人举过这样一个例子：一个真正的受虐狂如果无意中被车门夹了手指，他也绝不会喜欢那种疼痛的。

有西方学者分析了日本文化中对虐待狂的偏爱：被绳子捆

绑着的裸体女人的照片频繁地出现在大众报纸上；酷刑的场面在电视中，甚至在儿童节目中也比比皆是；很多男人在乘地铁去上班的途中十分公开地阅读具有施虐—受虐性质的黄色读物。在西方，如果国家级报纸登出被绳子捆绑的女人的漫画，将会被许多人认为触犯了道德。而在日本，即使是最耸人听闻的暴力，只要不是真的，就可以单单从审美角度加以判断。甚至当所描写的暴力是以真实事件为基础时，依然如此。对这种文化的解释是这样的：它鼓励人们在幻想中释放他们暴烈的冲动，而在真实的生活中对它们加以压制，是一种维持秩序的有效方法。以想象替代真实的罪行，归根结底是戏剧的作用之一。(布鲁玛，230—234)

美国有虐恋倾向的女性成立了一个叫作Samois的组织，这一组织的成立令女权主义者感到震惊和愤怒，因为这个组织是专为有虐恋倾向的女性而成立的，并自诩为女同性恋和女权主义的组织。它的宗旨是，积极鼓励那些有虐恋倾向的女性，让她们不必为此害羞，应当对自己的想象持完全接受的态度，接受这类想象所带来的性满足。它认为，这种以双方协商为前提的相互给予的快乐是自由和解放的表现；是对资产阶级家庭的性道德的挑战；是一种典型的不以生殖为目的的性活动；是用人的整个身体的每一根神经去体会人的热情和欲望。

Samois的主要理论家是鲁宾(Gayle Rubin)，她是一位人类学家。她批评美国全国妇女组织(NOW)站在了性自由和性越轨者(sexual nonconformists)的公民权的对立面，因为这个组织对虐恋、跨代性关系、色情品和公开场所的性表现持否定态度。鲁宾将虐恋定义为一般意义上的性自由，理由如下：寻求性快乐和性自由属于基本人权范畴；女权主义对虐恋的批评则属于性压抑的范畴，是把性神秘化，是压制人的性实践；而反对性自由会威胁到妇女运动的前途。

有虐恋倾向的人们为自己的行为提出三点存在的合法权利：他们为性权力的本质提出了独特的见解；他们的行为是治疗性的和涤罪性的；他们显示出性的本质是仪式和游戏。福柯生前曾热衷于亲身"体验"S/M活动，并对此做了大量的哲学思考。他就此提出了两个重要思想。第一个是关于"快感的非性化"的观点。他指出，透过S/M活动，人们"正在用他们的肉体的一些非性器官的部分，即透过对肉体的色情化，发明各种新的行乐方式。我认为这是一种创造，一项创造性的事业，其主要特征之一，我想可以称之为'快感的非性化'。那种认为肉体快感永远应当来自性快感的观点，以及那种认为性快感是我们所有可能获得的快感的根源的观点，我认为实在是大谬不然。"第二个思想是关于S/M活动中所模拟的权力关系的分析。他指出："快感和权力不会互相抵消或互相争斗；它们会互相寻求，互相交搭，互相强化。它们是由刺激、激励的复杂机制和欲望联结在一起的。"（转引自米勒，450—451）由于在S/M活动中，施虐和受虐双方的地位是可以互换的，就使权力和快感的关系进一步交织在一起，有权的一方和无权的一方都可以从这种权力关系的戏剧性模拟中获得快感。我想，这也许就是福柯这段话的含义。

本次调查也发现了中国女性所经历的虐恋和受虐想象的游戏性质。调查发现有这样一个规律，那些生活在有家庭暴力史的环境中的人——无论是见过父亲打母亲的人，还是自己挨过父母配偶的打骂的人——很少能理解或喜爱S/M游戏；而只有那些成长环境中完全没有暴力行为的人才会喜爱这种游戏。当然，暴力环境的有无并不构成喜爱性虐待游戏的充分条件，但却是必要条件。换言之，那些生长在无暴力环境中的人们并不一定会喜欢这类游戏，但是能够喜欢这类游戏的人们必定是在无暴力的环境中长大的。我想，原因大致在于，那些从小见到或遭受过暴力侵害的人，绝不会再对虐待抱有好奇和神秘的幻想，他只会把这种行为视为赤裸裸的丑恶；而只有那些从未经受过真正的暴力侵害的人，才能够和愿意去体会肉体上受折磨和精神上受羞辱时的微妙快感；只有那些从未经历过真正的压迫和摧残的人，才能够和愿意去体会假想的权力关系中统治与服从游戏所营造的氛围的有趣之处。

婚外恋

在调查中，人们描述了大量的婚外恋经历，这些经历可以被划分为丈夫一方的婚外恋；妻子一方的婚外恋；单身女人作为第三者的婚外恋。人们还谈到她们对婚外恋的看法，这些看法往往是大相径庭的。

一、丈夫有婚外恋

一位女性回忆了自己的儿子因丈夫的婚外恋及其他一些原因而自杀的悲惨往事："自古奸情出人命。他有了外遇之后，有一次他跟儿子说：我要和你妈离婚。那天我回到家，推开门，看到我儿子吊在暖气管上自杀了。我当时就跟失常了一样。后来派出所的来了，法医也到了。我就在另一间屋子里，恍恍惚惚的，什么都不知道了。"

一位出租司机的妻子说："我丈夫的朋友们个个都是家里有妻室，还在外面搞。没搞的是少数。一个是因为有钱，一个是因为接触人的机会多。自从我爱人在外面也有了一个人，我们俩的关系就越来越紧张。孩子还小，一直是我一个人照顾孩子，家务活我都包了。他很少往家拿钱,回家还常发脾气,心情很浮躁。我是碰巧发现他的情人的。有一阵他说去学英文,那天我带孩子到学校找他,正碰上他俩从学校出来,又说又笑,靠得特别近。我凭直觉就看出他俩关系不一般。我一叫他名字,他猛一回头,一脸的意外,我到现在还都记得他当时那种表情。开始他愣了半天一句话都说不出来。后来他说,你来干什么来了?我说,带孩子遛弯。我问,那是谁?他说,谁也不是,是同学。我们说话,那女的一直远远地等他。后来他让她先走,把我和孩子送回家以后他马上又要走,我就和他大吵了一架。从那以后我俩的关系就一直没好过。在这以前我已经有所察觉,有时候给他洗衣服,从兜里翻出两张电影票。我还发现他书包里有避孕工具,所以他们很可能已经有性关系了。"

"我月经不准,而且我们一个月才一两次同房,所以怀孕机会少。那年我怀了孕,他一点都不高兴,只说了句:哟,怎么怀上了。我当时就觉得他在外边有别的女人了,不需要我了。后来才知道,他们单位跟他好的女的就不止两三个。"

"他在性上一不主动,我就意识到他感情上有变化了。他开始不在意我了,回家越来越晚,还公开撒谎。我发现他和别人感情已经越陷越深。他总是爱莫名其妙地喜欢上别人。只要他喜欢人家,人家也不拒绝,他的感情就会转移。"

一位无意间撞到过丈夫的情人的女人说:"我问过他,你是真的爱她吗?我也不知道他是不忍心伤害我呢还是真这么想,他说,咳,我和她能过就过,不能过就算。"

一位发现丈夫外遇的妻子说:"一开始我感情上容忍不了,后来就有点无可奈何。我俩为这事常常打架。可他从没承认过他是错的。我说,因为你在外头搞我才跟你打架;他却说,因为你老跟我打架我才不想回来,你越打我越不回来。我是从前往后说,他是从后往前说,俩人怎么也说不到一块儿。"

"他的朋友都这样:家是家,婚外情是婚外情。如果两头出了矛盾,主要还是顾家这头,不能翻了车。他们的妻子有的知道了也闹,有的就容忍了。"

婚外恋常常是导致离婚的最主要原因:"我老公认识一个女孩,她长得挺难看的,显老。她追求他,最后她占了我老公的便宜。我就不依不饶的,我这个人比较正统,友谊就是友谊,感情就是感情。我听到这事就受不了,我不知道也不想知道他俩有没有性关系,我就提出离婚,他不同意。后来他提出来,我又不同意,他就去法院起诉了。我接到传票。我一看没希望了就同意了。后来我们是协议离婚。"

二、妻子有婚外恋

一位为自己的婚外恋曾试图自杀的女性讲述了她的曲折经历:"一个女人一生可以发生的悲剧都浓缩在我身上。我有过一个情人,他破坏了我两次婚姻。那年我终于离了婚。虽然是因为和丈夫没感情,但他也是一个原因。我离婚前他也答应离婚的,可是我离婚后,他就不提离婚的事了。我看他变了,就答应和另一个喜欢我的男人结婚。我一告诉他这事,他马上就受不了了,像发疯一样。那天下着大雨,他就站在我窗前的大街上,在雨里哭着喊:XXX,我爱你!我有点感动。后来他对我认错说,我对不起你,你再给我一个机会好不好?看他满脸沮丧的样子，我真怕他出事，他有一种不顾一切的性格。如果我和别人结婚，对他的打击就太大了。那个喜欢我的男人很有钱，可以买房子，也可以把我带出国去，我偏偏放弃了他。被爱比爱别人总强一点吧，可我偏偏放弃了被爱的机会，去追求那个后来背弃了我的人。在预定和那个男人结婚的前一星期，我和他分了手。那天还正好是他的生日，我哭了，他也哭了，他被伤害得很厉害。他后来骂我，说女人都是水性杨花。后来他大病一场，人变得又老又瘦，牙也掉了。可他还是装作若无其事的样子。他欣赏我，凡是我说句好的东西，他都给我拿过来。我看他那痛苦的样子，哭了好几天。他现在在美国随便找了个人同居。我把人家害成那样，我不敢再找他。家里人因为这事蔑视我，我没法解释。我哥哥说：你是个什么女人呢！我父亲为这事和我断交，我妈妈也不理我了。他们都不能理解我。责备我没离婚就和别人好，责备我和这个人好又答应和那个人结婚。这都是因为感情。只有我自己心里知道对每个人的感情的程度，就因为我自己问自己时，知道我爱他（指情人）的程度超过丈夫，也超过那个打算和我结婚的人。我这个情人花了我的很多钱，出国时又带走我的很多钱，可是他出去之后居然一下就变了。我差点自杀。那天，我下意识地收拾东西，收拾过去的书信日记。然后我把煤气打开了，又回屋接着收拾东西。我记得当时只是想着：时间不多了，得赶快收拾东西。我只希望有一种完全消失的感觉。正在这时，外面电梯开门的声音吓了我一跳，接着是小孩吵闹的声音。我猛一惊，想到不能爆炸，孩子在这儿呢。那时我已经拿出火柴来了，正准备划了。我惊醒之后，马上关煤气，开窗户。我回想当时的动作，全都是下意识的，差一点就做了。"

一位在婚外爱上了自己徒弟的女职工回忆了自己的恋爱史："那时他来学徒，有次他对我说，你不能老为别人服务，我当时听了还挺反感。有一次我看了一些枪毙人的照片，晚上做了噩梦，梦里他就坐在我旁边，说可以保护我。第二天又做了一模一样的梦。我跟他讲了这件事，他说这是他的心意托的梦。我们俩就是这次说开的。有了朦胧的感情时千万别捅破，一捅破就控制不住了。那次他过生日，问我，你送我点什么。我和我妹妹商量了这事，她说不要一下子就回绝他。于是我就给他写了个条子，让他坚强些，把握住自己的感情。他看了之后抓着我的手吻了半天。这么多年了，我都没经过这种事，觉得很刺激。有个星期天，他让我陪他走走，走到个胡同里，他对我说，我不会伤害你的。他还让我答应他，永远做他的姐姐，我答应了。那一段时间，顶多就允许他吻吻我的手。可感情已经不容易控制了，越回避就越有吸引力。虽然我那时还不想和他有肉体关系，但很想跟他接触。我丈夫上外地之后，他常来找我聊天，一聊就聊到晚上10点多钟。有一次看电影，他拉着我的手，往他那地方拉，让我伸进去摸。他有手淫的习惯，摸着觉得舒服。我当时心很慌，又觉得这么做不对，往回缩也缩不动。后来他又在我身上到处乱摸。我俩好了半年了，我都没答应他那个最后的要求。后来我想，要不就满足他一次。他上去半天也没射精，还说，我以为多舒服呢，闹半天就这么回事。20分钟之后，我来了快感，可他不觉得好。我们又把裤子脱了，再弄一次，还是那样，弄得我都疼了。我说你太坏了，从小没学好。可是我听说有这么句话：男的不坏没人爱，女的不坏没后代。"

"我刚领完结婚证之后，有过一个波动，是我的表哥，他在美国。我妈给他寄过我的照片,他就一见钟情了。我刚领了结婚证,他就回来了。我俩特别一见如故,但我没往别处想。他快走的头一天,请我过去吃早饭。他说一直在想我的事,说着就有些举动。他的动作很文雅,让我没法抗拒。他让我看他的眼睛,并且问我:你喜欢我吗?我说:不能说不喜欢。他也没跟我商量就吻了我。我觉得很荒唐。我的理智告诉我,绝不能糊涂。他又做了一些暗示,我也不知是真糊涂还是假糊涂,一直没接茬。他让我洗澡我也没洗。他叫我的小名,又吻了我。我说千万别做别的了。他说我绝不会伤害你。说完又特别热烈地吻我。我当时有种晕头转向的感觉。第二天他回美国,我回插队的地方。我趴在车上大哭,车上的人都不知我这是怎么了。命运怎么这么捉弄我呢?后来我给他写过一封信。接着就盼他的回信。见到他的信就好像接到情人的信一样,他的信写得很好。后来他在那边娶妻生子了。我们就没有再发展。当时我不知道他是只想让我当情人,还是想和我结婚。现在见他生活平静,我不愿伤害我丈夫,也不愿伤害他妻子。我虽然喜欢他,但是不太想陷进这种事里去,爱上这个又喜欢那个,自己太苦了。"

"我曾经有过情人,发生过性关系。我对丈夫一直很放心,他对我有这种担心。有一次他无意中看到了我和情人的信,他很伤心。可是真的要分手却分不开。我想主要是我们处习惯了。想来想去还是我们两人在一块儿时最轻松。"

一位女性讲述了她在离婚过程中同一位有妇之夫的婚外恋情:"我也说不清他是真是假,我可以和他随便说心里话,他能帮我分析各种事,包括很多小事,像对衣服的鉴别什么的。他总是温情脉脉的,我有时候发个小脾气什么的他也不在意。他说这是他的第一次恋爱，第二次青春。他家远在外地，就三天两头打电话来，说和我分开有多难受。他爱人是当地人，比他小六岁，他跟他爱人关系很好，但是没话可说。她现在停薪留职在家，全心全意要跟他过日子。可他说，在我这儿能得到精神上的满足，能谈得来。遇到压力他老婆不闻不问，帮不上他的忙。一切外面的苦恼都无处化解。我很想他，我一个电话他马上就来了，来回一趟要一千多元。现在他想在北京找事做，好像专门为了我似的。他总说自己配不上我，事不忙时，他天天到我家来为我做午饭。他还帮我收拾屋子，给我买袜子什么的。他在我这儿哭过好几回了。他问我今后30年打算怎样生活，还说，要是两个人能相亲相爱过一辈子多好。他说过要等我10年。"

关于婚外性关系，这位女性是如此掌握的："性上的接触有过几次，他比我丈夫温柔多了。他总是搂着我，静静地坐着，就像侍候着我似的。我总觉得没离婚时还不能答应和他发生关系，应当离婚后再跟他干那件事。"

"刚跟那个男孩好的时候，我丈夫在党校学习，一礼拜回来两次。我孩子已经那么大了，所以我对他没有过非分的想法。我还跟他说过，我的爱一生只有一次，决不会爱上他的。他不相信。我还对他说过，我丈夫礼拜三回来，那天我们不可以亲热。这男孩后来说，那几年里，他忌妒礼拜三和礼拜六。后来我跟丈夫的感情越来越淡，他回家来我就跟他赌气，他做亲热动作我也不理他，可他竟然没当回事。"

"我和他处了好几年，一直没说什么。那天他路过我家来看我，我丈夫不在家。我们就聊天，后来我留他吃饭，要下楼去给他买东西，他说不用，两人推推拉拉的过程中，他一下就抱住了我。我一直对他有好感。我们就那么隔着大衣拥抱了一会儿，虽然隔着那么厚的衣服一点性感也没有，但是两人有感情的交流。我对他的爱是我从没经历过的爱，我长期积累的苦闷寂寞得到了回应。从那以后我们好了好几年。和他的吻是我一生所感到的最幸福、最甜蜜的吻。"

"有段时间我和爱人两地分居，有个男同志对我特别好，他的爱人也不在身边。那人长得特别难看，但业务能力很强。我喜欢人看两条，或者长相上符合我喜欢的那种类型，或者业务上令我佩服。那个人就属于后者。他老说要离婚等我，我就听着。后来我调走了，是他送我上的汽车。他老想看看我丈夫是什么样，挺羡慕他的。他不是逢场作戏。"

"我有过外遇，有一点负罪感。我特别喜欢那个人，但也喜欢丈夫，我对他们两个都有感情。我和那个人的关系有冒险的感觉，和他也没有性高潮。对我来说，精神交流更重要，肉体不太重要。"

一位调查对象讲了她妹妹的婚外性关系："我妹妹婚内性生活不和谐，疼痛，流血，后来她练气功，跟气功师傅有了这种关系，这位师傅好像很懂行，我妹妹跟他有快感，也不流血了。后来她和他有了孩子，我妈要到法院告他去，可我妹妹相信他的功夫有威慑力，不敢说出这老头的地址。"

一位女性讲了她嫂子的婚外恋及其悲惨结局："我嫂嫂是自杀的。是因为婚外恋。对方为她离了婚。我哥哥一直不承认有这事。有一次我嫂嫂想跟我说破这事，我对她说，你小心出事，为这种事男人能杀人，或者女人因为在两个人之间选择太困难而自杀。有人传说她有很多外遇，我哥根本不相信。有一次，她问我哥哥，如果传的那些话是真的，你能原谅我吗？我哥说：那怎么能原谅！她是喝敌敌畏死的。我听到她自杀的消息后，第一个念头是：她居然自杀成了。她得到了解脱，摆脱了痛苦和自责。"

三、做"第三者"的单身女性

一位当过"第三者"的女性讲过她的矛盾与痛苦处境："我和他的约会有时就在办公室，有时在公园里。我们一星期约会一两次，可我所有的时间都在期待他。有时候我就那么一个小时一个小时地算着时间。每次一见面，就把一星期的委屈像打机关枪一样抛给他。所以有一阵我们一见面就吵。我知道不能逼他离婚，可我只能逼他离婚。他说，离了婚她（指他的爱人）怎么办？我说，不离婚我怎么办？有次我和一位女友讲到我的婚外情，她叹了一口气说，我觉得这事挺美的。我说，你觉得美，我感觉到的全是苦。"

"我和他一碰到就投合得不得了，默契得不得了。有一阵因为怕耽误了我，他就硬着心肠和我疏远。他和他老婆没有感情，是出于同情和一些误会结的婚，他纯粹是可怜她。结婚后他才发现，他老婆脾气坏得不得了，生孩子以后就原形毕露了。他俩第一次吵架之后就不过性生活了，她老婆到处和别人说自己是在守活寡，可她不想离婚，还说过这样的话：他要是提出跟我掰，我要宰了他。他在我这里哭过几次。我提出和他同居，可他觉得不道德，说：这种事连想都不该想。我担心他压力太大。我已经麻木了。这辈子我没有过什么幸福。"

一位爱上了有妇之夫的女性这样讲到自己的痛苦与忌妒：

"那时我很关心他和他妻子的性生活，老问他。他说，我和她都没有这种欲望了。我明知道这是谎话，可我还是爱听。我自己骗自己，他也骗我，让我以为他们的性生活不协调。后来有一次他因病住院，一个朋友不知道我们这层关系，就对我说：他住院了，他妻子又怀了孕，你能不能照顾她一下？我这才知道他真是在骗我。后来我去医院看他时，他一看我的表情就明白了，他不敢正视我。后来他病好了，我们大吵一架分了手。"

"我和一个有妇之夫好了三年。我跟他特别投入，像初恋一样。我们刚一见面就觉得谈得来。他愿意跟我聊天，没有隔阂感。我是个单身人，一般男人接触我会有戒心，避嫌疑，他一点没这感觉。他不爱他老婆，他父母非得让他娶的她。他老婆像男的似的，能干，果断，一直不管家。我跟他好之前，他已经有过一个短期的情人。他跟她总是不拥抱，不接吻，上去就干。他跟我说：我命不好，碰上的女人都是不温柔的。他跟我好以后，一开始就说，咱们别太热烈了，怕不能持久。我们一开始不怎么说爱，他说他妈临死前嘱咐他不能拆这个家。我们感情很好，可他就是不能离婚。我和他好了半年后，有人给我介绍朋友，我要去见，他说见吧。可当我要和他吹的时候，他坚决要求我和那人断了。通过这事我和他的感情上了一个台阶。他第一次在我家里，射精在床单上，我一个月都没洗，因为我太爱他了。我爱他甚过他爱我，所以后来我特别惨。每次我送他回家，看到他家窗户灯亮了，都觉得委屈得要命。他在和我好了以后，还和他老婆做过爱。他问我能不能忍，我说，为你妈能忍，为你老婆就不能忍。后来他对我宣布：不再和老婆睡觉了。他真不和她睡觉了，当然是找各种借口了。后来他女儿得了重病，他和女儿好得要命，他们中间的关系有点恋父情结。他为了女儿绝不会离婚的,我们俩就没戏了。后来我决心要分手了。我对他说,你要是不再往前走一步,我就不想再继续这个状态了,太痛苦了。我姐说,他这个人就是一口苦井,你跟他好就会掉进去,苦不堪言。后来我出国去,他就和另一个女孩好了。我挺伤心的。我回来后,他一副萎靡不振的样子。我问他,你和别人做过吗?他说做过。他说,你做过吗?我说没有。我特别生气,问他,你是和你老婆吗?他说,我还能跟谁呢?一直到我们分开,他都没透露过他已有新的女友了。回来后干过两次感觉都不好。有一次他说:想干活吗?说完吭吭就干,也不说爱情了。干完还说:这能管多久?我觉得这次做爱已经不是爱情了。"

"有个男人特别喜欢我,他是已婚的。有次他给我写了个条,写了他的感情。他说特别喜欢我,本想把我介绍给他的一个好朋友,后来他自己却喜欢上我了。我看了吓得要死,身上直抖,因为他是有孩子有老婆的人。第二天他问我,看见条子了吗?我说看了。他说,你怎么不去告领导呀?我说我没想到要去告领导。他说,我都做好你去报告领导的思想准备了。从那以后,我们的关系就特别好,他总是找机会和我说话,我也很喜欢和他接触交流。但没说过什么感情方面的话,我对他也没有任何想拥抱接吻的念头。那时我还不懂这种事。他特别勤奋,经常写作到夜里三点。有时我下楼提水,总要抬头看看他的窗户。我要调走的前一天,他来了。那是间大屋子,隔开很多小间,不隔音,我们不能说话,只能写字。他给我写了一首诗,我也对了一首。他提出要吻我一下,我说不行。当时我20岁了,但还没有人吻过我。我觉得让他吻了就不纯洁了。后来经不住他一再要求,我就答应他,让他吻了吻我的手。"

"在大学里,我和一个男同学谈话很投机,有这样一个朋友我感到很欣慰。接触半年之后,有一次填表,我发现他填的是'已婚',我一点也没想到是这样的。我突然抑制不住自己,眼泪哗哗地流,这时我才意识到我对他已经有了感情。后来我就给他写了封信。他告诉我,他跟我交往这么久不提已经结婚的事,就是怕失去我,他很后悔已经结了婚。后来我们就有了一些亲热的动作。一次傍晚我们在树林里看书,他搂了我,并下意识地解开了我的上衣扣。第一次接吻感觉非常好。"

"我和姐夫有婚外恋。他当时正在离婚。有一次我们一起去看电影,他挨着我坐。他说,他喜欢我姐姐,也喜欢我。他说想摸摸我。我说不行。他说摸摸胳膊还不行吗?我说不行。后来他还是摸了我的乳房和阴部。我当时有负罪感,很害怕,很紧张。他说,我真的喜欢你,不是冒犯你。我知道他这个人是真诚的。我想,这么大岁数了没人爱我,结果有人爱我了,还是个不能爱的。"

"他现在离婚了,那时还没离,我们彼此挺欣赏的,很快变得难舍难分。我们好像特别自然地就走到一起了,突然发现感觉特别好。他是个多情而温柔的男子。外人看我们很越格,但其实他是一个特别严肃的人。他对我说:我没想到跟女人在一起是那么好啊。我也觉得自己内心深处的女性都被调动起来了。"

"有半年时间,我和一个人有婚外性关系。大概每月一两次的样子。他喜欢我,但他有老婆,不能离婚。他拥抱我,我有点动情,但觉得他情感幼稚。他告诉我,结婚十几年,老婆从没主动要求过性生活。他对她没有过好感,没感情,也没享受过性生活,只是为了找个能生活下去的方式。"

"我和我爱的那人说,挖墙脚太累了,我想和他同居。他不同意,认为应该离了婚再说。他回家后加紧离婚,可离不成,对方大闹了一场,闹得他受不了,就出国去了。"

"我提出'陈仓暗度',但是他很注意自己在同事中的形象,自己在孩子心目中的形象,什么都不敢跟我做。"

"我现在的男友想为我离婚,他有决心我不会阻拦。他老婆对他很冷淡。如果他真的离婚娶我,我对他老婆会有负疚感,我会对她很好的。"

一位离婚女性讲到她的一次婚外恋:"我恢复了单身生活以后,爱过一个有妇之夫。他个子高大,充满阳刚之气,长得挺黑,嗓音很厚,脸上有很重的络腮胡子的痕迹,他性格特别内向,是那种特有男子气的人。他提示了我,我真正爱的是这种人。我们是出差在火车上聊天认识的。他特别爱听我说话。他说,我一辈子说的话不如在火车上这几天跟你说的话多。一开始我有罪恶感,虽然我很爱他,但我不愿破坏他的家庭。我就老躲着他。他也是个比较保守的人,他老婆有病,他一直照顾她。她从没怀疑过他有外遇。他在我这里也从不说妻子的坏话。我一直不敢去找他。他给我写了一封信,信上说,听说我和新近结交的男友不行了,他关心我,问我是什么原因。我看了心里觉得特别温暖。有一次我和一个女友说起这件事,她这人特新潮,说,既然你喜欢他就该去争取。说完她竟然替我找人家去了,一拔腿就去了。她见到他后就说,让他去看看我。自从相识之后,半年时间我和这人接触很有限,我知道她就这么径直去找他之后,就想钻地缝,心想这下他可得把我看扁了,因为人家是模范丈夫,我好像有什么非分之想似的。后来我就写了一封信，想把这事解释清楚，可又怕引起误会，影响我们的友谊。结果我在信封上贴了邮票可又没寄，我想还是当面向他解释。我左思右想之后，拿着这封信去找他了，见了面我让他先看信。他特会安慰人，他说他明白XX（替我带话的女友）是出于善意。他这么一说我就放心了。我问他是怎么考虑的，他说，我怕给你造成不利，你是个单身女人，又正好在找对象。我说，我们那儿的人都认为我是个老古板，实话跟你说，XX那次去找你是因为我说，要找丈夫就找你这样的。他说，我对你的印象更好了。他向我表白了心迹：他也特别爱我。那次我们分开之后，他折腾了好几天，后来就给我写了那封信，而他除了老婆以外还没给任何女人写过信。他比我大七八岁，他说愿做我的哥哥，愿帮我做各种事。这中间还有一次我们在大街上遇上了，他掐了我胳膊一下，我从心理到生理都对他有了欲望，整整折腾了两天，什么事也干不下去。聊到最后，他问我愿不愿试试，要是不愿意的话，就马上送我回去。我当时没同意，后来我们试了，我想为什么不呢？过去我和男人的交往的兴趣都是被调动起来的，而他是我真想主动去接近的。我觉得和谐极了，觉得我自己充分地变成了一个女孩子，他雄性的波浪软化了我，连说话的嗓音都变得轻柔了。我说，人家都说我像男孩子，他说不，我觉得你是个典型的女孩子。我们后来又有过两三次。我觉得没有不透风的墙，就和他分手了。我已经有半年没见他了。"

一位单身女性讲到她对一位有妇之夫刻骨铭心的爱："有一次下着大雨，刮着大风，风大到把树枝刮断，满街飞舞着各种刮掉的东西。我突然极想见他，就骑着车冒着大雨到他家去，雨衣也没穿，就那么淋着。我到他家就站在窗户那儿看了一阵，后来又在黑黑的楼道里站了一会儿。一听到有人来，马上吓得'嗵嗵嗵'跑下来。我就是那么痴情。"

婚外的恋情不一定有性内容，这种情况在知识女性中更为常见。一位性欲冷淡的女性这样讲到过她的婚外恋："我有过婚外恋，但没有婚外性行为。因为我本来就不喜欢性事；也认为不可以做，做了是不忠；还怕让人发现了。他有过这种要求。我们之间的关系顶多是半年。当时丈夫不在身边，可能是寂寞的缘故。我觉得这件事并不会影响和丈夫的感情，他这个人敏感细腻，但不是小心眼。女人就是软弱，总希望有个人经常谈一谈。我们之间也谈论过感情，但不太多。在一起工作时间长了，男女之间就是会产生比一般朋友深一点的感情。"

四、对婚外恋的看法

对婚外恋的看法可以被概括为基本否定和基本肯定两大类，它们同人们所处的地位（是背叛人的还是被背叛的）、夫妻感情的程度、夫妻双方的个性等因素有关。

先看严厉或一般的反对态度：

一位三十多岁的已婚女性的谈话在妻子们对情人们的看法中很有代表性，她说："有次我家请客，我丈夫的一个已婚朋友居然带个小情人来了。她二十六七岁的样子，穿得袒胸露背的。我很生气。我对我丈夫说：以后你们带她来就别叫我，叫我就别叫她，叫她来是向我们示威还是干什么？要是我爱人带个小情人回家来，还不把我气晕过去！"

"我丈夫有一次突然对我说：外面有很多的诱惑，今后万一我干了什么事，你一定要原谅我一次，作为交换条件，我也会原谅你一次——如果你做了什么事。我听了特愤怒，就和他吵起来。婚后他长期在外，我在家带个孩子，那么艰难。他在单位挨整、下放，我从来没想过要离开他。可他居然提出这种要求。他一说这种话我就特别委屈。我相信他倒还没有干过什么，可他多次对我说，人不可能一辈子只爱一个人；我们的婚姻要受到严重的考验；男女在性上的要求不一样，女人不容易受男人诱惑，男人容易受女人诱惑；我怕万一遇到什么诱惑，你不能原谅我，这个家就要破了，所以碰到这种情况，你一定要拉我一把。我说，我怎么知道拉你拉不拉得回来。你到外面去找女人，我怎么知道拉不拉得回来？他说海员到了国外还上妓院呢，我说，你不该跟我说这种话。也许别的女人能委曲求全，可我不能忍受这个。他一说这些话，我的心马上就活了，我也可以去找一个真心爱我的人。他总是不断地给我说这些，他没想到这样会损害我对他的感情。你要想让对方爱你，你就要说怎样爱对方，而不能说你怎样爱别人。"

"我也不是没有受到过男性的诱惑。因为我和丈夫长期两地分居，好多男人找我，赖在我那儿不走。可是只要是有这种可能性的，我全都避开、躲开，有的就干脆不讲话了。我有个同学，他的妻子是个工人，他俩感情不太好，他想做我的情人。他的原则是，要解决这种事，可婚是不会结的。后来我对他说：我们就做个朋友吧。"

一位受到有妇之夫追求的单身女性说："虽然他对我说过'我的生活里如果没有你怎么办'这类话，但我还是不愿鼓励他发生这种关系。他这个人老爱勾引女孩子,所以我不会和他好的,我接受不了他对别的女孩好。有一次我在他家,他接了一个电话,找个借口下楼去。我也该回家了,一下楼,无意中看到他和一个女孩在一起,从另一个楼梯鬼鬼祟祟地下来。骑车遇到一个红灯,我犯了坏,恶作剧似的从他俩旁边超过去,故意让他看见我,让他知道我也看见他了。"

"他在国外时,让我住他的房子,求我照顾他母亲,我说没问题。那年他回来探亲,我觉得不能和他住在一个房顶底下,就收拾东西准备搬出去。他满心以为我会留下来的,可我还是走了。我骨子里挺中国的,挺保守。如果我留下来,他再出国时,对我的打击就会特别大。我摸不着够不着的。对他老婆孩子也不尊重。我觉得关系与其是这样,就不如完全不发生。"

一位离婚女性说:"我有个特别好的女友。我看得出,她丈夫喜欢我。他们俩打架闹离婚,据说是因为我。我感到很突然,也很受伤害。被朋友误解很痛苦。我绝不会去破坏他们的婚姻,因为我自己的婚姻就是被人搅了的,我恨这种人,绝不会去做第三者。后来她知道了真情,对我说:委屈你了。多年后,他们俩在国外因为别的离了婚。他回国来,有人劝我俩好,我说,男女之间不是能够做朋友就可以做夫妻的。再说,我要是跟他好,当初那些怀疑岂不都成真的了。我跟他除了聊聊天,确实没什么。我觉得失去的并不见得就是最美好的。"

"在情人问题上,我觉得道德感的压迫很强。我丈夫非常不接受,觉得是耻辱;可我周围的文化圈里认为这是很平常的事,实际上这现象也很普遍。我对自己的自尊是很有要求的。有一次一群文化圈里的朋友们聊天,除了我之外全是男的。我正好到隔壁去做什么事,他们就谈起学者圈里的一个女人。他们以为我听不到,其实我都听到了。他们用很卑下的很坏很下流的口吻议论这个女的,听上去他们当中有好几个人跟她有过性关系,他们把她当笑话讲,然后哈哈大笑,流露出一种极其下流、低级、阴暗的心理。我当时有极强的受辱感,虽然那个女人不好,但我替她难过,觉得他们这样议论她太侮辱人了。我暗自以此告诫自己,不能和圈内的人有任何这类关系。如果有一天别人这样议论我,我自杀的心都会有。"

一位正在办离婚并已同丈夫分居的女性说:"摆脱了我爱人家的烦闷,又陷入孤独感之中。我的原则是,有孩子有爱人的我一律退避三舍,破坏别人家庭的事我做不来,也不忍心做。我知道,跟一个孩子我是竞争不过的,血缘的关系我斗不过的。相比之下,血缘关系是强大的,感情关系是脆弱的。如果我和一个男人好,他总要看孩子啦,和前妻来往啦,我肯定受不了。既然这么想,就不如一开始就不要理他。"

"我觉得人跟兽是有区别的。我打离婚时请了个律师,他想让我跟了他,就帮我把孩子判给我。他说他妻子不在家,让我去他家。我说有时间一定去,我没去,换了一个律师。他毕竟还没有威胁逼迫我。"

"我丈夫对我说:男人不花,女人不爱。我说好吧,你去花吧。但我心想,对这样的男人,正派女人没有爱他们的。即使没有发生性关系,只是和女人保持暧昧关系,正派人也看不惯的。比如说我单位就有那种挺'花'的男人,也有很正派的男人。而我们女同志就是只尊重、爱慕那种正派的男人,不喜欢'花'的男人。"

"我们单位有一个放荡不羁的人,人特别聪明。有次他和一个女同事乱来,他用手给那个女的弄,在公园的凳子上就让她达到快感了,又在旅馆里搞了一通,那个女的也特别疯。那次他对我提出,我能不能占有你?我说,不能。他说,我要不是看你是个大姐,我早就把你搞到手了。"

一位女性讲到她的一位女友对她当"第三者"的态度和做法:"他和我好了一段时间,又喜欢上我这个女友了,她也挺喜欢他。后来她告诉我说:她并不是真想和他好,只是想拆散我们俩,她不希望我做第三者。她这人很正统,要维护他的婚姻关系。"

"我丈夫就不如我会处理婚外的诱惑。那段他出差,有个男同学天天到我家来,我有点喜欢他,又不是真喜欢他,心情惶惑。这时我就给丈夫打长途,我说我特别想你,他听出有点事,就赶快回来了。他一回来,我和那个同学的事也就烟消云散了。我觉得这种事这么处理就特别好。我怕把持不住自己的时候就躲一躲,这不也就过去了。你觉得在外面跳舞、喝酒、唱歌这些时候容易受诱惑,那你不能躲一躲这些事吗?我对他讲这些话他老不听,说我这是给他上课,教育他,烦不烦。"

"单位里有人觉得我们像一对似的。我有次做梦梦见和他在一块儿,记不得是做什么,很愉快就是了。他的夫人和他关系不好。有次我们一起出去办事,他说了一句:今晚和你在一起真好。我就没有接茬。我知道一接茬关系就会发展,但我不想发展这种关系。"

"我和丈夫婚姻观念不同:他说过如果他有了外遇,请我一定原谅他一次。我一听就发了火,和他大吵。他说,看来我们的婚姻基础不牢固。我和他看法不同，我觉得根本就不去搞外遇才是婚姻基础牢固。婚姻关系里面除了爱，更多的是责任。我就是这么想的。他说我还是他感情的中心。我管他这想法叫作'一个中心几个基本点'。可你不想想，你怎么就不怕你这个中心也去搞上几个基本点啊。这是逼良为娼啊。世上还哪有真情啊！我从小爱看书，喜欢追求真情，对那种胡搞的人看不起。我不就是在乎那份真情吗？我知道现在有那种两人都各自在外面搞的夫妻，我不是那种人，我不愿走那条道，那不是作践自己吗？"

"1990年，文化圈不干事的颓靡之风挺盛的。有一次，一个女友约我去朋友家。去了一看，一共是三男三女。那三个男人都是有家的。有人说，说话多没劲，咱们跳舞吧。跳着跳着，就有人做出了过分举动。我对这个没有思想准备，感到意外，可又对自己说：你也别太大惊小怪，不要扫了大伙的兴。我就硬着头皮应付。一开始忍着，半开玩笑似的把他的手打开，后来实在忍无可忍了。我不是什么人摸我都能有快感的。后来我坚决拒绝了，还是扫了大家的兴，事情过后见到面都感到很尴尬。后来我很不高兴地对那位约我的女友说：怎么不告诉我是这样的。她满不在乎地说：你是怎么啦？这有什么呀。我有时自问，我要不要这么古板，要不要改变自己，还是应该坚守自己过去的准则。再碰到这种事怎样才能不扫别人的兴已经成了我的一个精神负担。我并不是从道德上排斥这种事，只是我自己不喜欢，不觉得舒服，不觉得愉快，不觉得好。这样偷偷摸摸的，从心理到生理都不舒服。后来我决定，如果我真的喜欢，真的愿意，我就去做；不喜欢不愿意就不做。"

再看基本肯定的态度：

一位爱上了有妇之夫的单身知识女性这样评价自己的婚外恋:"我认为只要不伤害别人就是道德的。我和这个人就是道德的,并不想呛他老婆。我不愿和他继续下去,就是怕这件事漏出去伤害他老婆。他老婆身体不好,难以承受,他们可能一个月才做一次那件事。"

有的当事人认为,婚外情可以起到改善婚姻关系的作用。一位单身女性这样谈到她对婚外恋的看法:"我并不绝对反对婚外性关系。即使双方都是已婚者,也不妨快乐一下。有些男人在外面乱搞,回家后对妻子有歉意,反而会对妻子更好。这也是一种解脱,这种关系在利大于弊的情况下才是好的。"

一位女性讲到男友对婚外恋的看法:"他爱妻子,又有情人。他说这样有利于身心健康。不但心情愉快,而且有利于正常的婚姻生活。"

一位经常挨丈夫毒打的女性讲过这样一件事:"我厂有个男孩对我特别好。我对那男孩也有些好感。我丈夫看出我们俩好就一再问我,是不是已经不爱他了。我说,我早就不爱你了。他非得让我说我爱他,我最后不得不说我爱他。从那次以后他就不打我了。"

有的女性表示对真正发生了感情的婚外恋可以理解:"我认为有的婚外恋是可以理解的。如果真的有了感情,感情到了那一步,就可以理解了。"

一位自己从未有过婚外性经历而且是因丈夫外遇离婚的女性说:"我能理解别人的婚外性生活,如果感情到那儿了。"

一位女性这样讲到自己对婚外恋的看法:"我现在觉得我们俩能白头偕老,但我不知会不会碰上一个让我糊涂(指迷上)的人。但是即使到了那时,我也不会伤害他。"

一位对丈夫没有感情因而有婚外恋的女性这样说:"不记得在哪里看到这样一句话:人因为幸福才受束缚,既然没有真情,又何必束缚我自己呢?"

有人还引经据典为自己的婚外恋辩护:"我记得在哪里看到,鲁迅说过,烈女、贞女、守寡是对女人的蹂躏。"

有的女人希望丈夫有婚外恋,以便和他离婚。一位女性感到自己的丈夫不是一心对自己好,想离婚,她说:"现在我要和他分手,显得不负责任似的,也怕对孩子有不利影响。如果他有了外遇我倒好办些,那样我就可以和他一刀两断了。"

有一对夫妇,妻子刚强丈夫孱弱,妻子这样说:"我对他绝对放心。我告诉他,如果你能找到一个好女孩,我一定不反对。他说,我哪能对不起你啊。"

调查中还发现过夫妻双方都有婚外恋的情况,有的显然出于报复心理:"我们好不容易调到了一起之后,他告诉我爱上别人了。后来我们就分居了。那时我和一个男孩好,但没有性关系;他也和一个女孩好。我为这事和他开过玩笑,他说他是跟我那个男友学的。"

另一女性也这样讲到她对付丈夫婚外恋的方针:"他要是真的去搞女人,我有两个选择,一个是离开他,一个是我也到外面搞。"

"我的情人原来和我约好,我要交别的朋友他不管,可是后来他对我说,他本来不懂得妒忌,跟我好了之后懂得妒忌了。不知他是不是在和我说漂亮话。"

在 20 世纪 80 年代末的一项北京市随机抽样调查中,我发现婚外恋的比例极低(6.4%,见李银河,164)。我想,这一结果很可能受到问卷调查这种方法的影响——如前所述,用这种方法调查敏感问题很难得到准确的结果。在这次深入访谈中则可得到这样的感觉:婚外恋在人们的行为中不只是这样小的一个比例。

美国 20 世纪 40 年代金赛的调查表明,有 50% 的男性和 26% 的女性至少经历过一次婚外性行为;这个比例在不断上升;有较新的研究表明,有三分之二的男性和二分之一的女性曾经经历过一次以上的婚外性行为。男性婚外性关系的三分之一和女性婚外性关系的二分之一属于有感情色彩的婚外性关系。(哈斯等,224、226)

在对待婚外恋的态度上,大多数人持有相当严厉的否定态度,根据笔者在 1989 年的调查,北京随机样本中,有 82.4% 的人不赞成婚外恋;更有 93.1% 的人反对婚外性关系。对女性的婚外恋比对男性的婚外恋态度更为严厉。(李银河,163)不少中国人以为西方人对婚外恋满不在乎,其实不然。美国的一项调查表明,75% 的人明确认为婚外性关系是错误的;91% 的人认为婚姻的忠贞是重要或极为重要的,不能容忍对方的婚外性行为,一旦发现,就意味着婚姻的终止。(哈斯等,227)

从此次调查中人们对婚外恋的看法可以看出,不少女性对婚外恋的态度并不特别严厉。这可能与样本中的女性比一般人教育程度偏高有关。由于婚外恋主要涉及的是夫妻的感情问题,所以尽管它对夫妻关系绝对是一种伤害,但毕竟同有伤害对象的犯罪如肉体伤害、偷盗抢劫一类不同,好像双方都有一些责任:搞婚外恋的一方固然难脱罪责,被伤害的一方也并非完全无辜——没有能够吸引住对方的全部感情。这样说似乎对受伤害的一方有欠公允，但是在感情的问题上，情况就是如此复杂，感情的归属不像财产的归属那样确定无疑，对感情伤害的规范与处罚因此也不能像对财产伤害一样。有些被婚外恋伤害过的女性甚至会持有对男方的婚外恋"可以理解，只要感情到了那一步"这样的观点，就是证明。

离婚

被访离婚女性的叙述包括离婚的原因、过程，离婚为当事人造成的心理压力，离婚对子女的影响，离婚后与异性的关系，等等。离婚过程中一个在中国具有特殊重要性的问题是住房问题，这在其他社会中很少见到。

一、离婚原因

有的离婚是男方地位变化造成的，陈世美的故事仍有现代版本。一位离婚女性给我讲了她和丈夫21年的婚姻和痛苦的离婚：结婚时，她是干部身份，他是工人，她一次次利用自己娘家的社会关系帮助他改变了社会地位，使他也进入了干部行列，进入文化单位，成为一名从事文化工作的人，可他竟然在她为他做了这一切之后提出了离婚。她说："是他去法院提的离婚。我在家收到了法院的通知书。没多久，第二份传票又到了。我当时的反应很怪，我跑厕所去大便。嘴唇白白的，人像傻了一样。这个男人真是良心丧尽。"她问我要不要看看她前夫长什么样，我同意。我以为她去拿照片，她却拿来一个墩布。她用墩布擦湿了房间中间的一片水泥地面,那上面刻着一个套着绞索的秃顶男人头像,看上去刀法娴熟——她是一位学过雕塑的画家。她用这种方法来抒发心中的愤懑。

一位再婚后又离婚的妇女说:"婚后一开始还不错,那时他有外债,他两个孩子都小,还要养两个老人。那时我们厂效益不错,工资奖金都多。我就帮他还了债,帮着养他的父母。后来他俩孩子都工作了,俩老人都死了,他马上就变了,觉得我们俩不是一个层次了(他是老师,我是工人)。先是寻衅打架,后是经济上分开,房钱都是他交一个月我交一个月。他还打我,他打我我也打他,他个子小,我身大力不亏,他没占过我什么便宜。在这点上他对我有意见。"

男方移情别恋也是离婚一大原因:"那年我看出他已经和那个女人陷得很深,抱定了离婚的决心,我无力挽回了。我只好调整自己,他却视我为软弱。我想,如果为了迎合他而改变我自己,我就什么都没有了,我不能再拖下去,总是空空地等待了。后来我主动谈到分手的问题。我不愿看到他那种痛苦的状态——那种想提又不敢提,想爱又不敢爱的样子。我一提,他马上就答应了,他就等我这句话呢。后来他看我很痛苦,又动摇了。他对我说,你既然这么痛苦,为什么不把我拉回来?我就苦笑:你自己都不能把自己拉回来,我拉有什么用?我们离婚那段时间,正是他在单位提拔的关键时刻,单位让我去说一说,我们的离婚是不是他的错。我为了成全他,还去证明是我愿意离的,不是因为第三者。我对他做到了仁至义尽。"

"那年他以感情不和为由提出离婚。他是上法院提出的,其实他不去法院我也能同意离。当年他想跟我好的时候,朋友们都觉得他配不上我。有一次他说，我顶多是个陈世美吧。我说，你不是，陈世美还当过驸马呢。我跟他说过，如果要分手，你一定跟我说，我可以和你分手。有一次睡到半夜，他忽然把我扒拉醒，说，我特别喜欢一个人。我听后，既不想问她是谁，也不想问他们好到什么程度了。我只说：你需要我做什么？因为他说过他不想提离婚，我说我可以提。他听了就哭了，说，你还不如打我一顿骂我一顿呢。我说，我这人不会撒泼打滚。有两次我偶然回家，不是有意抓他，两次都碰上同一个女的从我家出来。我觉得大吵大闹特别丢脸。他问我，你为什么不闹？我说，你们是不是已经成熟了？我想保护自己，也保护你，不愿把事闹大，让别人看笑话。他当时还挺感动的。可是后来又突然上法院去起诉。我认为，是属于你的东西就是你的，不属于你的拴也拴不住。"

男方的不体贴也会成为女性下决心要离婚的原因："那几年他外出学习，我特别累，他也不懂得有句好话，他不懂我付出的劳动，付出的爱。那一阵是我们之间感情最冷淡最危险的时候，也是我最需要有丈夫的安慰的时候，可他一点也不懂。"

有的婚姻是因为"女高男低"而产生危机的："他并不喜欢我这个人和我的行为方式，后来他就搬走了，搬到厂里去住。我让他来，他恨我，不来。后来我们就签了个协议，同意离婚。开始我一直不同意，觉得过得还可以，他就非要离。因为我学历比他高，他觉得和我在一起特别累，认为学历上的差别难以忍受。他骨子里特别自尊，又特别自卑。"

有人的离婚是相互不宽容、忌妒心过强所致，当然，感情不好往往还是更深层的原因，或许二者是互为因果的：因感情不好，故不宽容；因不宽容，故感情受损。一位离婚女性这样讲起和前夫第一次吵架的经过:"有一天下大雪,我回不了家,就跟单位几个男同志学跳舞。学到九点多才回家,我很兴奋,一进门就说:你知道我为什么晚回来,我跳舞来着!他冷冷地问我跟谁跳舞了。我很不高兴,就说,你们单位要是有舞会,我也不反对别人和你跳舞呀。他就大吵:我不占别人的便宜,别人也不能占我的便宜。从那以后我们关系就不好了。感情不好什么事都能吵起来。"

一位离婚女性这样讲到她的前夫:"有些男人是真爱老婆,可那种爱叫人受不了,他好像把你当成他的一个什么东西似的。有一次我带丈夫去个舞会见见世面,那时的舞会还很正经,连迪斯科都没有。在舞会上他从头到尾板着个脸。我不跳时他就低头看书,有人请我跳时他就盯着看。从那以后,我再不跟他上舞场,我自己也不跳舞了。"

最后,缺乏感情是造成婚姻破裂的最主要原因:"我的婚姻是两边父母决定的。我没有真正的快乐,我不爱我丈夫,但是他很喜欢我,他总是像抓举一样把我抓起来。"

一位离婚女性讲到自己的压抑感:"刚结婚时,和他父母住一起,感到很压抑。他父母是工人,他也是工人。我一直在第一个男朋友(干部子弟)和他之间犹豫,等于是父母逼我和这个工人结的婚。"

一位结婚才一年多就已打算离婚的女性说:"我后来心就凉了。他要是爱我,不可能在结婚三个月的时候就走(出差),即使是为了工作。他出去一个月没怎么写信,偶尔有一半个电话。最让我生气的是,他觉得这种做法很正常。"

有时关于感情的感觉是很细致微妙的,没有任何可用言语表达出来的明显原因,仅仅是一种感觉:"我离婚的决心很坚定。结婚以前我知道什么是高兴,什么是不高兴,知道天是蓝的,花是香的。可现在就连高兴时心里也是沉甸甸的,挺忧郁的。"

"我做的梦里都是他(丈夫)不理我,还梦见做爱,但感觉不愉快,后来就下决心要离婚了。"

"我在感情上需求特别多,家庭使我窒息。我这个人当不了家长,所以离婚时我放弃了孩子。"

"我原来那个丈夫已经被提拔上去了,新朋友还是一个普通职工,我妈就老说,原来那个丈夫有什么不好。我想,我找的是个丈夫,不是模范。"

我在调查中隐隐发现这样一种"规律":那些兄弟姐妹中有人离婚的人,其发生婚变的概率比兄弟姐妹家庭生活都"正常"的要大些。离婚好像是一种传染病,特别容易在一个家庭的成员中传播。这种"传染病"还不仅包括离婚,也包括独身等在一般人看来属于不"正常"的生活方式。例如,调查中一位离婚女性就说过:"我家三姐妹两个离婚,一个独身。"

二、离婚过程

一位离婚女性说:"我感觉周围的人离婚的很多,打到法庭去的却很少,多是协议离婚,我觉得这是社会变得文明起来的表现。"

有离婚女人讲到调解工作给她留下的坏印象:"街道的老太太就那样当着很多人问我:性生活怎么不好,是谁不能满足谁呢?我说,是他的要求比我多。她就说:那有什么不好呢?整个调解过程就像是一个拷问,一个折磨过程,要我把自己的隐私全部暴露出来。"

单位的调解过程有时在当事人看来也很滑稽:"我们单位一位负责调解的中年女同志对我说,你们俩都是党员,革命的道路上走到了一起,有什么解决不了的矛盾呢?我说,我的精神要求比较多。她说:精神是什么?我和她根本说不到一起去。"

一位女性讲了她离婚过程的艰难:"那次我又提出离婚的事,他拿出一把蒙古刀搁在我脖子上说:还离不离?离不离?我说不离了。后来他又自杀一次,不知是不是为了吓唬我,我也不知道这是不是就是爱。他说过,世界上哪有什么爱,不就是过日子吗?还说我是看小说看多了。我一提离婚他就争孩子,争不清楚就离不了。"

另一位主动提出离婚的女性说:"头一次我提出离婚,他哭了,我心就软了。他觉得挺委屈的,因为我们毕竟没有根本的利害冲突。他认为我应该围着锅台转、顾家,我有逆反心理。是他妈妈坚决要离,他妈对我不好。现在他想复婚,可我觉得没有爱了,伤得太深了,没法愈合了。就像毛衣织坏了,就不想拆了重织,而想买点新线了。我犹豫过,回去过一次,到学校去看孩子,没想到碰上他了,他骂了我一句特别粗的话,我就对他彻底绝望了。"

在男性主动的离婚中,女性往往会受到很大伤害:"他家在法院有认识人,所以上法庭后,法庭的人对我态度特别不好。财产名义上有我一半,可我根本不知道他有多少财产。他是个体户,连工商税务也搞不清他有多少财产,我怎么能拿到证据呢?我明知道他的财产不止这一点点,可只要我说他不止这些钱,他就说，我的买卖没赚钱，还赔钱呢。我只好就那么凑合着过。现在他们家又在打孩子的主意，想把孩子要回去，我真怕，怕最后结果是我什么也得不到。"

三、离婚的心理压力

"我提出离婚后，因为我们是军婚，他们调查我有没有第三者，我发现他跟踪我。我的压力很大。他们单位的人都不理我了，觉得我是个坏女人。我从小一直是个好女孩，现在却被人当成坏女人、破鞋。无论走到哪儿，都有人指指戳戳的。后来我就去睡办公室了。他调查第三者无结果之后说，这更让他伤心，因为在没有别人的情况下，我就不愿和他过了。"这位女性很感慨社会风气的变化——现在离婚女人所受的压力小多了。她说："现在巩俐和张艺谋分开，别人也不觉得他们是坏人了。"

"我们离婚纯属他家干扰。他爱我，我不爱他，只有感激，是对他感情的回报。就因为我们离婚，我母亲临死都没看到我孩子，他家不让看。他是个一条道走到黑的人，接受不了我们离婚这个现实。他特别爱我，离婚五年了，他一直想跟我复婚。我一想到复婚，我妈临死没见到孩子那种痛苦的表情就出现在我面前，我就痛恨他。我恨他用各种手段折磨我，给我散布谣言。我是一个清白的女子，受了那么多折磨，那些轻薄的女孩子反而过得特别快乐。我有过死的念头，后来又觉得不值得。我这个人表面和内心相反。一般都是心里流泪。表面上很不在乎，实际上很在乎。有一阵我都出现幻听了。月经期前后就想哭，感到特别凄凉。我这人又坚强又脆弱。我觉得杀人也不值得。我想在事业上奋斗出来让他们看看。后来我真考上大学的进修班。可连这都不管用，他们传我不是考上的，是跟人怎样。有次坐火车，他们一伙人坐在和我隔一个椅背的座位上，故意大声议论我。我听了气得要命，他们就特别高兴，说：看把她气的。我特别受不了的是，如果我真是那样淫荡的人倒也好，可我不是。"

"离婚后有一个月的时间，我精神恍恍惚惚的，有种灵魂出窍的感觉。原来我以为结婚就是两个人融为一体，相依为命，突然间那一半没有了，人好像都要站不稳了。有时我有一种感觉，好像人飘在天上，看着地上的自己在做着无意义的事情。"

一位女性为了情人和丈夫离了婚，可情人又移情别恋了。她说："那天和他了结了。我心里特别凄凉。当初离婚时，别人就劝过我，宁要不美满的婚姻，不要搞得更惨。"

另一位离婚女性讲到自己离婚后孤寂的心情："那段时间，我上公共汽车给带小孩的让个座，孩子谢我一声，我都快流泪了。人要是没人喜欢，在茫茫人海里也是很寂寞的。"

有的女性会因为离婚对自己丧失信心，一位容貌美丽、各方面条件也都很好的离婚女性说："以后我再不会有那种被人倾心相爱的机会了，以后建立的家庭（如果会有的话）一定会更可怕的。我特别自卑，觉得抬不起头，不是因为自己是个离婚的女人，而是因为自己选择的不好，说明我是有问题的。我们也算是自由恋爱，断断续续拖了几年，结婚时也没人拿刀逼我，这婚姻确实是我选择的。不知为什么，我结婚时整整哭了一整天，可能是对这个婚姻的失败有预感吧。现在我心理上被打垮了，别人夸我我都觉得是假话，不是真话。"

这位女性还说："有一次我看到单位有一个男的穿得乱七八

糟,邋里邋遢的,就问旁边一个女孩他是怎么回事。她说,能好吗,成天和老婆打架。我醒悟到,一个人家庭生活要是不正常,就会是这种破破烂烂的样子。我想到自己肯定受不了别人的同情。我的痛苦憋在心里很长时间,有时和妈妈说一点。我相信感情易变,血缘不变。我觉得愧对老母,她会说:看看,这是你自己选择的吧,是你自己要嫁给这个人的吧。"

一位在离婚过程中遭受惨重折磨的女性说:"现在所有的男人我都害怕。从这事以后我对男人很少有好感。我觉得男的总是想让女的付出。"

不少离婚女性因此不能想象再次陷入婚姻:"离婚后每月男方给200块钱,原来规定是工资的百分之几。我觉得当单身母亲很光荣,不能想象再去找朋友结婚,男人什么都让女人做,太累了。"

"离婚女人带个孩子,在婚姻市场上就掉了价。但是我决心不凑合。我也不能接受双方都有孩子的婚姻,经济上、精力上都达不到。再说,后妈难做,你觉得做得不错了,对方家里还是不可能满意。我决不会去自找麻烦。"

离婚会导致一些女性择偶标准的改变,一位离婚女性说:"我可不愿意结了婚再离婚了,我也怕再找一个不如他的人。他(前夫)挺帅的,高高大大的。男孩高大使人有安全感,好像一棵大树一样保护着你。以前我找对象的标准是一米七六以下的不要,他超过了一米八。现在我不考虑这个了,我主要看内在气质。"

也有一些女性在离婚后又得到了真正的幸福:"我看他不起的人都跟我离婚了,所以我那一段心情灰暗,觉得没有希望了。可是后来我认识了现在这个男朋友,他心特别细,对我感情特别好，特别爱我的孩子，老陪孩子玩。现在我们特别好。我特别感谢这次离婚。我整个人好像都变了，变成了另一个人。"

四、离婚与子女

父母离婚对孩子的影响各不相同，其中最惨烈的一个个案是一个本人后来也成为离婚者的女性："我和妈妈从小关系不好，她老爱用挑剔的眼光看我。我爸妈离了婚。在我爸家时，家里人都对我特别好，爸爸当我是掌上明珠，老捧着我。后来我妈把我要到她家，对我特别不好，就为了报复我爸爸，让我恨我爸爸。我的感觉就像从天上掉到了地下，这种落差一个八九岁的孩子怎么受得了。在我九岁生日那天，我竟然想到自杀。那天是我的生日，我情绪很激动，还记得我跑回家，站在门口，告诉我妈妈，今天是我生日，可是她和哥哥在那儿聊天，一副无动于衷的样子，还说，过生日怎么了。我当时就萌发了从阳台上跨出去的念头，我想摔死让她后悔。我还想到，我跳下去以后，楼下的人会喊叫的。可我刚刚跨上阳台的护栏就吓软了，吓得我呜呜地哭。以后我再也不敢上阳台去了。我的情绪到好大以后才理顺。"这位在离婚家庭里长大的女性，如今已同丈夫离了婚，她的孩子只能生活在单亲家庭里，她悲痛地说："我小时候所经历的一切，我孩子又经历了。"

一位打算离婚的女性讲到父母感情不和对她自己婚姻的影响："我父母关系不太好，老爱打架，现在年纪大了打架少些了，可他们40多岁时吵架，对我有很深的影响。我变得很自卑，找对象的时候都考虑这个问题，心里就想着一定要找个能跟我好好过日子的。"

因此,有的女人会因为孩子的缘故打消离婚的念头:"40多岁时我和他有几次闹得要离婚。他说:咱们这辈子是个误会。我说,那就离婚。他说,离婚孩子怎么办?这时候儿子已经不小了,能听懂我们吵架。他听到我们嚷出这种话,就倒在沙发上流眼泪。我一看儿子伤心成那个样子,就下了决心,无论怎么样我也得忍着。后来我神经都快崩溃了。我就拼命摔东西,他(丈夫)也不吭一声,像死人一样。他不会安慰人,在这一点上,他不像个好丈夫。他这个人最不会花言巧语。他既不会骗人,也不会哄人。"

有的离婚妇女为了子女的生活环境和安全,不打算再婚:"我近期不打算找男人。现在女儿14岁,为了孩子我不打算再结婚了。孩子跟单亲生活虽然不富足,但两人在一块儿成天打架对孩子更不好。也怕继父打孩子的主意。我想等孩子能自立了再考虑自己的婚事。"

有些离婚的女人能够同子女建立相互信赖的关系,还有些年龄比较大的子女出于对母亲的感情和理解劝她们离婚,一位离婚后又在考虑复婚的女性讲道:"孩子劝我不用复婚,不用走回头路。当初我因为想等他18岁了再离的时候他就劝过我,觉着委屈就离婚,让我别等他到18岁了。他爸对我们母子都没有感情。"

一位离婚母亲说:"我的事对孩子都讲了,孩子从小就能理解这些。她从小就跟我说:妈,你干吗不结婚啊?只要你觉得好,我就能接受。"

离婚后对孩子的思念为一些没有得到孩子抚养权的母亲造成

了极大的痛苦："执行厅那帮人和他串通好了，羞辱我，把孩子判给他。我一唱《世上只有妈妈好》《小白菜》就哭。他知道我特别爱孩子，哪儿疼就往哪儿捅。"

五、离婚后与异性的关系

离婚女性由于身份特殊，特别吸引单身男性，她们当中有些人处于一种在一般人眼中相当奇特的生活方式当中：自由自在，不断地更换男友，经常处于恋爱之中。一位离婚女性讲了她的一段恋情："我认识一个朋友，他比我小好多，他是个农村孩子，我对他讲的农村生活有好奇心，他讲的家庭、家族、民俗都很有趣。我们在工作上配合默契。有的时候工作结束得晚了，他就在我家住一晚。我一开始把他当小弟弟，但内心隐隐地有些欲望。因为不好说，我就给他写了封信。信中说，因为年龄差距我们不能做朋友，你只能做我的小弟弟。他看了信后说了一句话：也能做朋友吧。这样我们就有了性关系。我和他的感觉在我所有的性关系中是最好的。他很能体谅对方的感受，不把我全身调动起来，他不会进入。有时我能连续三四次达到性高潮。我跟他开玩笑：本来我以为可以教教你，没想到倒成了你的学生。"

有时离婚女人也会成为搞婚外恋的男人们容易染指的对象，一位离婚女性说："他每周来我这儿一次。他觉得我这儿挺舒服的。那时我正和丈夫分居，还没办离婚手续，感情还在丈夫身上，所以我的话题总不离我丈夫。有一次我们谈到性的问题，两个人都很冲动。他说：我们已经等得太久了。他的那个东西又长又大又硬，时间又长。可我不兴奋。我发现我不爱他。他说，我感觉出来了。我说,咱们就到这儿了。我原来以为我爱你,后来我发现我不爱你。有一次他在我上面很兴奋地说:你是我的。我说,我不是。他'啪'地打了我一耳光(不重),我觉得那也不是。我和他有快感,但不是全心全意的高潮。后来我们就断了。我很坚决,他说还要谈谈,我斩钉截铁地说,没什么可谈的。我觉得这事不好,不对。"

离婚女性的处境还使她们成为一些男子利用的对象,一位外语教师说:"那年我和一个比我小十岁左右的人好了一段,我们是在单身俱乐部认识的。他有点喜欢我,还想跟我学外语。一开始我挺爱他的,挺激动的。他的声音特别好听,像个男子汉似的。后来我发现他好像另有朋友,就觉得和他做爱没什么意思了。我发现这个小孩惯于利用女性,是个浅薄的小孩。他找我大概是因为我能教他学外语。"

离婚女性还常常会遇到前夫提出性要求的情况,因此有的女性有同前夫偶尔发生性关系的经历:"离婚以后,他有时还来找我。有两三次说到孩子动了感情,他要求做爱也就做了。"

另一位离婚女性提到:"我到前夫家去看女儿时,她父亲常常对我有性要求。我有时同意,有时不同意。"

六、离婚后的住房问题

一位通过法院离婚的女性讲了她的痛苦经历:她住的是丈夫的房,按法律规定,结婚满十年才可以有权得到男方的部分住房作为补偿,可她只有九年,就没有要房的权利。离婚后,男方允许她带着孩子暂住一年,一年期满时,就坚决要赶她走,她不走,遭到男方毒打。现在她不知到哪里去住。

"我们离婚判了三次才离成,第一第二次都是因为没房子没判离。第三次判离后,我搬了出来。感情挺受伤害的。"

"我们离婚之后,我没房子,只好仍住在一套两居室的房子里,他住一间,我住一间。房子搬不开真是太不人道了。他总是把那个比他小十几岁的情人带来同居,两个人老故意在厨房和浴室里大声叽叽嘎嘎地笑闹,故意刺激我,想把我撵走。他还去派出所报过假案,说我锁在房里自杀了。我开始还不明白这有什么用处,后来警察告诉我,他是为了趁我不在屋里时让警察破门而入,他好把判给我的东西拿走。为了把我轰走,他无所不用其极。他的朋友给他出主意让他打我,还说:只要不打到重度残废,就能把她轰走。有一天早上,他趁我没关好门,跟进来,要把我从凉台扔下去,我拼命挣扎,惊动了邻居,才制止了他。我回忆以前的事,这才醒悟到他以前也做过一次这样的事,那次是要把我推到汽车上。那次我们在街上走,他突然推了我一把,我慌忙抱住他胳臂,叫了一声,你这是干什么?一辆汽车擦了过去。那时我一点都没有怀疑他。后来开始打离婚时,我已经感到不安全了,所以我一上法院就同意了和他离婚。我和他分手是一种解脱。"

有的离婚女性因为房子问题难以解决,离婚后还得住在婆家:"去年六月办好离婚证以后,他流露出不想让我走的意思,虽然他没明确说出这句话。我其实也不想走,因为孩子还得住在我婆家。后来我就留下来了。离婚后我们还有性关系,可是次数比以前少,感觉也不一样了。人还是这个人,可一切都不一个味了。有一次他带孩子出去玩,打了电话回来,他说,我们回去,三个人。我就猜到他是要把他情人带回来。我也没犹豫，就说：可以。后来她果然来了，我过去打了个招呼，我说：来啦。她也没说话。过了两天他俩打了一架，可能是因为这个。他那天让我下班晚点回来，说，有人要找我打架来。她来那天，天很晚了，我穿着睡衣睡裤，还像是这家的主人一样。我猜她是为这个不高兴了。"

"我觉得国外离婚的人在房子、财产上都能有保障，可我就没有房子。如果回父母家，别人会说闲话。女人带个孩子，要想找个没孩子的，他就觉得高你一等，女的就得低声下气地过日子。国外离了婚之后马上就可以有自己的生活天地，中国就不行。我是嫁到他家去的，住的是他父母的房，离了婚他父母不能把房子给我。离婚后的问题主要是住房和抚养费，孩子还小，我得为这事操很多年的心。"

在离婚问题上，可以看到这样几个带有规律性的趋势：第一，离婚率在所有的发达国家及处于现代化进程中的国家都有增高的趋势。据美国统计，在过去的100年来，离婚增长率是人口增长率的13倍；有三分之一的初婚以离婚告终，有三分之一的再婚再次解体。20世纪40年代出生的美国妇女，第一次婚姻中有38%，第二次婚姻中有44%可能以离婚告终。（萨多克等，289；韦克斯，39）苏联共有7000万个家庭；每年记录在案的共有90多万对夫妻离婚，70万孩子失去父亲或母亲。四分之一的家庭中妻子比丈夫受教育程度高，这已成了经常引起相互不满、冲突，甚至成为离婚原因。（钟玫，1988）中国的离婚率亦呈上升趋势：1980年以来，离婚率从千分之0.7增加至1992年的千分之1.5；用同样的计算方法，1985年，下列各国的离婚率为：美国千分之4.96；苏联3.36；意大利3.20；瑞典2.37；西德2.10；法国1.95；日本1.30。(孟宪范，174)

第二，在现代社会中，由女方提出离婚的比例高于由男方提出离婚的比例是普遍现象。据中国各地方法院统计，离婚诉讼中原告为女性的一般在三分之二左右。有资料表明，中国20世纪20年代和30年代的离婚案情况也是如此。例如，据上海市1918年统计，女方主动者占60.8%；广州、天津1929年的离婚案中，女方主动者分别为89.4%和85.7%；北平市1930年女方主动者占71.9%。其他国家也有类似情况，例如19世纪初，法国、美国、澳大利亚、瑞士、意大利、罗马尼亚等国的女方原告也都在一半以上，有的高达90%；日本1945年以来，妇女起诉离婚占到70%—80%；苏联的女性原告也占70%左右。由此可见，离婚中女性主动者多于男性在20世纪是一个跨地区跨年代的普遍现象。研究者认为，妇女家庭角色自主意识的增强是造成这种现象的原因之一。(徐安琪等，1987)

第三，离婚后女性再婚的比例高于男性；农村妇女再婚的比例高于城市女性。例如，陕西省1982年千分之一人口抽样调查表明，城市女性再婚率为69%，农村却高达93%。普查资料表明，上海、广州、天津、长春、兰州、成都、乌鲁木齐、武汉、福州等市的郊县离婚人口的性别比分别比市区高二至六倍。农村离婚女性更容易再婚的主要原因在于农村的性别比高于城市，因此农村男子对农村妇女再婚需求远远高于城市男子对城市妇女的需求，尤其在边远贫困地区更是如此。

传统社会的家庭关系稳定和现代社会的家庭关系动荡不安是

一个跨文化普遍的规律。我想,这同居住环境(农村的紧密形式和城市的散漫形式)、家族亲属关系(联系紧密与松散)、人们的交往方式(以首属群体为主和以次属群体为主)以及观念的变化(从以离婚为羞耻到不以为耻)等因素有关。越来越多的人有离婚经历;越来越多的人看到别人离婚;越来越多的人能够理解和同情离婚;越来越多的人以离婚来解除过去难以解除的失败的婚姻;越来越多的当事人和旁观者把离婚当作好事看待。这是一个趋势,这是传统社会走向现代化过程中不可避免的现象。虽然离婚过程中有许多痛苦和伤害,我们能够做的只是设法减轻这些伤害,却不能扭转离婚率增高的总趋势。

同居

近年来社会生活规范的宽松,不仅使婚前性接触、婚外恋和离婚现象增加,而且使同居现象有所增加,这些同居有的具有事实婚的性质;有的像是"系列的一夫一妻制"——不断地更换伴侣,但每段时间只有一个伴侣;有的则更像是婚前的"试婚"。

一、同居原因

一位与男友同居十几年的女性说:"我们一直觉得这样就挺好,从没认真讨论过结婚好还是不结婚好。开始还有朋友问,现在也没人问了。我下意识里可能不愿受束缚,有爱在一起,无爱就分开。我觉得我们会白头偕老。但也要随缘,如果缘分尽了也没关系,这一段生活已经很好了。"

一位与现任男友已同居五六年的离婚女人这样说:"家里都承认我们。我觉得结婚没什么用。我们又不要孩子,结婚有什么用?到需要分手时,不管是明天走还是什么时候走,他都对得起我。两个人还有缘分就在一块儿过,没有缘分了俩人也就没有关系了。结婚证也不会给人带来安全感。那些没离过婚的人把这张证当作是买了保险一样,其实那只是一张纸,保不了什么险。"

"我33岁离婚,认识了现在这个老公,我们同居五年了,一直没领结婚证。我觉得不需要这张纸头。如果我们还有感情,没这张纸我们也会在一起;如果感情没有了,有这张纸也不管什么用。"

一位同居者也这样说:"只要两人好,就可以在一起。最重要的就是两个人在一起,那张纸(指结婚证)不重要;没有感情,有那张纸也无用。"

一位一直保持处女之身的单身女性说:"38岁那年,有人劝我和人同居。我当时人显得很憔悴。我听了朋友的话有茅塞顿开的感觉。后来我就不再完全拒绝和人同居的可能性了。"

有些离婚女性是因为对再婚产生恐惧心理才考虑同居的:"我目前不想结婚,只想找个异性伴侣同居。我离婚后对婚姻有恐惧心理,害怕生活陷入一种模式,买菜、做饭、睡觉、做家务。这样的生活给我感觉不好。一天的日子怎么过从早上一起床就知道了。我更喜欢现在这样的单身生活,早上起来不知道晚上会发生什么事,什么时候一高兴,抬腿就去逛商场。"

二、同居经历

"离完婚后,有一个比我小四岁的人对我很好,想娶我。他有一阵住在我这儿,同居过一段。他给我钱,还帮我干活。最后他父母认为关系不好处,没有同意我们好,他也没有再提起想结婚的意思。"

有一位离婚女性过着一种不断更换性伴侣的同居生活。她这样描述自己的生活:"离婚后我的生活平静多了。我一个人生活,有一种'周末感'。有一段时间我和一个摄影师好,他只是想周末在我这里轻松一下。本来我还算习惯,他每隔几天就来一次。有一次他没有来,我感到特别寂寞。"

"那年我认识了一个男的,和我感情很好。我们俩的关系从一开始就目的明确,他有他的需求,我有我的需求。时间长了,他就把自己的一切都交给我了,两人的生活互相掺和的部分就越来越多,最后就成全身心的了。我有顾虑,怕他被年轻的女人吸引走,我就努点力,想让他离不开我。我对他在性上的吸引力得强一点,我们没有婚姻关系,连接我们两人唯一的链条在这里。所以每次性关系我都很下功夫,在事前和事后都要仔细思考,非常注意锻炼体形,注意自己的仪表,饮食也特别注意。以前我对这方面不感兴趣时,根本没想过这些事。"

一位女性同一个比她年轻的男人相好多年,她说:"我和他好了八年。我们朝夕相处了八年。中间我们商量过结婚,他说家里不同意。可我每找一个朋友,他就给我搅了。这八年我成天围着他转,给他做饭吃。他一开始从不拿钱给我,后来大了才知道买些东西给我。有时我急了就向他要钱。我做梦都常常梦到他,他这人吃饭爱挑食,我还常常想到他吃得怎样,想他冷了热了。他如果好好设计一个结尾我会接受的。可他后来又搞上了一个小女孩。开始他瞒着我,我们俩感情太好了,互相之间也太熟悉了,所以他语音语调有一点变化,我就能感觉出来。他想还让我留在他的生活里,故意约我在他和那个女孩亲热的时候去,想让我承认既成事实。那次我去了,看见床上乱七八糟的,那女的身上衣衫不整,一看就是刚刚干过的。我怎么能容忍这个!后来他还来求过我，我坚决不理他，就这么跟他断了。"

调查中发现一个特殊的事例——同居关系中的"婚外恋"问题，这种类型的同居已经可以被当作事实婚了，因此会有"婚外恋"问题。一位与人同居多年的女性讲了她的一次"婚外恋"："他对我说，他也是离婚的，我默认了这种关系，就背着老公（她总爱管同居的男友叫老公）和他来往过四回，吃过一回饭。这段事只有两个月，只有拥抱接吻，没别的。后来他背着我和他老婆复婚了，我很生气，他怎么能骗我？我给他写信告诉他，我们的事是个错误。这封信的底稿被我老公看见了。我自己觉得这件事从开始到结束我处理得很好。我老公问了我这件事，我一开始还抵抗了一下，后来就承认了。他让我衡量一下，看怎样对孩子好，对我好。他对我越好，我就越觉得有愧。我没想到他对我这么好。他从没跟我许过诺，像给钱呀，一起过多少年呀什么的。那天他哭了，说，我对你这么好，你还对我不忠，我不跟你过了。我看了一眼孩子，说，你到底爱不爱我？他说我从第一眼看到你就爱上你了。现在越来越爱。我说，五年了你才说你是爱我的，是不是太晚了？他岁数比我小，我说，别人都说你小，不可能跟我过到头，所以你该允许我犹豫彷徨。你喜欢就是喜欢，爱就是爱，为什么不说呢？要是没有这事，过十年过一辈子我都不知道你爱我。我们俩后来都说是自己的错。我们的关系比这件事之前更好了。"

一位与人同居十几年但从未与第三者有染的女性说："一辈子只有一个男人会遗憾，但人不能什么都要啊。"

一位同男友感情非常好的同居者说："我有时会受到其他男孩的吸引，但任何关系的发展必须在不影响我们俩关系的前提之下。要达到自己能够同意、原谅自己的程度。"

一位同居女性讲到对男友嫖妓的看法:"有一次,我的男朋友无意中漏出他在一个周末做过这种事,我觉得很脏。我和这个男朋友已经好了一年多快两年了,有段时间我们每天在一起,有时彻夜不眠,从和他的关系中,我感到和谐和美。他对那次的事感到抱歉。"

三、对同居的态度

有人对同居持肯定态度:"许多女人在还不知道什么人适合自己时就结婚了,真的了解是在婚后,结果有人发现无法容忍对方,就只好再分开。我认为国外有人试婚的做法是人道的、严肃的,既符合道德,也符合人道。但是中国的舆论就是不宽容这个,结果造成很多家庭悲剧,还会影响后代。"

一位单身女性讲了她对未婚同居的否定看法:"我不赞成同居,我的想法比较传统。如果两人真好就应该结婚。如果只是同居的话,双方不负责任,互相利用,会引起财产问题。我不否认同居的人有感情真好的,真好就结婚算了。我听说有个大学30%的学生试婚,一个宿舍就睡两对,这就太过分了。试婚造成男的随随便便,伤害很多女孩,这就不行。"

某些特殊职业似乎对职工有特殊的要求,一位中学教师讲了这样一件事:"我们单位一个女同志因为没结婚就同居被开除了,说她不适合做教师。"

美国有大量调查表明,大学生同居的比例从10%到33%不等。这个比例相当高。许多同居者是在有了孩子之后考虑结婚的。调查表明，有三分之一的夫妻声称，结婚的主要原因之一是想要孩子。反过来看，如果不准备要孩子，婚姻的动力就小了许多。现代同居者增多，这也是一个因素。另据统计，同居者的离异率超过50％。(哈斯等，220、233)。

同居形式作为与婚姻关系形成对照的一种男女关系模式的存在，迫使人们思考婚姻这种形式的必要性和功能。如果两人生活在一起的原因仅是爱情，没有其他，婚姻的形式的确没有必要。那么婚姻形式有何功能呢？调查对象的叙述涉及的婚姻功能主要有以下几项：第一，在财产问题上，使婚姻双方的利益得到保护；第二，生育合法子嗣，使财产有合法继承人；第三，使孩子有一个稳定的家庭，有合法的父母保证孩子的抚养；第四，使男女关系具有较大的稳定性，使他们两人脱离择偶市场，脱离择偶期间的不稳定状态。由此回推，同居发生的基本条件包括：不涉及财产问题（双方无共同财产，各自掌握自己的收入）；没有子女需要抚养；随时处于择偶状态，双方关系没有约束力。

同性恋

提到女同性恋，不可不提及萨福（Sappho）。她曾于公元前6世纪生活在莱斯沃斯岛（Lesbos）的妇女群体中，由于萨福、莱斯沃斯岛和女同性恋的联系，"莱斯沃斯之风"（Lesbianism）和"萨福之风"（Sapphism）这两个词被用作女同性恋的同义语。根据金赛调查，在整个女性人口中，有3%的女性是纯粹的同性恋者，还有与这一比例近似的双性恋者。

调查中有几位女同性恋者（lesbian）和双性恋者（bisexual）。她们讲了自己对同性的感觉，与同性的性接触，对同性恋倾向和成因的自我感觉，与异性的关系等。调查中有些异性恋女性也讲到过她们经历过的类似同性恋的感觉，以及她们对同性恋的看法。

一、对同性的感觉

一位婚后才发现自己是同性恋的女性这样叙述了她第一次发现自己是同性恋的经过："有个单身女孩有一次在我家玩牌，玩得晚了就在我家住下了。我们睡一张床，我觉得不知怎么身体上就有了感觉。过去我和丈夫在一起，觉得自己的身体就像石头、像木头一样，完全没有感觉。可跟这个女孩就不一样。这个女孩并不漂亮，可我感到身心有点冲动，挨着她的皮肤，身体就有感觉。她让我搂着她睡，她可能只是当一般女朋友，可我的感觉就很强烈了。我觉得不好意思。有点想吻她，又不敢，不好意思。那天我一晚上就是睡不着。第二天我跟她说了这感觉，她觉得很奇怪。她说，你是不是阴阳人啊？我说不是。有一阵我就觉得挺想她的，可我知道这是不可能的。她想让我给她介绍对象，我不喜欢给她当媒人。后来我跟她说，我会不会是同性恋哪？她挺害怕的，就开始疏远我。我这人自尊心很强，我再喜欢的东西，只要你不愿意，我就离你远远的。"

一位女同性恋者讲到她近期的恋人："那次聊天，她吻了我，说：太棒了，太美了。她有次对我说：你要是男的多好呀，那样我就可以嫁给你了。"

同性恋之间的关系不仅是肉体的吸引，还有感情的吸引："她特别欣赏我。有时她甚至担心我不是喜欢她这个人，只是喜欢她的肉体。我认识的女孩里有比她漂亮的，但是我跟她有感情。我跟她认识的女孩说话时，她就挺酷挺酷的。"

"这种事先要有精神上的和谐，才能有其他。纯粹的性满足不能成为目的。人不能为它所支配。以后我可能总是不快乐不满足的，可我对这也没有办法。"

"我们学校教工有几百人，据我观察男同性恋有4%左右，女的素质型的少，像我这样的多——最初意识不到自己是同性恋，只表现为对性的冷漠和对生活的不满足。有个女同事，气质和一般女人不一样，性格有男性味道。一般女人给人家庭主妇的感觉特别强烈，男人啦，孩子啦，时装啦，化妆品啦，她就不太这样。后来我跟她聊天，想证实我的猜测。她和爱人是自由恋爱的，感情也很好，只是觉得性是多余的事。她只是接受，就像接受自然一样。她自己虽然不想，也没有渴求，但也不觉得男人的做法是错的。她说，从没有对生活的满足感，每天只是忙忙碌碌，生活中没有什么东西让人感到很满足很美妙。异性恋者在生活中有了欲望，追求到了就会有满足感。可是不自觉的同性恋者不知道自己为什么不满足，只觉得自己所做的一切似乎并不是自己的目的。我已经知道自己是怎么回事以后，才知道自己为什么不满足；不知道的时候，只能感觉到这种不满足，却不知道为什么不满足。可我也不想启发她，她生活得好好的，我不愿去破坏她内心的平静。"

有时，同性恋者互相介绍男朋友，并且讨论结婚（与异性）的问题。由此看来，女同性恋有点像婚前的女友关系，尤其对于双性恋者来说更是如此。例如，一位双性恋女性这样谈到给女友介绍男朋友的事："我给她介绍过男朋友，她似乎有点怕男孩看不起她。这是一种很细致的感觉，外表看不出来的，可是我能看得出来。如果她结婚，我不会受太大影响，可我要是结婚，她肯定大受影响。她对我没有约束力。有一次我们讨论结婚以后怎么办（我们常常讨论这件事，半开玩笑的），她问我：我要是有了先生你还能理我吗？我说可以，实在不行还可以把先生赶走（当然是半开玩笑的）。她找男朋友都让我来看，让我帮她出主意。"

"我们单位新来一个女同事，二十二三岁。她有男朋友，我对她很冷淡，没主动去理她。不知怎么她很喜欢近乎我。我有一套房子，可是不喜欢回家去住，总喜欢住在办公室，房子对我来说像座坟墓，我一回家就很感慨、感伤。她知道我有房子。我不知道她近乎我是为了我的房子，还是为了我的什么。她给我讲她的家事，给我看她小时候和一个女友的通信，她考上大学，那个朋友表示要跟她一起去，当她的书童，信写得像情书一样，完全是情人的口吻。她又讲过一些事，比如大学有一个女友和她特别好，经常摸她的脸，叫她小乖乖什么的。后来她说，我和你到你宿舍去住你愿不愿意？我说愿意。住在一起后，我就试探了一下，发现她不是同性恋，但是能接受一些亲昵行为。有时她甚至很主动，比如搂一搂啊什么的。我有感觉，但是她没有感觉。她在我脸上吻过，可她即使吻我，如果她是没有动情的，我也能感觉到。她对我的感情没能转移到好感、牵挂。后来她开始叫她的男友来过夜，我几次让她走她都不走。我如果是个仅仅想解决性问题的人，那她就能满足我，可我不愿意，因为那样会更痛苦。后来我收回了钥匙，不许她再去我家。我跟她好好谈过一次。她说，究竟是你要走出我的生活，还是我要走出你的生活？我说，咱们谁也没有走进谁的生活。她却觉得已经走进了我的生活。她说，你还要怎么样，我和男朋友正谈着恋爱，能对你这样就够仁至义尽的了。我说，我要的你也做不到。她说，你也没什么男人气。我说，是啊。她又说，你比我还女人气。我想，假如她是个同性恋者，就不会希望我有男人气，我的男人气再强也比不过真正的男性。其实她真正喜欢的还是男性。"

"有过一个高高大大的女孩曾经对我说过，我要是男的就娶你。"

"我知道自己对女性身体有生理反应之后，联想起小时候的一件事，我印象很清晰。那时我在农村，有一次在地里，我看到有几个男人在拼命拉一个女的，为了什么事我一点也不记得了，那个女的不愿跟他们走，就躺在地上。那些人使劲拉，就把她的上衣拉开了，乳房暴露出来了。我记得当时我像中了雷击一样，我好难受啊，觉得她太亏了，怎么让人把衣服揭开了呢？好像有一种微弱的冲动。我看到男性的身体，包括下身，就不会有这种感觉。"

一位同性恋者的性幻想："在我的想象中，我们一群人走在一条长长的甬道上。然后在一间屋子里有一张漂亮的大床。我躺在床上，一个漂亮女人拿一杯饮料递给我，用那种热切的眼光看着我……"

另一位女性谈到自己有过同性恋性想象："我的性想象中也有和女孩的。20多岁时就有和女孩搂抱的想象。想着想着，忽然间又觉得对方像妈妈似的，因为我妈从小就不管我，我一直缺少母爱。"

二、与同性的性关系

一位同性恋者讲了她的第一次同性性经历："我记得很清楚，那是X年X月X日。那是我第一次和女人做爱。一开始觉得有点别扭，后来就好了。那天晚上11点多，没电梯了，我们俩人一起爬了十几层楼。我以为她还要和我聊天，可她让我先去洗澡，我就去洗澡。她看我脱衣服，就过来帮我拿着衣服。我插上门开始洗澡。洗完澡回到屋里时，她把灯灭了，我想她是怕我不好意思。我穿上衬裤，戴上乳罩。那天可能也怪我，我对她提起我怀疑自己脊椎骨有问题。她就提出给我按摩。我俯身趴在一张行军床上。一开始没什么事，后来我就觉得有点不对了。我呼吸变得急促起来。她问我，你怎么了？声音很有渗透力。她说，没关系，你需要什么我可以满足你。她又说要按摩前边。我翻过身。这时，她的手指在我的两乳间划了一下，我的胸部就挺起来了。她把我的乳罩和短裤脱了下来。她先欣赏了我半天，然后吻了我一下。我一开始觉得有点不自然，但并不厌恶。她的抚摸让我无法抗拒。记得当时我两腿并得很紧，她让我放松放松。我慢慢放松了一些。接着，她用手摸我的乳房，吻我的乳头，后来她的手就进去了。她告诉我说，我来了八次（快感）。有一段很长的时间一直在顶峰上。她又让我弄她。我说，哟，我不会呀。我有一点厌恶感，后来我还是弄了她，她的体液特别多。她还说，看来女人比男人好。我估计她跟我这次不是她的第一次了。"

"我和女孩有过性关系。我和一个比我大十几岁的女人好过，是为了去追求美，既有感官的也有精神的。"

"她和丈夫关系不好。人长得很漂亮，比较放荡。她和一个日籍华人睡过觉，人家给她钱。那天我去她家，她让我留下来，她给我讲了她和那个日本人的事，我挺看不起她的。后来她又讲起她婚前的一个男友，是个司机，她说挺想他的。我说，要不要我摸摸你。我就摸了她，她一会儿就到高潮了。她也要摸我，因为我对她反感，就没有同意，结果就没做。我一开始说要摸她时，口气是半开玩笑的，她就问了一句：那样行吗？没有再说什么。她根本没觉得这事有多么严重，还对我说：我怕以后离不开你。我想我就是遇到200个女人，她们也都不会拒绝我的。"

"我抚摸女孩，她们都很乐意。我认识一个模特儿，是结了婚的。有一次，她让我住她家。那天晚上她丈夫到两点还没回来。风把窗户刮开了。我突然惊醒,看见她去关窗户,只穿了一件三点式的内衣,没戴乳罩。我当时并没有什么邪念。她说她正在减肥。我说,让我摸摸你有多胖。我不论怎么摸她,她都愿意,她长得很漂亮。我摸了她下面但是手没进去。"

"任何一个别的姑娘在某个方面吸引了我,我都能和她做那件事。"

三、对同性恋倾向的自我感觉

"我发现自己对女性身体有生理反应之后,刚开始有高兴的感觉,我想,噢,我原来是个比较喜欢女性的人。认识到了这一点,我有点高兴。以前跟男的生活在一起时,总觉得没意思,怪累的,感到自己是一个不喜欢男人的人;现在想到可以一个人过得很快乐,有一种很轻松的感觉。我从此才知道,自己还是能够感到人间有很美妙,很甜蜜,值得为它活下去的东西的。我从此才知道自己有一种感受能力,自己还具备追求自己想去追求的东西的能力。在以前的婚姻中,我对生活总有一种不满足感,可说不出所以然来。生孩子之前不快活,心里还抱个希望,以为有了孩子就会快活,最好是个女孩。可是有了孩子还是不快活,只觉得很累。"

"我从小和女孩玩不到一起。她们觉得好笑的事,我不觉得好笑;她们觉得好玩的,我也不觉得好玩。"

"我希望自己是个男人,而且想,如果我是个男人,我会让女人幸福的。"

"我特别崇拜女性,是自恋的一种延续。我觉得男人都特别肤浅，看不上他们，接吻的感觉也不好。从审美的角度，我喜欢女孩。我觉得自己很了不起，很深沉。"

一位女同性恋者这样讲到她的女伴："有一次她问我：我们这样的关系算不算同性恋。我觉得不是，只是因为没找到优秀的男人，作为填补。"

一位现已与丈夫离婚的女同性恋者说："在离婚的前一年，我连同性恋这个词都不知道，或者是见到过也没有留下什么印象。人对那些以为和自己无关的事是不会去注意的。"

四、对同性恋成因的自我认识

一位女同性恋者说："我觉得自己是天生的，从身体的反应感觉讲是天生的。我和男的在一起，不管感情多么融洽，心情多么好，下面都不会湿润；和女的在一起就会湿润。我觉得人的大脑是有性别的。女同性恋的大脑性别是男性的；而男同性恋的大脑性别是女性的，由于表现为女性就会受人歧视，所以他们故意装成男性，甚至比一般男性更过分些。那些自以为认同男性的男同性恋者的认同是理智的行为，不是本能的行为。"

而另一位女同性恋者却认为，自己的性倾向是后天的："从我自己的经历看，就觉得是后天的。从我自己的心灵经历看也是这样。我最早是倾向于异性的。第一次受到女性的吸引是我小时候认识一个女护士，她特别优雅，步态很美，我看了觉得是一种享受。"

一位同性恋者讲到她的第一次同性性关系时说："我觉得是自然形成的，事先没有这种欲望。那天是我们三个女人在一起聊天，记得我当时是希望她们两个都不要走。结果XX走了，我和她才有后来的事。"

一位从理性上否定同性恋倾向的同性恋者这样表达了她的矛盾心理："我认为同性恋不是遗传的，而是有社会原因的。我自己是否定它的。从人类发展的角度考虑，男女才是最和谐的。所以我从理性上是否定同性恋的。从身体的设置上看就是一阴一阳，像白天和黑夜。这是自然的，同性恋是不自然的。但是从人性完善的角度看，一个人不但对男女都应该爱，连动物连花都应该爱。当然，不应当限制在性爱上。"

五、对异性的感觉

一位已婚的女同性恋者说："我结婚以后，第一次看到丈夫的性器官，就有一种不喜欢的感觉。不会把它当成有意思的东西去接近。我不愿看它，也不愿碰它。"

"我们俩的性关系很早就有危机。有了小孩以后，我就不愿意做那事了。过去我一直迁就他，每天都睡不好觉，他会趁你睡着了干那事。我不知为什么有厌烦情绪，总觉得这事是多此一举，没事找事干。我为了推掉这事，夏天就说热死了，冬天就说冻死了。生孩子后，我就和他分开睡，我和孩子睡，把门一插。我原来以为是孩子把我累的，可是孩子大了我也没有缓解。跟他在一起生活，什么都好，他对我也特别好，只有这件事使人烦恼。有时他提要求，我就说，谁欠你的！他说，我们是夫妻呀！我说，夫妻怎么啦？他说，夫妻就要在一起睡觉呀。我说，那咱们就做兄妹。他说，别人家女人不这样。我就问他：别人家女人什么样你怎么知道？他也不敢说了。后来他说，和别的男人在一起，听他们说，家里女人都给他们炖鸡汤，怕男人没劲。可我倒好，反而要给你炖鸡汤，反过来了。他觉得我不心疼他，不满足他。我只有结婚的头半年没怎么拒绝过他，怀孕后就很少做那事了。我那时还不知道自己对同性有欲望，只知道自己不喜欢这事。后来我们开始办离婚。没办手续之前就一直分房。他同意离婚就是觉得性生活太困难了。我们俩其他方面都能互相理解，互相支持，我很通情达理，很好处，不是个难缠的人，他想再找我这样的人也不太好找。他对我的意见只有这一点，其他方面他对我还是很留恋的。"

"我和丈夫在一起的感觉就像兄妹的感觉，没有爱的感觉。我尊敬他，信任他，可是在性上对他没有感觉。对异性的性关系谈不上讨厌、喜欢，只是很平淡，很自然。我从来没有主动提出过要求，从来没有过欲望，没这种兴奋。他对我很不满。刚结婚时一周不止两次，但我从来没有过快感。我觉得，可能别人都是这样在过吧。有了小孩之后，我就经常拒绝他的要求。也没想过别的，只是觉得人好累啊，小孩好缠人啊。"

"离婚后我劝他再成家，我帮他找过两三个女的。他不找我觉得压抑，他的性问题解决不了我也很难过。他要是找到，我就解脱了。"

六、近似同性恋的感觉

有些女性虽然没有同性恋经历，却有过同性恋或近似同性恋的感觉。一位女性这样说："我喜欢欣赏女孩，对那些长得丰满的女孩就盯着看。女性的味很柔美，很温柔。我小时候有过自己是个男孩的意识；30岁时有中性的意识；后来才觉得自己是女性。记得上初一时，我和几个女同学有说有笑地走着，因为我那会儿头发短，有人就冲我们起哄喊：男生和女生走一起。从小家里就把我当男孩用。我家有四个孩子，我是老大，父母总让我干难干的事：让我一人去很远的地方给舅舅送东西呀，让我自己去医院看病呀，让我领着弟弟妹妹走很远的路去看电影啊，还要送弟妹上幼儿园。我从小到大，一直觉得男的没有什么可爱之处。"

一位前女知青说："青春期时，我喜欢过一个农村小女孩，是精神恋爱。我的整个青春期都是在纯少女的圈里度过的。"

"在大学时，我们班有个同学长得像山口百惠，她特别丰满。有次她躺在床上，拉着帘子。我一撩帘子，发现她没盖被子。我就看了她一眼，这一眼让我想了好长时间。我觉得女人也有两情相悦的时候，包括生理的和心理的。有一次我和我爱人逛西单，我很累，都走不动了，忽然看到一个女孩的背影特别性感，她穿一件露背装。她在买梳子，我居然就为了去看她一眼，也跑去那个柜台前假装买梳子。结果一看前面大失所望。我爱人直纳闷，我刚才累得都走不动了，怎么一下有了劲跑那么快。"

"那次我在动物园332路汽车站。我在买馅饼，有一个女人问我地铁月票在哪儿买。我告诉了她。排队时我用余光看到她正用特别关注的眼光看着我。她长得特别漂亮。"

"我有时怀疑自己是同性恋。有一次我和一个女友一起去照那种一次成像的照片，两个人忽然面对面，她做了一个接吻的口型，我赶快躲开了，看来我到关键时刻还是不行。"

一位女性受到过同性恋者的追求，她讲到自己对想象中的同性恋接触的感觉:"XX对我特好,她看我不结婚,想跟我做个伴儿。我原来很反感,现在我想我会接受,因为女人之间会互相理解。我试着想象过,要是跟一个女孩好会是什么感觉,我想想乳房还有点动心,像69式的口交不就是这样吗?在教堂里,有个女孩对我特别依赖,我就觉得很舒服。要从这里过渡到同性恋,只要对方没有罪恶感,也不难,当然要等水到渠成。我喜欢女性的一点是她们没有男性的攻击性。"

一位四十多岁的单身女性说:"我是到三四十岁才知道有同性恋这种事的。我觉得自己有一点这种倾向。我对小时候的保姆感情特别深,我到如今仍然喜欢她那种形象的女人,她是矮胖型的,不漂亮也不艳丽。但是也许这只是晚辈对长辈的那种爱,是因为我从小缺少母爱,她给了我母爱。"

七、异性恋眼中的同性恋

"我最早见到身边的同性恋是下放农场的时候。她们俩一个像女性,细细小小的,是个高中毕业生;另一个像男孩,长得粗粗大大的,是个初中毕业生。她们俩很要好,老在一起。有一次我们农场一个又高又大又丑的女同学告诉我:她们两个有交配。我说,你胡说什么?她说,就像一男一女那样的交配。夏天我们农场的人都挂一种小蚊帐,一人一顶都嫌小,她们两人一定要睡在一顶蚊帐里,用一条毛巾被裹得死死的不出来。一个洗澡,另一个必定坐在一边看,有时她们就用一桶水洗澡。我说,你们不嫌脏啊?她们笑笑不说话。有一次其中一位参加我们宣传队排节目,排得晚了些,那个就找来了,说,怎么还不死回家呵!口气就像夫妻一样。我倒觉得她们这样也没什么不好。性爱的对象不是那么容易找的,有人喜欢有什么不好?"

一位漂亮的女性说:"我认识一个女孩,她完全讨厌性生活(同男人的性生活)。她结交的女朋友都是特别漂亮的。她用巴结的方法和她们结交。对我也是这样。她无论去哪儿总要和我一起走,去哪里玩时也总要叫上我。她费尽心思和我调到一个班,宿舍也调到同一层,还挤走了我同屋的其他人。她周围总有一群不同职业的出色的女朋友聚在一起。我猜她可能有同性恋倾向。"

"在XX兵团时,有一个女孩对我有好感,总喜欢和我在一起。有一次她要求我把舌头让她舔一下,把我吓坏了。我一点也不喜欢这样。"

一位女性讲到了她的一位外国女友:"我从来没有过同性恋的感觉,也一点没想到过她是个同性恋,只是觉得她特别男性化。她回国去以后给我写了一封信,有点欲言又止的样子。从她的信上我第一次见到 lesbian 这个词,我不认识,去查了字典才认识了。我看了她的信都愣住了。她信上说,你信任我,我也信任你,而且你是搞人类学的,应当有理解力。我给她的回信很谨慎,说我不懂同性恋,但凭我对你多年的了解,我相信你会斟酌的。"

另一位在性方面很开放的异性恋女性谈到自己的一次同性性经历:"有个女友在我家里住过几天。在床上她抚摸了我,我没有什么好的感觉,也没有坏的感觉。她说是因为丈夫总要把她弄得出血,她才喜欢同性恋了。她一开始和我妹妹好过一段。我不想在人格上评价她。她的悟性很高。我不是同性恋,但我这人不能离开精神上的东西,离开了就活不下去。"

"我从没有过同性恋的感觉。有偶然的机会和别的女孩同睡过一个被窝,但没有性的感觉。"

调查时遇到一位女性与一女伴同住,所以提问她有无同性恋感觉或经验,她说:"我没有同性恋的经验,也不能理解这种倾向,但也不认为她们不道德。"

一位女性讲到过一个对她有好感的双性恋者:"她乳房不明显,也不来月经,见了女孩就很爱怜的样子。听人说她是'左右开弓',就是男女都搞的意思。"

有一位女性讲了她一位女性朋友的同性恋倾向和她对女同性恋的感觉:"我有一对女友就是同性恋。我中学上的是女校。高中有一个同学对我的感情就像是这一类的。当时我是学校乐队的指挥,她是乐队总管。她有一次对我说,她特别爱我。还告诉我说,我和XX是同性恋,我们接过吻。我们俩就跟恋人一样。她的那位女友从小有病,不能结婚,但她也不阻挡女友谈恋爱。听了她的坦白,我觉得别扭得不得了。她没对我说这些事时,我们关系很好,自从她说了这些话以后,我老躲着她,后来她就不找我了,她还是比较知趣的。"

一位女性讲了她妹妹的同性恋伴侣:"我小妹有一个女友,有一段时间她们同在某地,她们住在同一房间。她对我妹妹无微不至地关怀。那个人像个男的,买菜一类的事都是她包了。她是那种特别朴实的人;我妹妹显得弱不禁风,像个林黛玉。那段时间她俩相依为命。后来我妹妹调回北京,她每次探亲不回自己家,来北京看我妹妹。她几次放弃了回自己家的机会,还经常找由头来北京。她家让我妹妹给她做工作,我妹就劝她,让她结婚,见男朋友。她最后碰上了一个特别合适的,可她对他提出了一个条件：你和我结婚要容得下我和XX（我妹妹的名字）的感情。那人对这个条件感到奇怪，就给我妹妹写了封信。最后，他和她吹了，她现在还是独身。"

一位异性恋者说："我听说有一个女同性恋的俱乐部，她们互相抚摸。"

一位女性对同性恋的感觉很有代表性，她说："我自己没有这种感觉。我大伯子说，有个男人喜欢他，那人很女气。我反对这事，觉得还是异性好。当然如果两个同性感情很好，那也没有办法。我周围的人都挺正常的。"

拿我调查到的女同性恋与男同性恋相比，交友方式有些差别，她们不像后者那样愿意到公共场所去找伴侣，而较多在朋友、熟人中寻找伴侣；她们同伴侣相处的时间更长，感情的投入更多；她们在异性恋眼中较少攻击性，因而比男同性恋更容易得到异性恋人群的同情和容忍。许多异性恋者以为，两个女同性恋在一起什么也做不成，当然，这种推测就像以为两个男同性恋在一起只做肛交一样偏颇。事实上，女同性恋者之间既有感情的交往，也有性活动。女同性恋者的存在本身，就是对异性恋霸权和"男性生殖器霸权"的挑战，它有助于我们了解人类性倾向的多样性和身体快感的多源性。

据金赛调查，终生绝对女同性恋者在女性中占3%；与同性发生过性接触的到45岁时达到20%；因其他女性产生过性唤起的女性到45岁时累计为28%。（金赛，212）另外，在美国，有三分之一的女同性恋者和五分之一的男同性恋者是已婚的（与异性结婚）。（哈斯等，260）根据金赛调查，有双性恋史的女性占独

身女性的17%。对主动的双性恋生活感兴趣的人数固定在人口的5%左右。(拉里亚等,125、138)

对于同性恋有两种截然对立的观点,一种认为它是病态;另一种认为它不是病态。前一种观点以戈德佩尔(Warren Gadpaille)为代表,他指出:"喜欢同性恋显然是正常的性心理发展程序出现紊乱的结果。"后一种观点以马默(Judd Marmor)为代表,他认为:"同性恋行为和异性恋行为仅仅是人类性行为的区域不同,不能认为其中一个比另一个本质上更自然。"(转引自萨多克等,2—3)据调查,在美国有43%的人觉得同性恋没有什么不对;有47%的人仍然认为它在道德上是错误的;还有10%的人不表示态度。(坦娜希尔,454)

在西方国家,历史上存在过的对男同性恋者的严厉法律有些对女同性恋者不适用,后者并不像前者那样遭到起诉,世界上只有西班牙、瑞士、奥地利和美国的佐治亚州有特别针对女同性恋的立法,或在刑法中不排除对女同性恋行为的处罚。尽管男同性恋遭到残酷的对待,女同性恋却往往仅仅被视为可以被忽略的小问题,被认为是"侍女、寄宿生和女演员们的肮脏的小过错"。(萨多克等,98)

在20世纪的世界上,有三分之二的国家和社会默认了同性恋的活动,几乎找不到完全没有同性恋的社会。一位同性恋者说:"我发现自己作为同性恋者的身份与我可以有权拥有的其他身份同样都是基本的。做一个同性恋者与我的职业、我的阶级或我的种族相比是更根本的方面。"另一位说:"知道我自己是女同性恋者就改变了我看、我听和感知整个世界的方式。我开始懂得了我一生中以前一直没有注意的许多感觉与反应。"(转引自韦克

斯，281）

福柯有一个极为重要的观点，他揭示了古希腊人与现代人一种完全不同的看问题方法，现代人看重的是，一个人的性倾向是同性恋还是异性恋，也就是性对象的性别和性活动的性别性质；而古希腊的人看重的是性活动质量的高尚与低下。"他们认为，对值得渴慕的任何事物（不管是少男还是少女）的依恋都出于同一种欲望，只不过较为崇高的欲望倾向于较为美丽、体面的事物。"（福柯，359）弗洛伊德也表达过类似的思想，他曾说过："古代与现代情欲生活的差别里最惊人的是：古人看重本能本身，而我们太强调对象的重要性。古人视本能为万有之源，甚至不惜因而提升低级的性对象；我们则蔑视本能的活动本身，只有面对美好的对象时我们才能纵容其活动。"（弗洛伊德，51）

近年来，女同性恋女权主义日趋公开、活跃，女同性恋分离主义（lesbian separatism）也形成了一定的影响，她们提出"多元"（diversity）口号作为对"变态"（perversity）这一指责的回应。她们说："我们已经超越了要求隐私权的阶段，甚至超越了开办女同性恋酒吧、实业和项目的阶段，达到了要求开展广泛的公开讨论的阶段。"（Barrett 等，95）早在 20 世纪 50 年代，一小群女同性恋者在德尔马丁（Del Martin）和菲莉丝·莱昂（Phyllis Lyon）的领导下，建立了一个女同性恋组织，取名为"比利提斯的女儿"，这个名字来源于由萨福一首诗改写的色情诗。目前在美国约有 600 个同性恋者的组织，有大量的出版物。她们经常举行大规模的游行示威活动；活跃在各类传媒上；选举能代表同性恋利益的地方议员和行政长官；争取法律上对同性恋婚姻的认可。20 世纪 80 年代，在美军中，女兵将近 15 万人，有大量的女同性恋者无意中在那里得以聚集。她们当中有许多人在平民生活中是难以相遇的。无怪乎有人说，曾经不敢道出自己姓名的爱已经变得滔滔不绝了。（韦克斯，25）

在西方，有很多人将女权主义与女同性恋联系在一起，可是有的女同性恋者认为她们的文化被女权主义重新解释了。她们认为，"女同性恋是实践而女权主义是理论"的口号不失为一个好的动员令，但它却歪曲了女同性恋的历史。她们批评保守派，认为她们反对和压制了一切有关性、性别、种族和阶级的严肃讨论。她们认为，性别主义是一切压迫的根源，而女同性恋女权主义是对男性霸权的威胁，女同性恋者必须组织起自己的运动以反对男性霸权。女同性恋女权主义猛烈抨击男性对女性的暴力行为和攻击性性行为。她们还认为，母性是女性的优点，而不是女性的弱点。她们反对异性恋霸权，即那种以为只有异性恋才属正常范畴的偏见。

文化女权主义也可以被视作一种分离主义的女权主义。文化女权主义的基本观点是：女性的特质是人类行为的最佳价值和正面价值；它强调有独立存在的女性文化，它是建立在女性特征的基础之上的。文化女权主义的代表人物之一潘克赫斯特（Christabel Pankhurst）有一个简单明了但相当激烈的观点："女人的利益在于反对异性恋。"（Campbell，25）文化女权主义所主张的解放妇女的战略包括建立妇女文化，从而使男女两性隔离。分离主义女权主义招致不少批评，它被批评为仇男倾向和翻转过来的性别歧视。由于分离主义主张从男性定义的体制、关系和角色活动中完全分离出来，还被批评为带有很重的乌托邦色彩。

停经与更年期

有一种说法，认为月经初潮和停经是女性一生的两大关口。在第一个关口，女性从儿童期进入青春期；在第二个关口，她走向生命的晚期。因此，停经在女性的生命周期中具有重大的意义。

一位儿子自杀死去的离婚女性说："我50岁时，一下就过了更年期了。就从我儿子死去的那个月，我就不来例假了。如果不是我身体底子好，我肯定会疯。有几次我在公共汽车上不知道下车，自己走路老走丢。有一次我从西单走到大北窑才知道找车上车。有几次心跳特别厉害。我去医院，大夫说你这是更年期反应。"

"我觉得停经对性生活没有什么影响，我们还是采用体外射精的方法，防个万一。停经以后，我觉得精力比以前充沛，以前一月一次的月经挺伤身体的。"

"我停经前有三五年时间感觉不舒服，头痛，有时心脏也不好，闷气。我听说是因为雌激素少了，血管硬化加快。到50岁时月经就完全停了，戛然而止。"

"我43岁就绝经了。过去我们做那事时他老得体外射精，玩不痛快，现在可以尽兴了。我更年期反应不厉害。"

"我是47岁开始月经不正常的，有时几个月才来一次，到49、50岁时就完全停了。停了两年之后，查出宫颈萎缩。"

一位年过50的女性这样谈到停经对性生活的影响："现在分泌物少，觉得吃力。但从没抹过润滑剂一类的东西，倒是听说过有人抹过食油的。"

在中国社会中，不少人对更年期妇女有刻板印象（stereotype）：觉得她们神经不正常，不好招惹。一个更年期妇女的艺术典型是王小波小说《革命时期的爱情》里的女厂长老鲁。不仅男人对女人持有这种刻板印象，不少女人也这样看。调查中，一位女性讲到她妹妹与更年期妇女的遭遇："有一次我妹妹骑车不小心碰了一个女的，她一个劲儿道歉，可那女的不依不饶，说：兔崽子你等着，老娘等会儿收拾你！我妹妹到了机关门口，那女人果然已经等在那里，一头朝她撞过来，把她撞倒。我妹妹不敢恋战，赶快跑进机关院里。碰到更年期妇女真是不能招惹。"

许多人对女性的性欲尤其是老年妇女的性欲怀有偏见，并由此形成对更年期妇女的刻板印象。然而，根据金赛调查，女性的性欲一直延续到60岁以上。在自我刺激和达到性高潮的性梦中，在55岁或60岁之前，女性有此类行为的频率逐步增加到其顶峰，并且或长或短地保持一段时间。几乎没有证据表明，女性在晚年之前，其性能力会因年龄增长而减弱。相反，此时男性的性反应已极大减弱，对性交的兴趣大大降低。（金赛，145）

不同的文化对妇女的停经和更年期有不同的观念，这些观念可能与不同人种的体质差异有关，但更多是与文化遗产、风俗习惯有关。从体质上说，有的女人在更年期毫无异常反应，有的却闹到要住院治疗的程度。我们文化中对更年期妇女的刻板印象更有研究探讨的必要，可惜不是这项研究力所能及的。好在我知道已有不少中外学者在研究这个问题，我期待看到他们的研究结果。

色情材料

不像在一些西方国家或香港特别行政区，人们可以在大街上合法地买到或租到色情材料；在中国内地，色情材料是严格禁止出售和出租的。然而，在整个调查过程中，我一次又一次意外地发现，色情材料在中国人的生活中并不像外间人士以为的那么稀少。几乎我所有的调查对象都或多或少接触过这类材料，除了色情录像带之外，不少女性承认看过《查泰莱夫人的情人》《金瓶梅》等书。虽然她们当中许多人表示不喜欢这种东西，有的人就是为了见识一下那是什么样的东西而看一下，并不派什么其他用场；但在有些人那里，这类色情材料在性生活中具有固定的功能，如学习功能、帮助起性的功能等等，因而是在家中常备的。

当一位在行为和观念上都绝对谈不上"新潮"甚至相当"老派"的女性对我承认，她也看过一次"毛片"（色情录像带）时，我真是感到很意外，并由此想到，色情材料的普及程度恐怕远远超过警方甚至一般公众的印象。如果不是法不责众，而是严格执行不许观看此类影视录像的法律，把但凡看过这种片子的人都抓起来，成年人的七八成恐怕都要入狱。记得20世纪80年代初北京有一次扫黄就曾试图这样去做，结果所有的拘留所马上满员，不得不动用临时监所，最后此事虎头蛇尾，不了了之。这就是对人口中看过此类材料的人所占比例估计过低所致。幸亏现在有关的法律规定已成为只是写在纸上，并未严格执行的法律，否则国家将不得不拨天文数字的经费去扩建拘留所和监狱。

一、对色情材料持肯定态度

有一位知识女性说："色情品的存在是不可避免的，是两性生理特征决定的。"

一位女性把自己对性的观念从"肮脏""下流""淫秽"改变为"自然"归因于社会影响和色情材料，她说："这和社会影响有关，家家都能看到黄色录像带。（当然，事实上肯定不会家家都有。这只是她对自己熟识的家庭的印象。但由此可知，家庭拥有色情材料的普遍程度很可能大大高于一般人的想象。）我认为夫妻之间看看这类带子是可以的，而且是必须的。要指导夫妻的性生活必须有技巧。但我不愿看港台的，愿看西方拍的。没觉得有什么危险，要是家里有未成年人，不告诉他们，把带子藏起来就行了。"

一位女性提到色情录像带被她丈夫当作性交的准备活动："他（指丈夫）有时要先看录像带，再做那事。"

另一位的丈夫则试图用此类材料启发妻子的性欲："我不喜欢做那事，他有时就给我看那些照片和画，他一看这种东西就很激动。我那时一心想创立功勋，每天回家都很累，顾不上看，他就很伤心。"

"一般的毛片我不喜欢，看了觉得恶心；我喜欢看有故事情节的毛片。"

"白种人的毛片好看,有的亚洲人拍的毛片太丑了,太难看了。"

"我看过毛片,对这种东西没有兴趣;但我不反对有这些东西,有人愿意看也没什么可非议的,只是觉得去攻击这些东西很累。我去过匈牙利,看过这种录像,还有真人的表演。有一个地方,投上两福林,帘子拉开,有女人在里面做性感动作。我认为应可以多弄点黄带让人们看看,没必要禁。传统女性每天操劳,没条件培养自己的魅力,应该让她们享受生活。"

"我觉得用这种片子对青少年做性教育是有益的。"

"我是一个人看的,是在一位男友家里,他主动让我看的。我看了不觉得反感,只觉得挺刺激的。看欧美的觉得好,看日本的感觉不好,有肮脏的感觉,觉得他们变态,老爱演受虐什么的。我认为,这种东西成人看可以,文化修养高的,可以学习些方法,了解些社会现象,年轻人看了作用不好。"

一位后来与人同居的女性讲到色情材料对她性观念的影响:"我以前厌恶这种事,觉得没意思。我现在这个朋友很温柔,他给我借带子看,后来我才觉得好,才觉得这是女人的快乐。"

二、对色情材料持否定态度

"我看过一次毛片,看了挺恶心的。有人说觉得刺激,我没这种感觉。"

"我一开始不敢看,觉得恶心,但生理上觉得有刺激。"

"我在澳门有次看电视,看别的都听不懂话,就看了毛片。

我觉得特别难看，很丑，太恶心了。"

"我看过两次毛片。第一次看是在一个朋友家，他们都看过了，让我一人看，我看得都烦死了。好像是个法国的片子。我特别不能接受人兽交、几个人一起滥交这些情节。只有其中一个女人和两个男人的情节感觉还蛮好的，当时只是觉得这个女的一定特别舒服。总的来说我不喜欢看，没有像有的人那样看得热血沸腾过。"

"我喜欢感情炽烈，但是含蓄一些，不喜欢暴露的，看了反胃。我看过《花花公子》《阁楼》，看了不想吃饭，看了片子也都不喜欢。"

"看过毛片，感觉不太好。我喜欢文学的激发的感觉，不喜欢那么直接。"

"我觉得黄色录像带是亵渎。电影故事总得和情节连在一起，看了才能动情，要不就成了《动物世界》了。我不敢看，不愿看，觉得恶心。"

"我觉得黄色录像很恶心。其实我对于口交、肛交这些事倒也不觉得有什么不好。"

"我不爱看这种书，一看就困，没兴趣，不如实践。"

"我看过《曼娜日记》（一度在北京十分流行的手抄本地下色情小说），就两三张纸。那小说很恶毒，写的是曼娜十六七岁时怎样春情荡漾，浑身发热；怎样挑逗她的表哥；怎么样扒开自己的衣服让男孩子摸、舔；摸完有什么感觉。我看了很厌恶，觉得是流氓教唆。小说没有感情可言，但是有感觉，有动作，有指导性。"

一位女性有个上中学的儿子，她说："我要求他两条，一是别赌钱,二是别看黄色录像。我儿子的回答吓我一跳,他说,我早看过了,妈,您看不看,我给您弄几盘来看看。"

有不少女性反映,对色情材料主要是丈夫喜欢看,自己一点也不喜欢。一位女性说:"我看了一会儿就去睡了,可他特别爱看,看完还要录下来,我看了只觉得恶心。"

一位娘家在上海的女性讲到在色情片问题上北京人与上海人的区别。她说:"上海人很保守,很规矩;北京人不在乎,看毛片还呼朋引类地叫一大堆人去看。上海人即使看也绝对不会这样。上海人很讲小情调,很讲温情,讲隐私和心照不宣。"

调查中却也发现有的确没看过任何色情材料的人,其中一位说:"我想看看黄色录像,不知是什么样的,所以也没有看法。"

在西方,围绕着淫秽色情品与审查制度的争论有很长的历史。维多利亚时代的净化社会和愚民运动,是从女王明令禁止出版淫秽书籍开始的,一开始还只是没收或销毁色情书,后来殃及许多著名的经典著作,就连莎士比亚、弥尔顿、但丁的著作都受到审查,甚至连圣经中与性有关的章节也遭到删节。

在17世纪的英国,没有宗教主题的淫秽色情品是不被禁止的;当18世纪反淫秽法通过以后,没有宗教成分的色情品也要受到审查了。在1868年,由英国法官希克林(Benjamin Hicklin)等做出的一项裁决中,曾为淫秽色情品下过一个定义,即要看被指控为淫秽的东西是否有意去毒害和腐蚀那些心里准备接受这种不道德影响的人,或是否有意让这类出版物落入他们手中。美国也曾立法禁止淫秽色情品的进口。在20世纪20年代,美国海关曾禁止巴尔扎克和伏尔泰等人的作品进口。

后来美国最高法院对希克林定义提出质疑，并根据《尤利西斯》一书出版案，提出了一个淫秽色情品的新定义：用当代社会的标准衡量，如果这个材料作为一个整体来说，它的主题是唤起一般人对淫欲的兴趣，而且完全没有任何社会意义。换言之，美国最高法院判定是否淫秽的标准有三个：第一，制约整个作品的主题必须是淫秽的；第二，它必须是冒犯了社会共同的准则的；第三，它必须被判定为完全没有社会价值。(拉里亚等，157)

1959年，美国最高法院根据这一定义，驳回了纽约州禁演影片《查泰莱夫人的情人》的要求，批准放映这部影片，理由是：禁止"意识形态上或主题上的淫秽"是不符合宪法的。(转引自塞威特兹等，145—146) 随后，在1964年围绕法国影片《情人们》的上映，和1966年围绕《芬尼·希尔》一书的出版，最高法院又一再修正了关于淫秽色情的定义。由于这个定义实在难下，最高法院将解释权下放到州法院，有些州法院又将其下放到地方法院，允许其根据各自的标准下定义。由此可见，注重法制的国家与不重法制的国家相比，办起事来要复杂困难得多。

1970年，美国国会任命了一个全国专门委员会调查淫秽色情品问题，他们提出的报告令议员们大吃一惊。该报告发现，接触淫秽色情品无论对个人还是对社会大体上都没有什么明显的损害。淫秽色情出版物与性犯罪、性过失没有必然联系。一个雄辩的事实是：没有一个社会因淫秽色情品泛滥而导致犯罪率升高；也没有一个政府因淫秽色情品的泛滥而垮台。对此的解释可以追溯到金赛调查。金赛调查早已发现，性幻想在社会地位低下和少受教育的男性的性行为中，仅占很小的分量；由于多数性犯罪者没有受过很好的教育，所以缺少性幻想；而对淫秽色情品的强烈反应是与幻想联系在一起的；因此淫秽色情品不是他们性犯罪中的直接因素。鉴于85%的成年男子和70%的成年女子曾或多或少地接触过淫秽色情品，而且无论法律如何禁止，大多数美国成人还是会接触到这些出版物，不如减少控制，放宽政策。这个专门委员会的最终建议是：取消各种对成年人接触使用淫秽色情品的限制和禁令；废除所有适用于成年人的反淫秽色情的法律。(转引自拉里亚等，165—166)

在淫秽色情品问题上最广为人知的是"丹麦试验"。丹麦在1967年和1969年分两步放开了淫秽色情文学和视觉产品的市场。丹麦试验的两个主要结果是：第一，合法化以后，淫秽色情品的制售经过一个短暂的高潮之后急剧下降，大多数公民对淫秽色情品产生了厌恶感。一项对大量观看淫秽色情品的后果的研究表明：被试者的性行为并未发生变化，虽然最初他们对性想得多些，但不久他们的性幻想又降到了观看前的水平。试验表明，观看淫秽色情品产生了一种稳定地降低对淫秽色情品的兴趣的效果，不断接触此类材料的结果使人感到餍足和无聊。他们的欲望完全满足了，发腻了。第二，犯罪率下降。1967年的犯罪率比上年下降了25%；1968年又下降了10%；到1969年淫秽色情品彻底解禁后，犯罪率下降了31%。其中猥亵儿童罪下降了80%；露阴癖的犯罪率和报案率下降，观淫癖只剩下很小的比例；暴力侮辱妇女的犯罪（包括强奸和猥亵）也大幅度下降了。(加尼翁，321) 在淫秽色情品合法化后的10年中，任何种类的性犯罪均无增长。在英国、荷兰、西德和瑞典等国家，放宽控制淫秽色情品、同性恋和流产的法律努力获得了成功。从20世纪60年代到70年代，大多数西方国家都经历了从法律上的道德主义到更自由的法律制度的转变。据统计，西方的性犯罪率到60年代一直保持相对稳定，但到了60年代下降得相当快，而这正是许多西方国家对淫秽色情品放宽政策的年代。

目前，在淫秽色情品问题上有三种基本理论：第一种是模仿论，即人们会模仿在淫秽色情品中看到的行为；第二种是宣泄论，即观看淫秽色情品会使郁积的性欲得到宣泄，这一宣泄会降低性冲动，使一些男人的反社会行为减少；第三种理论是无关论，认为淫秽色情品并不会产生刺激或降低性行为的效果。

在淫秽色情出版物问题上，女权主义各理论流派之间也存在着激烈的辩论与极不相同的立场。围绕这一问题的论争在20世纪70年代末和80年代的妇女运动中占据了非常显著的地位。妇女运动对于这个问题的讨论不是从道德角度出发的，而是从性别主义和仇女主义角度来探讨这一问题的。

在英国，女权主义者在禁止淫秽色情品问题上分成了泾渭分明的两大阵营：激进女权主义者总的来说是反对淫秽色情品的，主张应当禁止淫秽色情品的生产和消费；社会主义女权主义则与之针锋相对，她们认为，审查制度的危险性超过了淫秽色情品的危险性。前者对后者的反驳是：审查制度并不是仅仅在淫秽色情品问题上存在，审查制度总是存在的，它无时无刻不在审查着各种出版物，审查和禁止淫秽色情品并不会对审查制度起到过多的推波助澜的作用。这两种立场出于不同的原则，强调不同的方面：反对禁止淫秽色情品的人们更强调言论自由的原则；而主张禁止淫秽色情品的人则认为，淫秽色情品的制售是对妇女暴力的合法化。因此又有人将女权主义在淫秽色情品上的两种立场概括为反淫秽色情（anti-pornography）立场和反审查制度（anti-censorship)立场。

也有人把女权主义者在淫秽色情品上的态度按国家区分：在英国和澳大利亚，主张采取禁止和反对淫秽色情品的观点占上风；而在美国，更多的女权主义者为言论自由辩护，警惕审查制度的危险。在美国，国会和法庭上展开了如何对待淫秽色情出版物的辩论，人们分为赞成和反对制裁淫秽出版物的两派，反对制裁淫秽出版物的一派要求对方解释其立场的政治、法律与哲学依据。

在20世纪70年代，对淫秽色情品持反对立场这一派的女权主义组织在制裁淫秽出版物方面十分活跃，曾动员消费者抵制淫秽出版物。她们的主要观点是，在色情淫秽品的制作与消费过程中，女性成为男性所消费的"商品"，她们是被统治、被利用、被羞辱的。反对淫秽色情品的女权主义者认为，淫秽（obscenity）只是一个道德概念，而淫秽品（pornography）却是一个政治实践，是一种同时涉及有权者与无权者的政治实践。但是，即使在这一派内部，关于淫秽色情品问题究竟有多么重要以及它对于妇女的受压迫是因还是果，还是有着不少的争论。有些人认为，淫秽色情品是男人针对女人的暴力行为的直接原因，但不少人认为这种观点说服力不够强；大多数人赞同这样的观点，即淫秽色情品的制售是影响男人对女人态度的间接原因。

持这一立场的女权主义者非常强调有暴力内容的淫秽品，因此，在pornography一词之外，她们又创造出gorenography一词，专指有暴力内容的淫秽品；还有人认为，不管淫秽品中是否有暴力内容，它本身就是针对妇女的一种暴力。另一方面，她们也提请公众警惕那些不包含淫秽内容的纯暴力内容。她们提出，美国的电影分级制度忽略了针对妇女的非性暴力内容。有不少暴力内容由于没有被定为淫秽而得以大行其道。

这一派女权主义者指出，淫秽色情出版物已成为数以十亿美元计的产业，而且得到了公众的尊重和职业威望。她们讨论了淫秽出版物对女性的影响，研究了大众传媒中的性暴力及其对针对妇女的暴力的间接影响。她们的研究设立了一个因果模式，认为文化因素与个人变量的交互作用会导致反社会行为。她们认为，在传媒中，广告商们总是要有意无意地把受虐妇女描绘为自愿受虐。有人用印刷广告和一项电视广告为例，做了一次电话访谈式调查。调查表明，广告商完全意识到了广告中对妇女施暴的含义，但认为这样做不过是出于幽默感；不少女性也认为，传媒中包含的侮辱妇女的性质不是什么严重的问题。她们认为这说明，妇女在社会教化过程中已经对视自身为受害者习以为常。

在1986年，反对生产和出售淫秽出版物的运动使两个极端不同的群体搞在了一起，他们就是激进女权主义和福音派教会。但是，这两群人攻击淫秽出版物的原因和策略却有着显著的不同。激进女权主义认为，淫秽出版物是男人系统压制女人的做法，它暗示女性在内心深处暗自从性虐待中得到享受。他们寻找证据以证明淫秽出版物与针对妇女的暴力之间有因果关系，他们支持反淫秽出版物的立法，理由是淫秽出版物侵犯妇女的公民权，但是他们争取立法的努力以失败告终。福音派教会比起女权主义者在影响立法机构方面更为成功。他们也从实证研究中寻找证据，证明淫秽出版物伤害了家庭。他们成功地促使立法机构对淫秽出版物实行审查制度，把《花花公子》一类杂志从公众能方便得到的书店和图书馆清除出去。

在英国，由肖特（Clare Short）和理查森（Jo Richardson）发起的反淫秽色情运动已经持续数年之久，运动的目标是促进立法程序，将以营利为目的出版女性低级下流形象的行为规定为违法行为，并处以罚款。妇女反暴力团体认为她们的立场还不够激进，主张将淫秽色情品的制售规定为刑事犯罪。在澳大利亚，妇女反暴力剥削组织也掀起了反对淫秽色情品的运动。

在禁止淫秽色情品一派中最为出名的人物是美国女权主义者麦金农（Catharine MacKinnon）和德沃金（Andrea Dworkin）。她们反对淫秽色情品的主要理由是，淫秽色情品的主调是男性统治女性。西方把淫秽色情品分为硬核（hard core）与软核（soft core）两类。在所谓硬核淫秽色情品中，女人被捆绑，被鞭打，被折磨，被羞辱，被杀害；而在所谓软核淫秽色情品当中，女人则是被攫取，被使用。德沃金指出："性别关系是一个简单的非历史的形式，即男人压迫女人。这种压迫的机制就是异性恋的性交。"（转引自 Campbell，25）她提出，淫秽出版物侵犯了妇女的公民权；她主张，应当允许单个妇女对因淫秽出版物而造成的损失起诉，成立这一新的罪名。她指出，古希腊的 pórnē 这一词语的原意是最下流的妓女；而淫秽出版物（pornography）中的女性形象就是把女人等同于妓女。她进一步指出，淫秽出版物是一种暴力形式，它唤醒了男性内心深处的死的本能，并将其指向女性。即使有些淫秽出版物本身并没有直接描写暴力，但它们的人物形象的背后的意识形态，仍然是男性世界观念的暴力表述。她称之为"男性真理"。

上述观点受到其他女权主义者的抨击，她们指责这位激进女权主义者并没有发现什么"男性真理"，而是臆造了一个激进女权主义的关于"男性真理"的神话；认为她的观点的效果不是增进男女两性之间的了解与沟通，而是将两性的距离拉大了。

麦金农和德沃金共同起草了一项《反淫秽色情品民权条例》，条例允许性暴力行为的受害者对淫秽品的作者——"对罪行负有间接责任者"——提起诉讼。这项条例草案一开始没有被批准。1984年，在美国的印第安纳波利斯，地方权力机构批准了该法案的另一个版本。这项法案规定，妇女在出现下列情况时可以提起诉讼：第一，在她们被胁迫制造淫秽色情品时；第二，当她们被胁迫观看淫秽色情品时；第三，当她们是某项侵犯的受害者，而这项侵犯是淫秽色情品所导致的直接后果时；第四，公开制售淫秽色情品是对妇女公民权的侵犯。

这项法案一出台，马上引起激烈的辩论，法案的主要反对者是"女权主义反审查制度行动力量"（Feminist Anti-Censorship Taskforce，简称 FACT），其代表人物有戈登（Linda Gordon）、米利特（Kate Millett）、里奇（Adrienne Rich）和鲁宾。鲁宾指出，在这个问题上有两种倾向，一种是坚决批判对女性性行为的各种限制和压抑；另外一种是赞成保守的反性的观点。她本人当然是前一种倾向的支持者。(Bacchi, 211) 她们担心的是，持保守反性观点的人会不知不觉落入道德派的陷阱，限制了女性对自身的性欲与快乐的追求；反对法案的理由还有担心它被保守派右翼用来审查女权主义观点及出版物，为传统的家庭价值辩护。罗素早年也表达过对女权主义者陷入道德派陷阱的担忧，他说过："最初，男女平等所要求的，不仅涉及到政治问题，而且也与性道德有关……那些争取妇女权利的先锋分子是一批极为严厉的道德家，他们希望用以前束缚女人的那些道德锁链来束缚男人。"（转

引自牧原，64)

对于这种担心，德沃金做出的反应是：如果说反淫秽色情品的法律是带有审查制度色彩的法律，那么为什么反种族歧视的法律就不算是带审查制度色彩的法律呢？巨大的争议使得反对淫秽色情品运动进展缓慢。麦金农和德沃金被攻击为性别本质主义者，把性别的概念当成了跨文化和超历史的普遍适用的概念，为不同阶级、种族、民族和不同性倾向的妇女的不同经验强加了一种错误的统一性。

在这里，女权主义者遇到了一个两难命题：作为一个自由主义者，不应当禁止淫秽色情品的生产；作为一个女权主义者，又应当禁止淫秽色情品的生产。有人提出，女权主义不应当"自我审查"，同时也不应当允许别人来审查自己。既要反对"麦卡锡策略"，也要批判维多利亚时代女性的非性化（asexual）价值观。女权主义者瓦兰斯（Elizabeth Vallance）就曾说过这样一段深思熟虑的话："我越来越倾向于这样一种观点，那就是，如果你是一个自由主义者，你将很难从理智上认为禁止淫秽色情品是有正当理由的。"（转引自 Bacchi，203)

持有反对禁止淫秽色情品观点的女权主义者认为，美国淫秽出版物审查委员会的报告夸大了淫秽出版物的有害后果，过分强调了淫秽出版物对于针对妇女的暴力的潜在影响力。她们提出的主要争论点是，应不应当对有暴力内容的淫秽色情品和无暴力内容的淫秽色情品加以区别；将淫秽与色情加以区别。有一种较为精细的观点，将淫秽出版物与色情出版物加以区分。调查表明，前者得到负面评价；但后者得到正面评价；有暴力内容的淫秽出版物得到最负面的评价。(Senn 等，1990)

反对禁止淫秽色情品的女权主义者指出，有调查表明，接触暴力淫秽出版物和影视作品基本上不会导致针对女性的攻击性或反女性的性想象和态度。在接触淫秽出版物与对女性的态度之间没有任何关系。除青少年之外，被认为易受淫秽色情品影响的是潜在的性犯罪者，淫秽色情品会导致这些人犯罪。但一项对在押性罪错者同其他犯人及普通人的对比研究表明，接触淫秽色情品对这三组人的影响并无差别；犯罪与否的差别倒是更多地取决于年龄、教育和社会经济阶层的区别。有人指出，淫秽出版物问题的最初提出是出于道德动机。虽然现在更多的人是从女权的角度提出问题的，但它仍是一个道德问题，只不过在现在的提法中，科学和科学家扮演了重要的角色。他们创造出一个神话，即淫秽出版物与暴力的因果关系的神话。(Altimore, 1991)

在这场关于色情材料的论争中，特别引人注目的是自由主义女权主义的反审查制度的立场。它强调指出，禁止色情材料的出版会伤害到出版自由和言论自由这一基本原则，为专制主义的审查制度张目；而对基本人权的损害也是对妇女权益的损害；审查别人也会同时审查了自己。一个明显的后果是，如果要求一般地禁止色情出版物，也就要禁止女同性恋类的色情出版物，这就伤害了这部分妇女的利益。因此，有人提议，应当做的事情不是一般地禁止色情出版物，而是改变过去色情材料以男性为主要消费对象的局面，多出版为女性服务的色情材料，以便既改变了妇女在这个领域被剥削、被消费的局面，又维护了出版自由的基本原则。她们提出，我们妇女所需要的不是去禁止男性中心的淫秽色情品，而是应当去生产女性中心的淫秽色情品；不是去禁止男性"消费"女性，而是由女性去"消费"男性，或女性自己"消费"

自己。她们进一步提出，应当创造一套新的淫秽色情话语，用以创造出女性的淫秽色情品（female pornography/erotica），用女人的话语而不是用男人的话语来表达女性的性，改变传统淫秽色情品中所反映出来的权力关系——男人以女人为商品的消费。她们在淫秽色情品问题上提出的口号是："由女人来生产，为女人而生产。（by women, for women.）"（Richardson 等，96）

这一观点的提出有如下实证依据：有人研究了男女两性对淫秽色情材料的敏感性的异同，结果是出人意料的：女性对淫秽色情材料的反应比男性强烈。过去人们有一种定型观念，认为男性对淫秽色情材料远比女性敏感，其主要依据是，在金赛样本中，女性报告对淫秽色情材料有所反应的比例大大低于男性。例如，约有半数男性报告有时会被淫秽色情故事唤起性兴奋；而听过这类故事的妇女中仅有 14% 曾被唤起性兴奋。但是，最新调查发现了完全不同的结果。在 1970 年，一项以男女各 128 名大学生为对象的对淫秽色情幻灯片和电影反应的研究结果表明，男女两性对淫秽色情材料的反应没有差异或差异很小。40% 的女性报告比普通男性还要强烈的唤起反应；所有女性和差不多所有男性都有生殖器反应；是女性而不是男性报告在看这类淫秽色情材料后 24 小时内表现亲昵和性交行为者增加。因此，说妇女对这类淫秽色情材料没有感应是没有根据的。

著名的 1975 年海曼实验采用了测量器具来记录男女两性对淫秽色情材料的身体反应。这项研究所获得的重要结果是：第一，明显的性行为描述类淫秽色情品刺激作用最大；在生理测量上和自我评定上，无论男女都对淫秽色情内容表现出最强烈的反应；女性对其刺激性的反应比男性还要强烈；而对于纯粹的浪漫故事，无论男女都没有引起性反应。第二，男女两性都感到，女性主动和女性中心的情节最具有性的唤起力。第三，女性有时会意识不到自己生理上的性唤起。(海德，337—339)

在淫秽色情品问题上，俄罗斯的情况有点特殊：自从苏联解体以后，淫秽色情业十分兴旺。性自由与政治自由的气氛掺杂在一起，使那里关于淫秽色情品的论争带上了西方所不具备的政治色彩。

在苏联，从1985年开始，传媒上展开了一场关于淫秽色情品的公开辩论。1988年，发生了一件最为有名的色情事件：在苏联中央电视台电视节目《午夜前后》中，播出了一场莫斯科伏洛夫斯基街的淫秽色情表演，其中有一位只在身上抹了一些奶油的裸女。这一事件将辩论推向高潮。此外，近年来，苏联的报刊上出现大量女性"上空"照、半裸照；淫秽色情杂志以合资形式出现；全国各地涌现出许多公开销售淫秽色情照片的公司；1990年7月，索契还举办了第一届苏联"色情节"(Festival of Erotica)。人们对此感到疑惑：这些现象似乎是从性压抑下解放出来，但又同女性形象的商品化联系在一起。

苏联的这场公开讨论主要围绕着两个问题展开：一是此类活动可以被允许的界限；二是关于性道德和性行为的讨论。迄今为止，多数的苏联淫秽色情品展示的都是裸女，显而易见，它们是为男性观众服务的；目前性行为本身和非异性恋的性表现还比较少见。人们的意见大多集中于两个方面：从正面效果看，它是禁忌的放松，在国内营造了一种宽松的氛围；从反面效果看，这类现象是对女性的商品化利用和商业剥削。

1985年开始的这场围绕淫秽色情问题的辩论有一个显著的

特点，那就是它带有相当明显的政治色彩。苏联刑法典第228条是禁止淫秽品的，淫秽的度量尺度从最广义的到最狭义的幅度很大，而这一定义往往是根据政治标准而不是根据法律标准来确定的。在基辅，有一个地下组织，取名为"进步政治色情团体"。他们认为淫秽色情品具有反对保守派的意义；淫秽色情品的女主人公不仅是色情的象征，而且是政治革命之象征。(Rai 等，130—144)

性侵犯

被调查到的女性中不少有过受到性侵犯和性骚扰的经历,其中包括强奸,诱奸,露阴癖、窥阴癖的骚扰,以及男性的猥亵与纠缠。

一、奸污

一位女性很痛苦地回顾了她被人诱奸的经历:"他是我爸单位一个搞政工的复员兵,当时30岁左右。那是'文化革命'里,我爸正在挨整,我弟弟找工作要革委会开证明。我出身不好,他出身好,他强迫我和他做那件事,我如果不答应怕他再反咬我一口。当时从大环境上看我是劣势,小环境是在他的办公室里,周围没有人,他体力又强,又成熟,恨不得使点劲就能把我整个人提起来,从各方面看他都占绝对优势。那年我22岁,我也到性成熟的时候了,结果他一碰我乳房,我就软了。他先用手插进我身体,说:哟,你不是处女。我当时明明是第一次,所以觉得特委屈,我就哭了。第二天我发现我有血(又不是来例假),我特别恨他。他不但把我弄到了手,还侮辱了我。就这一次,以后我再也不理他了。后来为了考大学要开证明,他又第二次得手。他后来对我爸妈特好,爸妈一直拿他当恩人,不知道是这么回事。他是我哥哥的朋友。我不爱他,可我哥劝我说,如果我跟他好,他能帮我弟弟安排工作。当时我们家特别困难,没什么可给他,就叫我去,让我求他给两个弟弟安排工作。"

一位在幼女时代曾遭到过性侵犯的女性说:"我对异性一直没有好感,觉得男的都没好人,这种感觉一直改变不了。"后来,她为自己的无辜遭遇深受其苦,她一生都生活在这个不幸事件的阴影之中,受到这件事的影响。由于她的日记被人偷看,她的事在工作单位被传得满城风雨,弄得她抬不起头。她为这件事受到双重的伤害:性罪犯对她肉体的伤害,加上无知愚昧残忍的社会道德观念(认为性侵犯的受害者是不洁的,甚至认为她是有责任、应当受到责备的)对她精神的伤害。她说:"婚前我没跟丈夫说这件事。结婚以后,他也没发现什么,因为小时那件事并没真正做成,处女膜没破。他是后来从别人那儿听说的,说我婚前生过孩子,他就追问我。那时候他已经有了外遇,那女孩追他追得很急;加上我心里觉得对不起他,就和他离婚了。是我提出来的。他一开始还不同意,后来我们订了一个协议,他说他不会要那个女孩,离婚后把她的事处理完了,我们再复婚。离婚后那个女的真的没和他结婚,可后来他去外地做生意就没有回来。"

一位曾被人诱奸过的女性感到这个经历影响了她后来的择偶标准和婚姻:"我那时有一种偏见,以为自己不是处女了,就没资格找个情投意合的年轻人了,只能找年纪大的、离过婚的。"

二、露阴癖和窥阴癖

根据记录,露阴癖在美国是最为常见的性攻击行为,占了全部性暴力案件的三分之一。(拉里亚等,110) 此次调查的不少女性都受到过露阴癖和窥阴癖的性侵犯。一位女性说:"那次我在外地一个小城,离火车开还有一段时间,我没事做就坐在广场边的台阶上。那里有个路灯,过来一个小伙子,西装革履的,骑个自行车。到了我面前,他就拿出了那个东西。他紧盯着我,很紧张的样子。我看着他的眼睛,毫无表情地转过脸去,他就把那东西塞进去,骑车转了几圈,走了。"

一位在酒店工作的女性承认遇到过露阴癖:"有一天我下晚班,是夜里 11 点钟。我们员工走后门。他就在那个胡同里,我走到离他还有几米的地方,他亮出来那东西。和我一起工作的另外几个女孩也见过这种事。"

"我见过一个露阴癖。在上大学时,我们一群女生去海边游泳,碰到一个男的,突然把那东西拿出来。我女儿小学时也碰到过这样的人,哭着回来跟我说。"

"我在街上碰上过露阴癖。"

"我小学五年级的时候在一个胡同里见到过一个露阴癖男人。那天我们几个女同学一起走,看到离我们四五十米有个男的露阴,把我们吓跑了。还有一次,是个中午,有个男人对我说:大姐,问个路。下边就露着。"

"1975 年我在大学时有次上厕所,看见门洞上有个影子,气得我要命。那人见我发觉了就跑,我气得发抖,我说,你站住!他站住了。我说,你看什么?他说,我看看。我说,你看什么看！我特别气愤。"

"有一次我去同事家，她家住平房，我们夜里去公共厕所回来，碰上一个人。他骑着车从我们后头过来，突然说了一句话：你们俩屁股真白。当时我们气得要死，恨不得打他一顿。听说别人碰上这种人的事也很多。"

三、性骚扰

有单身女性抱怨她们常常会遇到性骚扰："这几年我经常受到性骚扰，有人对单身女人就持这种观点，以为我们都很随便。碰到这种人，我就跟他们说，我是老派的人，只喜欢精神来往，把他们打发走。"

"因为我是个离婚的单身女人，经常受到骚扰。有的男人打来电话说，我喜欢你，我就是喜欢你。我不知道这算不算性骚扰。"

"有一次我在街上走，有个男的过来对我说：大姐，有个事问问你呀。我以为他要问路什么的，就说：什么事？他说，我的小鸡鸡这么硬怎么办呀？我没敢说话，赶紧走了。"

"有一次我骑车在街上走，有个骑车的男人一路跟着我，还说：我能满足你。我不理他，接着骑，他拿自行车把我逼到马路边，我过不去只好下来。我说，我孩子都十几岁了。可他还是不依不饶地说什么，你不跟我，我今晚怎么过呀。我对他说，你可以拿一盆凉水当头浇下去。"

"在公共汽车上常遇到流氓，从后面顶人，我就躲开。只有'文革'中有一次我当场骂了他，这是唯一一次我在公共场所骂这种人。"

谈到外企女职工遭受的性骚扰,一位外企女雇员说:"欧美公司性骚扰比较厉害,中国和亚洲公司好些。有一次我去找工作,一个韩国老板提出给我 500 美元月薪。我觉得他看我的眼神就不对,我能感觉出来,那种怪怪的样子,我马上觉得危险。又考虑到他提出的工资也高不到哪儿去,做秘书档次也太低,我就没去。正经的老板你一眼能看出来。"

在有关性骚扰的立法问题上,女权主义者、法律教授麦金农的工作最为突出,她致力于造就女权主义的法律理论,推动法律的改革。她的一项显著的成就是使性骚扰成立为犯罪。她是提出"性骚扰"这一概念的第一人。这一概念的提出,彻底改变了美国法律对待妇女的态度。由于性骚扰在侵犯和强迫的程度上似乎还够不上犯罪,所以在法律上、学术上都较难下定义。麦金农为之所下的定义为:"性骚扰最概括的定义是指处于权力不等关系下强加的讨厌的性要求。……其中包括言语的性暗示或戏弄、不断送秋波或做媚眼、强行接吻、用使雇员失去工作的威胁做后盾,提出下流的要求并强迫发生性关系。"(转引自海德,413)

麦金农在 20 世纪 70 年代参加了一个律师组织,有人向她谈到了一位名叫卡米塔·伍德(Carmita Wood)的女职员的情况。这位女职员为了逃避上司的骚扰不得不辞去工作。由于她是因"个人原因"辞职的,所以无权享受失业救济。麦金农对此事感到很气愤,就写了一份诉状,其主要论点是:性骚扰是一种建立在性别基础上的歧视。美国法律只有在两个性别相同的人受到不同对待时才承认歧视。麦金农认为,如果一种规定造成社会不平等,如果受害者正是由于性别而受到伤害,这种规定就是歧视性的。总之,性骚扰是一种性歧视。她抓住了号称平等的美国法律的缺点。1977年,在审理一起女性受害者为保住工作而不得不屈服于上司的愿望的案件时,哥伦比亚上诉法庭听取了麦金农的辩护,她指出,性骚扰直接源于受害者的低下地位。1986年,最高法院对此认可,麦金农的斗争胜利了。

据美国一个妇女组织在1978年至1979年对198名联邦女雇员的调查,有40%的人曾在工作岗位上受到过性骚扰;有25%的人因抗拒此类骚扰而被停止晋升;11%的人被调离;5%的人被解雇。另据《红书》杂志对9000余名妇女的调查,约有88%的人曾经受过不同程度的性骚扰。据美国劳动妇女协会的一项调查,在155名愿意提供答复的妇女中,有70%的人因不甘忍受性骚扰而被迫失业。(晓黎,1981)

1991年11月,阿尼塔·希尔(Anita Hill)公开指控她的前上司、最高法院院长候选人克拉伦斯·托马斯(Clarence Thomas)法官对她有性骚扰行为,至此,麦金农的性骚扰概念获得了前所未有的发展。由电视台实况转播的参议院听证会,使性骚扰变成了一项家喻户晓的罪行。此时,麦金农又为性骚扰提供了更加精辟的概念:工作的"不友善环境"也可能成为性骚扰的因素。在一个死抠法律条文的社会中,大企业马上想到,它们必须尽快制定有关公约,并张贴在工作场所。

在随后的几年,许多国家起而效仿,例如法国。在法国,1992年,除法国共产党以外的所有政治组织都通过了妇女权利国务秘书韦罗妮克·奈尔茨(Véronique Neiertz)提出的制止性骚扰的法律草案。(法国《新观察家》周刊1994年1月12日)各国都有许多关于性骚扰状况的调查和对策研究,性骚扰正在成为世界通用的一种新的罪名,这是同女权主义者的努力分不开的。

福柯在与性有关的犯罪行为上有过一些最惊世骇俗的观点。所有的女权主义者都对他的观点深恶痛绝。他曾说过这样一段话:"我认为从原则上可以说,性在任何情况下都不应该受任何一种立法的制约。……如果我们惩罚强奸,那只是因为我们应当惩罚肉体暴力。并且要讲明,强奸不过是一种侵犯行为:从原则上看,在用拳头打击某人的面部和用阴茎插入某人的阴部之间,并无任何区别。"(转引自米勒,442)福柯的逻辑是把性器官等同于人体的其他器官,把与性有关的侵犯等同于其他人体侵犯,并不为性赋予特殊的意义。这一观点显然是他关于"性压抑并不存在"以及"快感的非性化"思想的逻辑推演。

应当如何看待福柯的观点呢?自由使用身体的性器官应当说是人的权利,就像自由地使用手一样。但如果用手侵犯了别人,就要受到惩罚;用性器官侵犯他人,也要受到惩罚。把性侵犯单列为一种罪状,反映出社会为性赋予了特殊的意义,如为女性的贞洁赋予了特殊的意义。强奸不仅侵犯了受害人的身体,而且损害了受害人的贞洁,损害了珍视这一贞洁的个人、配偶、亲属、熟人的感情,因此要受到比一般肉体伤害更严厉的惩罚。然而,以这种逻辑推论,对身体其他部分的伤害,也同样会损害珍视受害人身体的个人、配偶、亲属、熟人的感情,是否因此也应当加重对身体伤害的惩罚呢?看来,福柯对于性侵犯的观点虽然乍一听有点匪夷所思,其实却是逻辑完备的。如果不是站在女权主义的立场上,我想不出反驳他的理由。

感情与性的关系

在感情与性的关系上,被访问的女性持有不尽相同的观点。概括起来有这样几种:感情和性同等重要,完全不能分开;二者可以分开,但感情绝对比性重要;二者可以分开且不分轻重。

一、只有同感情联系在一起的性才是可以接受的

"我认为性和感情是在一起的。相互不认识、没有感情的性关系我就不赞成,比如说卖淫嫖娼。我认为这种行为对道德对身体都不好,败坏社会风气,全凭动物本能,像吸毒一样。对于那种夫妇感情不好可性生活和谐的,我也不能理解。"

"有了感情才有性的要求,没有感情我根本就拒绝这个。有人为了挣钱就能干这种事,人不能这样,就是生活逼迫你到了那个地步也不能做这事。"

"抛开感情的性我不能接受。我排斥纯粹的性交往。我觉得这就是人和动物的区别。人总是要先有感情,才能释放欲望。"

"有感情才能有性生活;没感情的性和牲口差不多,成娼妓了。"

"性要有感情基础。完全没有感情的性也得要有好感、没有坏感才行。一个男人和一个女人之间的行为,如果既没有强迫又没有感情,是不可能发生的。"

一位女医生这样说:"我这个人精神上的要求多。如果我对一个人没有感情,对他就不会有性欲。我有几个关系很好的男友,和他们在一起时,都没有一点性的念头。那次其中一个朋友病了,我上他家照顾他,给他洗脸,按摩,我都没有性的感觉,他可能有这种感觉。"

一位离婚并和多位男性有过短期性关系的女性说:"性和感情很难完全分开。我倒希望能分开点,那样能活得轻松点。女人如果不爱一个人,就接受不了和他的性关系。"

一位从很小就懂得自慰的女性说:"也许是因为我很早就知道这个(自慰)吧,我觉得感情更重要。我觉得没有感情绝不能做这事(性交)。"

一位与丈夫无感情的女人这样讲到她有了情人以后对丈夫的感觉:"从那以后我就没法跟丈夫相处了,我不愿跟他有性关系,可我也没拒绝过他。他做那事时我就闭着眼睛,只觉得是天天晚上被强奸一样。我到现在都不能想他的头在我眼前晃的情景,真是痛苦极了。我不能理解那种同时能和几个人好的人。我就是觉得不能让他碰我,睡觉时我不脱衣服。他气得摔家具,大吵大闹。我实在和他过不下去了。一想到他的头在我眼前,一想到我一辈子都要这样过下去,就觉得实在活不下去。只要我一想到要和他过,想到性生活的场景,就觉得再也不能这样下去了。最后我终于离了婚。"

"我对性的想法是跟着感觉走的。没人陪我时也不太想。这事有个'缘'字。感觉到了那儿就是个享受,没到那儿就不行。跟不爱的人在一起做这事有被强奸的感觉。"

有一位女性讲到自己和男友因为对感情与性的关系上的不同观点而发生的矛盾:"他对我说,因为外界的压力,这辈子总尝不到快感,觉得挺窝囊的。国外允许妓女,旧社会允许纳妾,他认为这是男性的生理要求。他认为性和情是两码事。他对我说,你一定要相信,我永远只爱你一个人,我要是出去跟别人玩玩,那只是为了换换胃口。可是,我认为情和性是合一的。我老为这点和他打架。他说,上上下下、国内国外、英雄人物都是这样的。"

二、双方有感情时性的感觉才会更好

不少女性都讲述过这样一种感觉:如果和有感情的男人在一起,她们会喜欢性;如果和没感情的男人在一起,性生活就变得索然无味,甚至是一种羞辱。一位女性原本很能享受性的快乐,可当她同丈夫没有感情之后,就厌恶同他的性关系了:"32岁到37岁这五年,我很少和爱人接触。这段时间里,前两年一个月一次,后几年半年三个月才一次。我厌烦了,他也无所谓。他说,和尚不也就那么过来了。我妹夫让他看点这方面的录像和书,让他试试各种技巧。他让我给他一个月,练一练,看能不能有好的感觉。那是在打离婚证前后,我答应给他一个月时间。那一个月特别难过,我一直忍着,每次都觉得受了特别大的委屈和屈辱。他的爱抚动作让我浑身起鸡皮疙瘩。他比以前弄得时间长了点,可我还是不喜欢。"

一位女性比较了自己与前夫及情人的性关系，来印证她心目中感情与性的关系："我在情人那里才第一次体会到快感，我觉得和这两个男人性关系的不同感觉纯粹是因为精神上的区别。我那时还没看过那种录像带，但是和情人在一起时就知道把腿举起来，我和丈夫做过几百次却从没有这样过。我和丈夫从来没有过快感，和情人有次一晚上来五六次快感，一点都没有羞耻感。"

一位因同丈夫关系不好而找了个情人的女性比较了她与这两个男人的性关系："跟我丈夫在一起时，觉得自己像个玩偶；和这个朋友好之后，才知道什么是女人。"

一位女性为了摆脱自己单相思的情人，同无感情的人发生了性关系，但据她说："我那段时间想摆脱他，就开始接触别人。有个人比他漂亮，有魅力。有一天我就在他家留下来了，发生了性关系。感觉很差，我想是因为没有感情，也因为我还爱着我原来的情人，和他的距离没拉开，心里老有他的影子。总之，那次感觉极差，结果我和那人不但成不了情人，连朋友都不能做了。"

"性这件事要和喜欢的人在一起才好，没感情就不行了。"

"有了感情才能有身心交融的感觉。光有性没有感情的经历我也有过，但完了就完了，没有身心交融的感觉。"

一位离婚女性说："我有过临时的性关系，但没有和我爱的人做爱时那么好的感觉，没有太大的意思。"

感情与性的关系在某些极为敏感的女性身上可以得到量化的证据。例如，一位离婚的女性比较了她与没有感情的前夫和有感情的新任男友之间的性关系："和他（男友）在一起时不觉得羞涩，因为他特别投入，你就会觉得特别交融。这是我从初懂男女之事以来，感觉最好的一次。我和他几乎每次都会有快感，而过去和我丈夫十次里只有两三次。"

还有一些女性则认为，即使是和同一个人做爱，感情的好与坏也会影响到性的感觉："感情是第一位的。性和感情不能分开。没有感情就不会有性关系。即使是和我爱的人在一起，我都能感到，两人关系好的时期做爱才能做得好，两人有别扭时做爱，虽然也舒服，就不会那么投入。"

一位对丈夫的感情发生改变的女性说："对我来说，更重要的是感情，不是性。感情特别好，性生活就会特别好。心里宽松放心，性的感觉就会好。"她说，甚至她的快感都与感情有关："感情特别好的时候才会有快感；现在感情不好了，想达也达不到。自从我觉得他靠不住、不是我终身的依靠之后，我就很少有快感了。"

一位已决定同男友分手的女性这样说："我觉得性和精神是连在一起的。我和男友一开始有一段时间性关系很和谐。后来我才发现他性格中琐碎、俗气、阴暗的一面。发现了我们性格不合之后，我就马上降温了，其中也包括性。虽然他（在性方面）很内行，能让我舒服，但我并不遗憾和他分手。"

"我觉得感情的深浅特别容易影响到性生活的质量。我要是没感情就做不好这件事，因为没有热情了，会觉得无聊，为做而做没有意思。过去我们感情好的时候，每次都做得特别完美，我们看这方面的书、听到别人说到这方面的事都很少，也没什么训练，但就是凭直觉也能做得那么好，他说过，直到我们俩在一起，他才知道这事有多么好。"

许多女性都持有感情与性不可分开也不应该分开的观点。有一位女性说："我和同学聊过这事，她们都说这事和感情有关，双方爱得深理解得深,就能达到高度的和谐。"

"我想只有动了感情,性这件事才是享受。"

"我觉得性生活和感情关系特别紧密,如果你把心给了他,他要对你怎么做都可以。"

一位女性讲了她的一次婚外性经历:"我和他第一次因为是在白天,所以精神特别紧张。我问他敢不敢晚上来,他开始不敢,最后还是来了。那一晚上我可知道他的厉害了。七八次都有,有时也能射精,要很长时间(半小时)才能射精。那一夜什么姿势都敢用。我开始挺反感,他让我别大惊小怪的。我觉得自己都不是人了,成畜牲了。但我对他有感情,想对他好。"

有些女性会由于感情不好,表现为性冷淡;对象一变,则会变得很热情,一点也不冷淡:"我老觉得是尽义务。他(丈夫)要求频繁,我就尽义务。有时我故意晚上动手改稿子,躲避这种事。其实我不是性冷淡。我有个情人,和他就什么都愿意做,也喜欢做。我真不知道对这个婚姻自己怎么能忍受这么多年。"

一位被人认为是性冷淡的女性说:"跟能焕发起我的感情的人在一起做这件事,我会乐意的。其实我是个挺活泼的人,不是个死板的人。"

关于感情与性哪个更重要,一位女性说:"感情是最重要的,人只是为性而结合没意思。有一次我就对他这么说过:你要是没这功能(指性功能)我也能跟你过。性这个东西人人都能有,性是感情的润滑剂,一定要有感情。"

女人在性与情之间更看重情的例子非常多,一位在两个男子之间做困难选择的女性,往往会让感情成为最终的决定因素:"我和他已经同居了。他在性上很内行,但是技巧多于感情。从感情的角度我更珍惜另一个人。"

可是也有些女性持有感情与性同样重要的观点："我觉得在我和他的关系中，感情和性的重要性各占50%。"

"感情和性能结合是最好的。"

"我的男友说，和我在一起有精神和肉体共同的满足。"

还有的女性认为，有了性关系就应该有感情伴随产生："我和他有过几次性关系。我觉得有了这种关系就得负责，可是没想到几次以后他就变了。我就追问他，你到底爱不爱我。有一次我又对他表达了这种感情，他特别粗暴，说，你有完没完！我当时就觉得简直无地自容了。后来我给他写了封信说：不管怎么说，爱是没罪的。他这个人太自私了，不知道什么是感情。"

一位女性讲到自己和情人交往时先有性关系随后导致感情发生变化的过程："跟他在一起有了性关系时，我一开始总把他当我丈夫，后来感情慢慢就转移了。所以我说，女人的感情和性的感觉特别接近。"

有的女性认为，感情虽重要，但不可有感情而无性："我对性与爱的关系的看法是：纯粹的精神恋爱是不可能的。即使原来说得好好的也不行。这两者是不可分割的，虽然表达爱的方式不只是性生活。"

三、感情比性重要，可以有感情而无性

"现代人说，爱的后面是性。在我看来，有爱无性是可以接受的；有性无爱是不可接受的。有爱的性是美的；无爱的性是丑的、恶的。人的堕落都是毁在性上。当然，钱也是使人堕落的东

西。但有些男人偷钱还是为了女人，为了性。"

"我觉得感情和性不沾边，感情很重要，和性搁在一块儿不协调。感情的重要性远远超过性。"

"我最喜欢被人爱的那种感觉，做不做爱倒无所谓。心理平衡最重要。"

"凡·高的一段话特别引起我的共鸣，大意是说，我肉体上的热情是非常淡漠的，这可能是近几年来严重的贫困与辛苦工作的结果；但是我精神上的热情却是强烈的。"

一位同丈夫性生活和谐但已离婚的女性说："性是从属地位的，和感情比差远了。"

一位同丈夫感情发生危机的女医生这样说："如果他和我仅仅是性生活不和谐，我可以想办法给他治，但是感情出了问题就没办法治。"

另一位离婚女性这样谈到她的前夫："我们性生活特别协调。他总是迁就我，从不勉强我。他家原来是农民，他不懂得我还需要精神上的东西。"

一位基督教信徒说："我追求过一个比我大 20 岁的教友。我和他谈信仰。我觉得他很圣洁，好像没有生殖器一样。"

"拿性与感情相比，还是感情的需求大于性的需求。有时人也挺贱的，那股劲一上来，抓耳挠腮的。我和男人有过一两次偶然的性关系，事后觉得毁了和人家的关系。我觉得应当提倡自慰——性的替代品，免得有些人为这一会儿的欲望铤而走险。"

一位天性极为敏感的知识女性对情与性的关系有与众不同的感觉和做法："我心里特别爱的人，我没有给他性，我怕给了他这个，就把我们之间的关系降低了。我始终觉得把这种事插进来就不好了。后来我年龄很大了,看了那么多这种书,我想应该试试。我的原则是爱的人不给,给的人不爱。所以我给过一两个男孩,其中一个特别喜欢我,想和我结婚,我让他试过,但没成功。"她引用一位艺术家在某处说过的一句话"我对她的爱不是性方面的",来证明爱和性是可以分开的,是两回事。她还说:"我喜欢精神恋爱。有一次,我和XX市的一个小男孩通信,两人好到了白热化的程度,越写越深,越写感情越好,恨不得谈到结婚的程度。但后来一见面才发现,我们根本就不合适。"

另一位也有类似感觉,但是从另一角度来看这个问题的:"对那些能让我喜欢的男人,一旦和他有了性关系,就会陷进感情里去,难以自拔,所以我对喜欢的男人尽量保持距离,不发生性关系。"

一些女性可以适应仅有感情没有性或很少有性的关系,在婚后生活中,情与性也并不一定是完全同步的,也就是说,夫妻虽然感情很好,但不一定性生活也很频繁,很和谐;夫妻性关系很好,也不一定感情就好。换言之,感情与性之间并不一定互为必要条件,更不会互为充分条件。有一对夫妇,性生活少得可怜,而且长时间分两处住,妻子却说:"分开住一点也不影响我们的感情。"

一位女性以父母为例证明没有性并不一定会影响感情:"我的父母两地分居了二十多年,直到退休才团聚,但是他们感情非常好,他们俩是高中同学。他们很重视子女教育,分居的主要原因就是我爸工作的城市学校质量不行。为了我们的前途,我们和妈妈就留下来没去。"

有一位女性同丈夫感情很好但夫妻性生活不和谐,她说:

"我认为这事不怎么影响我们的感情。我们现在已经比较习惯了,觉得这件事可以和感情分离。"

人们一般认为,性对于感情是绝对重要的,不可缺少的。从抽象意义看,这种看法或许是对的(一些统计结果也表明了性与感情之间的确有着明显的相关关系);然而从具体个案看,是可以找到反例的。一位同丈夫感情非常好的女性讲到她自己的性欲望及她与丈夫的性关系,从这一个案来看,性生活对感情对婚姻并不是绝对重要的,换言之,人们可以在缺少性欲望和性关系的情况下保持良好的感情和稳定的婚姻。这样的婚姻虽然够不上是天堂,也不一定就是地狱。这位已年过半百的女性是这样讲的:"有时他提出来,我不能做(因身体原因),他就生气了,生气了就没有欲望了。我觉得自己从来没有过这方面的欲望。只是有时做梦会感觉到某种类似快感的情况:心跳,下部会湿润。梦里的男人有时是他(丈夫),有时不是他,好像是某个认识的人,又好像是个完全抽象的男人(这后一种情况比较多),无中生有地有点快感。我觉得自己对他(丈夫)并没有任何欲望。只要是我理智的时候,醒着的时候,我总是被动的,不喜欢这事的。虽然快感感觉不坏,但比例很少,还老担心怀孕。我们是用避孕套的,老用这个他也不愿意。后来他就不愿多做这事了。很遗憾,我这一生这件事做得太少了。如果这一生重过,我的要求会多得多。"

四、可以接受无感情的性关系

一位知识女性虽然不赞成没有感情的性活动,但认为这种倾向正在蔓延:"不和感情联在一块,单纯的生理快感不会有意思的。但是这种事在文化圈子里一点不稀奇。现在北京有几处住房的人不少,在观念上也不认为是坏事情。当然没有人会陷得很深,弄到要离婚的程度,及时行乐的观念蔓延得很快。"

一位有过许多性伴的女性持有情和性完全可以分开的观点:"我碰到一个人,做了几次爱后有点离不开了。他对这件事的态度很自然,我感到他对我的观念有一种开发性。我和他每次都有快感,我是从那以后才对性这件事产生了美的感觉的。所以我认为性和感情是可以分开的。我的年龄已经很理智了。从使我在性问题上心态健康起来这一点来说,我感激他。"

"我和一个部队的营级干部谈过朋友,他是离婚的,有孩子。我本想和他建立家庭,两人就有了性关系。但是我对他感觉平淡,没有激情。到快结婚的时候,他突然对我说,他有一件事一直瞒着我,他得了癌症。我猜这是他不想和我结婚,是个借口。我明白过来就再没有找过他。"

在有些女人那里,性是感情的试剂:"和一个人做过几次爱就知道两人的感情有多深,风格一样不一样,喜欢不喜欢了。"

有时,同陌生人做爱并不会伤害一些女人,反而会留下美好的回忆。一位女性讲了一件她称作"浪漫而荒唐"的往事:"大学毕业后,我想去外地散散心,就一个人去了一个仅仅同我有通讯来往的朋友那里。他家在一个小岛上。我去了就住在他家一间大房子里。他哥哥是个警察,长得很英俊,我在岛上时,由他陪我去各处玩。一天晚上,我已经睡下了,他哥哥忽然推门进来了,我当时已经有过性经验,所以马上知道他想干什么了。我说,你不怕我告发你吗?他哥哥说:如果我因为这个进了监狱,我出来第一件事就是杀了你。后来他就上了我的床。他是警察,会擒拿术,我的手被他不知怎么一弄就不能动了。我一开始还挣扎,后来就不挣扎了。这个人很会做,那是我这辈子第一次得到快感,觉得里面一跳一跳的。我想其中一个原因是我的阴道窄,适合这种瘦型的男性,胖的就有点疼。这个浪漫而荒唐的经历给我留下了美好的记忆。我对谁都没有讲过。"

在调查过程中,有少数女性承认曾有过把性作为手段的经历,一位离婚的女性说:"你不知道离婚独居的女人有多难,你有时总要求人办点什么事,找工作啦,办个事啦,他们都会提这种要求。那些男人帮你一些忙,像换个煤气罐啦,搭个顺车啦,就让你用这种方式做交换。掐一把捏一把什么的也是常有的事,我很讨厌他们。像这种人,我就一心想让他办完事快走,人格上感到受侮辱,好像有妓女的感觉。我和这样的人做那事时一点也不想时间长,就想着快点快点。"

这位离婚女性还说:"性确实是人生活中很重要的部分。我有时会感到心情暴躁,我知道这是怎么回事。常有些男人来找我,有时我就解决一下,过后有吃了一丸药的感觉。但是,真正的愉快来自真正的生理心理上的和谐。不但要有物质条件,还要有道德;不是交换什么;不是低级趣味的满足。我觉得,一个中国女人要想得到这种和谐,很难很难。"

在感情与性的关系方面,女性与男性相比似乎更看重感情。这是人们一般的印象,也是我从调查中得到的印象。我想如果这是事实,肯定与中国社会(其他许多社会中也是这样)的男女道德双重标准有关。似乎只有男人才可以有与感情无关的甚至是同陌生人的性行为，如果女人做同样的事就很下贱。这种观点走到极端就使一些女性可以接受只有感情没有性的两性关系，她们还是"好女人"；而在另一个极端，则有些女性可以接受只有性没有感情的两性关系，可是她们就会成为一般人心中的"坏女人"。

于是在感情与性的关系这个问题上，就有了三种立场：第一种是感情与性共存的立场；第二种是有情无性的立场；第三种是有性无情的立场。

罗素就主张感情与性的和谐共存。他曾这样谈论过有爱的性行为与单纯的性行为中间的区别："爱情使我们整个的生命更新，正如大旱之后的甘霖对于植物一样。没有爱的性行为，却全无这等力量。一刹欢娱过后，剩下的是疲倦、厌恶，以及生命空虚之感。爱是自然生活之一部，没有爱的性行为可不是的。"（转引自孙珉，85）

比较激进的有情无性的立场甚至会认为情与性是相互伤害、相互对立的。持这种立场的人们有两种相辅相成的症候，即适用于男性的"圣母娼妓综合征"和适用于女性的"圣徒罪人综合征"。前者是男人把妻子和情人视为圣母，纯洁无瑕，不可用自己的性行为玷污她，而只能同娼妓或放荡的女人发生性行为；后者则是女人把丈夫和自己所爱的男人视为圣徒，不可玷污，只能同坏男人发生性行为；二者有异曲同工之妙，都持情与性不能兼容的观点。有古希腊雄辩家狄摩西尼（Demosthenes）的话为证："我们拥有妓女为我们提供快乐，拥有侍妾以满足我们的日常需要，而我们的妻子则能够为我们生育合法的子嗣，并且料理家务。"还有美国的斯托克姆（Alice Stockham）说："任何一位要求两性结合的丈夫，除了获得子嗣之目的外，都是在使其妻子变成

为私人娼妓。"(转引自坦娜希尔,106、382)

苏格拉底曾公开谴责肉体之爱;柏拉图也只赞赏心灵之爱,不赞赏肉体之爱。柏拉图曾说:"任何一种快乐都不如肉体的爱来得更巨大、更强烈,但再没有什么比这更缺乏理性了。"(转引自凯查杜里安,582)日本一位影响极大的积极反对肉体之爱的思想家仓田百三则说:"我坚信性交在任何情况下,不管是夫妻之间还是相爱的人之间都是绝对的恶。我屡屡听到'不想进行没有爱的性交'这样的话。然而,即使有爱也不应该性交。……也许有人要说那样做将不能生儿育女,人类将要灭亡。然而,即使人类灭亡,恶仍然是恶。其道理正如人如果不杀其他生物,人类就要灭亡,但杀生是恶一样。"(转引自安田一郎,4)

有人并不认为性就是恶,是与爱截然对立的,但仍认为,性与爱处于一种此长彼消的关系中,性多了,爱就贬值;性欲被禁,爱情反而会增加。弗洛伊德就曾表达过这样的观点:"当我们毫无阻碍地便可获得性满足时,例如在古文明的衰落时期,爱便变得毫无价值,生命也呈现一片空虚。……事实上,基督教的禁欲趋势曾创造了爱的心灵价值。"(转引自罗洛·梅,115)这就是说,性的满足会损伤爱;而性的禁制才有利于爱的产生。罗洛·梅(Rollo May)也认为,心理及精神上的裸露所产生的亲切感,远比性交时肌肤相亲所产生的亲切感更能令人回味无穷。他抱怨现代人有性无爱的倾向:维多利亚时代的人希望拥有爱而避免肌肤上的交欢,而现代人则希冀肌肤上的交欢而避免陷入恋爱。(罗洛·梅,56、59)

与有情无性的主张相反,一位人类学家记录了某个原始部落文化中的有性无情的性观念:"性活动实际上与情感不相干;它是一种快乐和娱乐的经历，而且就像食物和水一样必不可少，它正如食物和水一样，谁给你的无所谓，只要你得到它就行，尽管你自然而然地感激给予你的那人。"(转引自金赛，186)然而，除了少数这样的特例，无论古今中外，有性无情的立场总是得到负面的评价。只有在福柯这样不可以用常规衡量的人那里，这种立场才会堂而皇之地登堂入室。在福柯那些著名的"极限体验"中，他曾盛赞过"同一个陌生人性交"的体验，他说："你在那里与人会面时，彼此都只是一具肉体，一具供相互结合、产生快感的肉体。你不再被囚禁在你自己的面目、自己的过去、自己的身份里了。"(转引自米勒，451)当然，这种观点即使在西方社会中也是惊世骇俗的。但福柯本就不是俗人。作为芸芸众生的我们，对他的"体验"只能望洋兴叹。

感情与婚姻的关系

在感情与婚姻的关系上，女性大体可以被分为两类：一类享受着有爱的婚姻，或决心要追求有爱的婚姻，否则宁肯不要婚姻；另一类则由于种种原因已经接受了无爱的婚姻。

一、向往有爱的婚姻

一位高级知识分子的女儿因爱情嫁给了一位家在农村的青年，她说："我在选择对象的问题上没有一点世俗的痕迹。我虽然希望门第适当，但这不是必须的。我有好几次机会可以出去（因婚姻关系出国），我都放弃了。没有感情基础的婚姻我绝不考虑。"

一位同丈夫关系不好的女性说："人的一生中如果能和一个自己喜欢的人在一起是个天大的幸福。这种情况很少见。剩下的人就只好是共同生活。你喜欢的人，人家不一定喜欢你。一辈子没碰上这样的人会感到很寂寞。除了那些有非凡创造力的人，比如说一个大音乐家。人的一生缺了这个，对精神上是个重大的损失。所以我觉得只有一个小百分数的人会十分幸福，大多数不会幸福。事情不会那么巧的，你喜欢他，他也正好喜欢你。与其和不爱的人结婚,还不如单身。如果我还没有孩子,就可能选择独身生活。"

"如果人仅仅为了找个男人结婚那也容易。三条腿的蛤蟆不好找,两条腿的男人好找。但那样太无聊,人还是要有感情。"

从一位女性对血缘关系和婚姻关系的对比中可以看出她对婚姻与感情关系的看法:"我是个独生子女,除了父母就是他了。相比之下,我觉得血缘关系更近,因为婚姻如果没了感情就什么都没有了。"

一位因与丈夫无感情而离婚的女性说:"我们不光在有形的事情上有差异,尤其感到一种精神上的寂寞。我虽然没有遇到两心相印的爱情,但对爱情的看法很浪漫。我心中向往的爱情是罗密欧与朱丽叶、贾宝玉与林黛玉、安娜与沃伦斯基那样的爱情。在这种事上,我和丈夫就聊不到一起。"

但是,也有人把爱情和婚姻对立起来,就像人们常说的"婚姻是爱情的坟墓",一位同许多人有过短暂性关系的知识女性表达了类似的看法,她说:"婚姻这种形式破坏感情和爱情。"

另一位女性谈到,她的情人在感情与婚姻关系上的观点也是把二者分开的,但她对这种观点持批判态度:"他是丧偶的人,我和他好了好几年,他觉得我是他认识的女孩里最有才气的一个。他从来不把爱情和婚姻放在一起。他把婚姻当作筹码,后来他和一个外国的女人结了婚。"

二、因为尚未找到爱情,所以仍然独身

一些女性是因为追求爱情不果而独身的。对于性格比较敏

感的人来说，对爱情的追求尤其艰难，成功的希望尤其渺茫。一位参加单身者活动的女性这样说："单身俱乐部里有离婚的，也有未婚的。有人去那里目的性很强，到那儿就是为了这个，没有意思；一点儿没目的也不行。有的人表面上可以，深入一了解就不行了。我不能凑合，想凑合也凑合不了，不能容忍。社会上的人总觉得我们是挑来挑去挑花了眼，其实对我们这些人来说，要就是在一起损害对方，要就不在一起。我大学毕业时24岁，机会不少，可没碰上合适的。我觉得百分之八九十的家庭都是凑合的。我的素质使我不愿意与周围的想法同流合污。"她还说："我也许一辈子独身；也许到老了找个老伴；也许40岁以后不管好不好随便凑合一个，那就是我对婚姻放弃希望的时候。"

一位离婚后多年过单身生活的女性说："我不习惯介绍这种方式。我觉得两人感情非得到你离不开我我离不开你，才能结婚。我认为一定要谈恋爱才能结婚。爱情的梦没做成就不行。有一次我这样和表哥说了，他大感不解地看着我说：你都多大岁数了，还是十几岁的小姑娘呀！"

有的女性表示，完全不能接受没有感情的婚姻："有人给我介绍过一个日籍华人，那人太老，又是外国籍，我不愿意。正好我去日本访问，和他见了面，他对我特别好，可我一见面就没相中那个人。他一搂我我就一躲。请客吃饭时他给我夹菜，他筷子碰过的菜我都不想吃，我怎么和他做夫妻呀。他提出要把我和孩子都接去日本，我自己心里也使劲说服自己，那时我都老大不小的了，结婚机会少，社会上又是出国热，我拒绝了他，别人都不理解我。可我不爱他，怎么能和他做夫妻呢？"

一位正在为再婚找目标的女人说："我也找过，可是已经不像初婚时那么纯洁了，只是因为爱对方才结婚；现在总要把经济条件提在前面，什么有没有房子呀，有没有孩子呀，觉得特别没意思。我不想让自己再受到伤害，可也不想独身一辈子。这是可遇不可求的，走到哪儿算哪儿吧。"

一位经过一次轰轰烈烈的恋爱但终未成婚的女性说："我家兄弟姐妹几个除了小弟的女友是经人介绍的之外，别人都是自己认识的，这可能是受父母的影响，他们就是自己认识的。所以我也不喜欢介绍这种方式。我接受不了这种方式。我不缺朋友，去看电影去玩都不会找不到伴。但是我怀疑自己还能不能碰上志同道合的人。那么好的关系都坏了，我担心不会再有当时那样的激情了。"

一位单身女性在谈到介绍这种方式时说："总有一种机械的感觉。机会太多了也烦得很，觉得没劲，所有的人都看不上。自己并不觉得非找不可，可好像不得不找，压力很大，只好当任务完成。"

三、无爱的婚姻

在被访问的女性中，有一位已婚但并未找到爱情的女性。每个人的一生都是一个不同的故事，有的故事的基调是快乐；有的是痛苦；有的是轻松；有的是沉重；有的轰轰烈烈，大起大伏，像惊涛骇浪；有的平凡恬静，像潺潺溪水。她的故事虽然平凡，但在我看来却是我访问到的人生经历中最为惨烈的一个。它的惨烈因其平静的外表而愈显其烈度。它的基本情节就是一个很优秀的女人和一个很优秀的男人，他们虽然结了婚，而且已经共同生活了大半辈子，却不能彼此相爱。诚然，夫妻无感情的婚姻成千上万。这桩婚姻的惨烈之处在于当事人都拥有敏感的心灵，在他们心中，有爱与无爱这两种状况的界限过于清楚鲜明。如果他们能够像那成千上万无爱婚姻的夫妻们那样稍微鲁钝一些，他们的经历的惨烈程度就会降低很多。下面就是她的叙述：

"我现在和他的关系好多了。过去他爱我，我就是激动不起来。当时我没有经验，是我最好的女友帮我下的决心。我喜欢在事业上能够令我崇拜的人，结果他却崇拜我。当初他如果不是那样拜倒在我的脚下，显示出一点能耐、一点厉害给我看，可能还好些。那时，他拼命问我：爱我吗？爱我吗？我说爱，我能说不爱吗？可我实际上不爱他。我这辈子不是没喜欢过人，但这种感情对他没有过。常常是我不经意的一句话，就能使他伤心好半天。我努力培养感情，但没培养起来。他爱我的时候，忌妒得要命。我要会见什么朋友，只要是个男的，他就伤心。有一次，有个我不认识的大学同学路过我住的城市，约我去办点事。我根本不知道他是个男的。可他就猜出他是男的来了。我出去的那天，他一个人对着月亮伤心。我回来告诉他去见的人是个男的，他说我早知道是个男的，接着就使劲审问我。他那时爱我爱得发疯，可我就是不能爱起他来。后来他的心终于凉了。当时我还不太敢想象，不能接受这个现实。我后来才发现他的心真的凉了。他冷下来之后有一次对我说，这辈子没有一件让他感到幸福愉快的回忆。他把一直珍藏的我过去给他写的信全烧了。他对我说：我对你的责怪是不对的。爱是不由自主的。有也不能责怪，没有也不能责怪。从此他再也没责怪过我，没问过我。他有好多高尚品质。我现在有点离不开他了。我现在由衷地感谢别人给我做的决定。因为人除了性的要求外,还有事业的要求。我现在知道在生活上照顾他。现在他对我来说,就是一个生活伴侣。他对我的需要也就是需要个女人而已,不是需要我这个人。"

一位在多年的婚姻中一直没有找到过爱而只在婚外恋中享受过真爱的离婚女性对婚姻与感情关系的看法很独特,一方面,她坚持追求浪漫爱情并把这一点当作婚姻必要条件,而且认为这样很不现实;另一方面,她又十分向往现实的夫妻关系,赋予婚姻极高的价值,她说:"我也知道我做的梦不现实,可我一直还在做着罗曼蒂克的梦。我这么大年龄了,一天夫妻美满的生活都没享受过。"

一位正准备离婚的女性说:"我觉得天底下的婚姻不该是这样的,我们两个人基本上没话,一晚上说不了五六句话。感情特别淡的时候,我看见他就觉得不高兴。我嫌弃起他来,他沾过的那一半床我从来都不动,他的衣物我也不动,他沾过的东西我都不想碰。我从不给他洗衣服。"

一位离婚女性回忆当初结婚的情景:"我们俩中间没有爱,根本就没有爱,只是出于环境压力,包括家里人的压力。他们总是用那种特别担忧焦虑的眼光看我,老说学历越高越不好找这类话。我失恋的经历又一直像阴影笼罩我,于是就答应和他结婚了。"

"我结婚是因为社会的压力,不是由于感情。"

"我希望稳定的婚姻生活,但是有一个前提:稳定不能成为负担。如果每天一下班就和这一个男人在一起,从现在就能看到生命的尽头,没什么意思。但是好像人人都认为应该是这样的。"

有的女性将自己的婚姻做推己及人的联想,得到极其悲观的看法,一位婚姻不幸福的女性这样说:"我觉得别的夫妻也都是这样,我不相信有好的。我看大多数的婚姻都不幸福,幸福的只占10%,也许是1%。因为我和别人一样,所以也没有什么太不好的。"

有一位离婚女性,当初结婚时,她的身份是干部,知识分子家庭出身;她丈夫是个工人,公公是解放后住过监狱的资本家。她说:"现在我才懂得门当户对的道理,结婚时我没想那么多,也没有看不起他的感觉。现在回想起来只是觉得从一开始俩人对事情的看法就不一样,很别扭。他这个人老喜欢天下大乱,一有个什么运动就特别活跃,可我老是想到大自然里去,享受大自然的美;他食不厌精,我以为营养有了就行了;我的专业是美术,可是我一画画他就急。两个人处处不对劲,想的都不是一码事。我觉得这个男人太可恶了,我把时间都给了他,结果落得一个离婚。我一直得不到爱,觉得人还不如动物呢。鸽子都知道不在窝里拉屎,比人都仁义。人恶起来真不得了。"

一位再婚后又离婚的女性承认自己当初并不是因为感情而结婚的:"我和他是经人介绍认识的。我有一个孩子,他带着两个孩子。我们俩能结婚有两个原因:第一个是因为他是离婚的,原来有过夫妻生活,突然中断了,很想从心理到生理上和人有个沟通;第二个原因是我也有点自私心理——他是个英语老师,我觉得找他对自己孩子的教育有好处。另外觉得两人还能谈得来,就同意和他结婚了。"

有些女人由于心软而组织了不幸的婚姻:"婚前有两次我曲曲折折地表达过'算了',每次他都特痛苦,我第二次表达这意思时,他写了一封血书,上面还画了一颗心,把我吓坏了。我当时的'条件'很差,自己在农村,父母都有问题,他一直没变过心,别人有给他介绍的,他也都拒绝了。从那封血书之后,我就死心塌地跟他好了。后来我上大学,他又等了我好几年,我更没理由不跟他结婚了。所以一毕业我们就结婚了。我结婚特别简单,心情也非常淡漠。他的单位、家庭都让人羡慕,但从感情上却非常淡。"

"我是22岁谈的恋爱,特别没劲。他比我大五六岁,是一个熟人介绍的,个子高高的,长得很帅。有一阵他天天来我家。他特别愿意,我那时懵懵懂懂的,觉得就来往来往吧。要是搁到现在,我就知道了,有兴趣就是有兴趣,没兴趣就是没兴趣。他这人特别不爱说话,我们在一块儿没兴趣。"

有的女人只是出于同情答应嫁给对方,往往导致婚后不和离异,一位离婚女性这样回忆了自己的婚姻:"那时我们处得很好,只觉得合得来,可一点都没往感情那儿想。那年他要去当兵,走前他跟我说了这个意思,我一听就说不行不行,我觉得自己还是个小孩,对这种事觉得下流。后来几天他眼睛红红肿肿的,见了面也不理我。我看他这副样子,感到很同情,就答应了他。后来他就去当兵,我去送他时,把小说里看的送郎当兵的感情模仿了一遍。我们通信时,也不懂什么是爱情,只是各写各的经历,看了以后只是感到很平静,没有什么幸福甜蜜和冲动的感觉。我觉得自己只是进入了一个角色,也觉得自己就该进入这个角色。"

有关感情与婚姻的关系,有一项苏联的调查称,越是因为爱情而结合的婚姻越不幸福。该调查发现,在15000名调查对象中,有70%—80%是因爱情而结合的;15%—20%是因为人人都结婚才结婚的;3%—10%是因个人利益而结婚的。进一步的调查发现,因爱情而结合的人婚后百分之百感到不幸福;因人人如此而结婚的人中幸福者占十之四五;因利益而结合的人中十个幸福对七个不幸福。作者从而得出结论说:因爱情而结合并不能保证婚后幸福。(转引自李银河,53)这个调查似乎是为"婚姻是爱情的坟墓"一说做了注解。可以想到的解释是,爱情的浪漫色彩同婚姻的世俗气味发生了矛盾。据此说来,人们是应当向往和追求有爱的婚姻,还是应当安于无爱的婚姻呢?那种追求还能够是有结果的吗?从调查的情况看,的确有人得到了有爱的婚姻,这也是事实。另据笔者一项关于北京市婚姻质量的调查,大约有近半数的北京居民宣称"自己非常爱配偶""配偶非常爱自己",因此,对现有的婚姻"非常满意"。我想,无论人们对感情与婚姻的关系的印象有多么悲观(以为大多数人的婚姻都不幸福),无论追求有爱的婚姻有多么困难,它始终都是人们心向往之的目标,而且实际的情况也许并不像人们想象的那样悲观。

性与婚姻的关系

在人们的印象中,性生活质量是影响到婚姻质量的最重要的因素之一,情况果真是这样的吗?从这项调查的结果看,有些女性显然对此持有不同的看法。虽然不少人认为性的确是婚姻的一个重要理由,但性对于婚姻并不一定是最重要的;有的女性甚至认为,同婚姻分开的性活动才更轻松。

一、性是婚姻的重要理由

"爱的基础是生理需要,是本能的宣泄。我很同意上大学时一位外教的观点,我问过她,结婚对她意味着什么,她说:Sex。"

"我和他谈恋爱反反复复,他对人感情真挚,但是很容易转移。后来有一段时间,他做那事时不成了。我帮他弄半天才能弄起来。他对我有依赖感,觉得在性上我行他不行。后来他终于下决心和我结婚,我想和这个有一点关系。"

一位做酒店服务工作的女性也认为性活动与婚姻愿望有关,但却是一种完全不同的逻辑,她是从对身边女友们的观察中得出这种看法的:"疯过的女孩都想结婚。"她说自己先后交过好几个男友,其中最长的一个异性朋友持续了四年时间,她认为:"人年轻的时候该玩玩,该见的都见了之后,就该定下来了。"她承认自己玩过之后想过结婚:"二十一二岁那段时间特别想结婚。"

二、性对于婚姻并不一定是最重要的

有一种观点认为,性的和谐是婚姻质量中最重要的因素,从我的调查来看,不尽然。有的婚姻关系中,双方性关系并不很好,但由于感情很好,婚姻质量仍然很高。例如,有一位女性说婚后多年她的丈夫一直没给过她性快乐,她一直靠自己解决;但同时她又说自己在感情上很满足,因为她知道丈夫是真心对她好,她很愿意同他白头偕老。这就说明,对于一些婚姻的稳定和持久来说,性关系质量好坏并没有决定性的意义。

有一位长期与丈夫两地分居的女性说:"我们除了寒暑假几乎没有时间在一起,有一段我爱人真有点受不了了,那确实是对他身体的折磨。他在性这件事上严肃拘谨,很难想象和另一个女孩发生这种关系。所以只好自己解决。我们为此多次谈到离婚问题,可谈完谁都不做,不做就拖下来,两人又好了。"她还补充说:"在婚姻关系中,时间能起很大作用,时间能凝结下来一种绵长深幽的东西,不是一下子斩得断的。"

一位四十多岁仍然独身的女性十分渴望婚姻生活,并且认为性对于婚姻并不是绝对不可缺的:"我觉得人们说的不对,好像非要有性不可。有和谐的性生活当然很好,没有也可以。"她这样描述自己孤寂的心情:"我最怕过节假日,家里也没个影子晃动，像个坟墓似的。每天下班，家里也没人等我，我也不急着见什么人，这感觉很不好。虽然孔子说过'慎独'，虽然独处能做事，但老独处也受不了。现在，我有时有意避开音乐和美丽的风景，怕触动自己的孤独感。我觉得自己挺可怜的。"当然，她对性与婚姻关系的观点也许是"退而求其次"的观点，但她的确是这样看待这个问题的。

三、同婚姻分开的性才轻松

"性和婚姻分开，和长远的考虑分开，才能轻松一点。这要双方互相欣赏才行。重要的是亲近感。有的人能说得来，但他碰你你就特别不乐意。"

一位离婚女性将婚内和婚外的性做了比较："我们在离婚后还偶尔有性关系，作为情人。在婚内，每十次性生活我大约只有一次快感，在婚外，十次里九次有快感。我想，这是因为在婚内性是义务，现在它是需要，是双方共同的需要。他现在有一个固定的伴，他到我这里来要背着那个女孩。他每半个月到一个月找我一次。"

一位单身女性持有这样的观点："结婚不结婚不太重要，但要有性伴侣。"

四、父母的性生活对孩子的影响

有不少调查对象提到孩子对自己性生活的影响。一位女性这样描述了她的经历："孩子老捣乱。有一次我们被上小学的女儿看到了，她哭了，说，你们干什么见不得人的事呢？我也没法向女儿解释，以后就改成（星期）一、三、五跟女儿睡，二、四、六跟爱人睡。女儿问我，你跟我和爸谁好，我说50%对50%，她不干，非要51%不可。"

另一位女性讲了自己对这个问题的看法："不要当着孩子的面拥抱接吻或躺在一起，有条件也尽量不要和孩子睡一间屋子，要不干着半截孩子醒了，太不好了，这是对人性的摧残。"

在性与婚姻的关系方面，性肯定是一个很重要的因素，但它并不像人们想象的那样，是一个最重要和不可或缺的因素；至少对某些人不是。在比较"老派"的人们那里，婚姻里的性被当作可有可无的东西；在比较"新潮"的女性中，婚姻以外的性更有吸引力。二者殊途同归，都把性与婚姻分开了。可以预言，随着社会风气的进一步开化，以婚姻为性的唯一合法渠道的规范将越来越不具有约束力，在自由使用自己的肉体寻求快乐这个问题上的社会监控（福柯的"凝视"意象）会越来越弱，社会舆论对此也会越来越宽容。

性观念

被访问的女性对性持有十分不同的看法,有正面看法,也有反面看法;有的认为它很重要,有的认为它很不重要;有的认为它很美,有的认为它很丑;这些观点与传统观念和现代观念有着千丝万缕的联系。一位女性还分析了家庭背景对人们性观念的影响,她说:"知识分子家庭和工人家庭不同,工人家庭的孩子很保守;知识分子的孩子倒很开通。"这的确是我在调查中得到的印象。

一、性在生活中极为重要

"性是重要的,比吃饭睡觉重要,因为它和感情有关。"

"性是重要的,不能没有。只要有婚姻关系,有感情,就会有这种需要。人总是会有这种需要的。"

"我觉得性是一个比较重要的不可缺少的东西,是享受,是平衡。"

"我认为性是重要的,不是可有可无的,它和人的生命状态有关。总的来说,我认为性是一件正面的事。"

"性是生理本能,是美好的东西。当我全身被爱抚的时候,我会觉得我的每一个细胞都在高兴。如果没人爱抚,就会忍不住难受。我觉得性是很美的东西。"

"我觉得这件事是最好的,别的都不能比。人不应该没有性。没有异性朋友,生活就不会过得很好。除非老了,做不了这些事了。"

"正常的性不觉得脏(肛交脏);如果两人互相喜欢就觉得很神圣。"

有的女人对性的重视程度是因性对象的不同而异的:"我和他(情人)好的那几年就觉得性挺重要的,不能想象以后没有了怎么办。和我前夫在一起时就没这种感觉。"

另一位也有类似说法:"我原来不知道这件事有这么好,跟他在一起后才体验到了。我们两个人都把这件事当作生活中值得去做的事情。"

有一位已不年轻的女性认为,年龄的因素很重要:"年轻时性重要,老了就没重要性了。年轻时,有这种冲动时,如果那时能碰到一个自己喜欢的人,那是很幸福的。"

一位女军人说:"我看只要是有关人的研究,就比研究打仗有意义。人吃饱喝足以后,性就该越来越重要了。"

二、性只是正常的生理需要

"性是一个正常的事情,就像吃饭睡觉一样。"

"我觉得性就是一种生理需要,是每个人都需要的东西。但它也因人而异:条件允许的可以放纵一些,不是什么坏事。我认为性是重要的，相当于吃饭睡觉一样。比起吃饭睡觉，性不是更不重要，也不是更重要。就像早上起来肚子饿了要吃饭一样。应顺其自然。"

"性是很正当、很自然的。"

"性是自然的，是水到渠成的事情。"

"我觉得性是个顺其自然的事情，没有觉得它有多重要。我觉得对性既不用追求，也不用躲。按照正常生理发展，人这辈子该干什么就干什么。人为压制它就不好。有的女人一辈子生七八个孩子，身体反而特别棒，一直到五六十、七八十身体都特别棒。"

"一个人的生活中没有性生活挺可怕的。"

一位年近四十的单身女性讲了她对性关系的看法："在25到30岁之间那段时间里，我在一些事情上感到很矛盾。从人道主义讲，应当允许人在彼此需要时快乐一下；但社会太复杂了，会引起副作用，给人低下的感觉。人到了某个年龄，就会有欲望，有了欲望就应该顺其自然，违反它对人是一种损害；但是人又不能像动物一样随随便便。"

一位四十多岁还没有过性经验的女性说："我倒不觉得性很重要，或者性经验一定会非常好，我也知道很多已婚的女人并不喜欢性生活，我只是觉得，一生不结婚我不觉得遗憾，但终其一生不能有性这件事，没有这种体验，我会终生遗憾的。"

三、性在生活中并不重要

不少女性持有性在她们的生活中并不重要的观点。

一位离婚多年，一直过着严谨的单身生活的女性说："性就是一个生理的正常的需要而已,有它没它无所谓。有它挺好的,没它也能过。没离婚时,我和丈夫也很少做这事,他也没让我觉得美满。我没觉得受到性欲的扰乱,也没觉得可惜。听说有的女人有'受不了'这种感觉,我不能理解。有人暗示过,我现在这样很亏,应该放松一点,解放一点,应该有性生活,不会受到人们的谴责,可我不愿意。"

一位双性恋者认为,对她来说,性在生活中并不是最重要的,她说:"如果社会发展的是我理想的样子,有优美洁净的环境,人们都身心美好,我就不会把精力用在性上,不论是对男人还是对女人。性不是主要的,它在生活中并不重要,精神远远在这之上。"

"我们同房很少,他经常很晚不回家,打牌什么的。这件事在我们的生活中不重要。感情好不好更重要一些。"

"我认为,只要是在规则之内就是正常的,我在这方面比较保守。性在我的生活史里始终没占过重要的地位。我觉得它不是最重要的,精神和感觉更重要。当然,它也不是没有一点重要性,如果两人在性上不协调,爱也就失去了生理基础。"

"性是两人关系中的一个因素,但不是很重要的因素。当然我也不是主张完全的精神恋爱,柏拉图式的。我爱人说:有你睡在我身边,就是不一样,哪怕什么也不做。心里感到特别安宁,有一种依赖感。我们俩就是这样,你靠靠我,我靠靠你,马上就感觉很好。"

一位性生活不和谐的女性说:"听其自然。我认为性不是很重要,所以也没觉得我现在这样有什么不好,不觉得太遗憾。性像是一个工具,增进感情不是靠这个。我最满足的性方式就是被人抚摸，这对我来说就是最舒服的了。"

一位离婚女性这样说："性在我的生活里占的分量不大。过去长期压抑的结果使我变得更重精神。经常有人来告诉我，他们爱我。我不接受他们的爱，但也不讨厌这种人。我看得出来，他们帮助我时，不是帮助同性的那种方式，是把我当作一个可爱的女人，我觉得这对我就够了。我们都从心里惦记着对方，这就够了。"

一位幼年期受过性骚扰的女性说："我对性一直很淡漠。我从没主动过。他提出来我也能满足他，但他觉得我不热情。我在生理上能够觉得有需要，但心理上厌恶这件事。我觉得这件事只是满足人的生理需要的工具和设备。有时会感到特别想做，尤其是来月经之前那几天，分泌物特别多，觉得底下不舒服，就特别想做。做了以后月经就来得痛快，不会觉得胀痛，比较舒服。所以我觉得性生活能够起到调理身体的作用。"

有的女性认为人没有性生活是可以的，尽管这样的生活是不完美的："人可以没有性生活。我只是觉得，如果没有性的吸引，人就会萎靡，就会变得排斥异性。"

四、性是丑恶和肮脏的

有人受基督教的影响，认为性是人性的弱点。一位双性恋者兼基督徒从宗教教义上解释了自己对性的看法："传统的基督徒是反对同性恋的。信徒比非信徒多一个灵。信徒也有肉体，也就有本能。我觉得自己的肉体是软弱的，没有办法，所以必须认罪。肉体就是这样的，人有时会管不住它。人背离了神就陷入俗世；背离了灵就陷入了肉里。"这位信徒在决定与一个男人结婚的前夕，与他发生过性关系，她由此得出人性软弱、性是人性的弱点的看法。

一位单身女性转述了女友认为性很丑恶的观点："我知道这事比较早，可我有许多同学都很书生气地对待这件事，对异性的吸引都不太懂，快结婚了对要发生的事还不知道。有人结了婚就跑来找我说：人皮底下原来是个畜生，这件事丑恶得不得了。有的人婚后很长时间一直觉得这事丑恶，以致影响到夫妻的关系。"

在不少女人的性观念中，总有认为它"很脏"的感觉；但也有人讲到自己克服这种感觉的经历："做事时只要跟着感觉走，就不会觉得脏、下流、污秽。我最喜欢的一种做法是把自己打扮得让他起性。我特意买了高质量的内衣内裤、乳罩背心、吊袜带，还有好看的皮鞋，在床上用。身条好的人穿上这些显得特别性感，比什么都不穿还好。感觉特别干净，不是像畜牲一样，而是把自己奉献给对方。"

一位离婚女性讲到自己性观念的变化过程："我觉得人的性观念和时代有关。我成长起来的环境使我一直认为性不好，对它的态度首先是否定，可又不得不接受，所以就很不喜欢这件事。后来，我的性观念有很大的转变，是离婚后才转变的，从批判它转到颂扬它，颂扬它的美，不认为它是脏的、丑的，觉得应当从中提炼美感，使它变成美的体验。但我也不赞成公开说这件事，把它变成诗，宣传它，不赞成性研究热，因为这是个人体验的东西，是国民素质问题。谁也没有办法在这件事上教别人，硬教是侵犯人权。我不喜欢性专家的说教。"

五、性是应当节制的

有人持有性是应当节制的观点,这一观点带有传统文化的印迹:"我认为,不管男的女的,这件事做多了肯定不好。女的也会伤元气,要不为什么每次做完了会感到很疲倦呢?"

一位单身女性的看法是:"女人做这种事是一种消耗,即使结婚后,性生活也不应太多,这是从健康长寿的角度看的。"这位女性对男人的性也这么看:"我理想中的男人这方面也应节制。只图一时快乐,长远看是不好的。打个比方,吃得太好的人同吃得清苦的人相比就更容易生病。"

关于节制和适度,一位女性是这样理解的:"什么叫适度?我认为如果双方都想做的时候做这事就是适度,不想做时强要做就不适度。比如,白天干活不太累,身体情况也不错,就想做;太劳累的时候就不想做。俗话说,温饱生淫欲,我理解就是这个意思。"

人在生活中对各种享受、各种价值会有取舍,这是很自然的。比如有人好美食,有人却满足于一般的摄入营养;有人喜欢郊游,有人却宁愿待在家里。在性的问题上,有人喜欢有人不喜欢、有人看得重有人看得轻,在我看来也属正常。在性方面要有节制的观点是很有中国文化特色的,这种态度和福柯的"极限体验"(包括同性恋、施虐受虐及生殖器以外的肉体快感的体验)相映成趣。我想,中国人对性的态度同"中庸"思想是一脉相承的,中国人凡事好中庸,讲究节制,不像西方人那样激烈极端。其中是否有体质的因素尚待定量研究(胡适曾说,中国人"身体不如人",不知有无根据)。在 19 世纪的西方,人们也曾相信,即使是婚姻内的性生活对身体也是有危害的,因此使那个时代的人们因自己的性活动和性渴求而变得十分痛苦;由于权威的说法声称性活动会遭天谴,这种痛苦就更加剧烈。

至于说到"性是人性的弱点,是肮脏丑恶的",我认为这是基督教文化中的糟粕,相信这种观点的人也应当受点启蒙教育。在维多利亚时代,人们相信性活动是肮脏的事情,最好不想它,也不去搞懂它。西方 19 世纪的婚姻手册中表明了这样一种态度:好女人并不从性中感受快乐,她只是将性交视为生育的手段。在持这种观点的人看来,性快乐是包裹着生育这粒苦药的糖衣,这层糖衣没有什么重要性;而如今,这糖衣却喧宾夺主,取代了药这一主体。

早在公元 1 世纪,犹太历史学家约瑟夫斯(Josephus)就指出:"除了由丈夫和妻子组成的、以生儿育女为唯一目的的自然婚姻之外,法律不承认任何其他性关系。"(转引自坦娜希尔,69)古希伯来文化是人类历史上第一种对性取极端消极态度的文化,它强调指出,性的唯一目的就是生育,与生育无关的一切性行为都应当禁止。圣格列高利(St. Gregory)指出:"如果性交的目的是为了快乐,而不是全部为了繁衍种族时,你应该忏悔。"(转引自詹达等,38)受它的影响,形成了基督教的禁欲主义传统。基督教对性行为的态度可以概括为三个方面:第一,理想的境界是完全禁欲,教士必须服从这一理想;第二,禁止夫妻生育之外的任何形式的性行为,连梦里遗精都是罪过,而罪孽最深重的则是手淫;第三,夫妻的性生活也要有节制,例如,在星期三、星期五和星期日性交是错误的,还有许多宗教节日前后禁止性交。

性的目的是生育还是快乐,一向被基督教当作一个非常严肃的问题,其基本观点是认为,为生育是可以允许的,正当的;为了快乐是不被允许的,不正当的。这一观点及其理由是由奥古斯丁(Augustine of Hippo)在《婚姻与性欲》(*De nuptiis et concupiscentia*)一书中表达出来的,他的观点后来成为天主教的教义。这种观点认为:虽然结婚是好的,但是通过性欲而出生的人本身带来了原罪。在奥古斯丁的定义中,性欲就是"强烈的欲望",其中包含有性交的"发热"和"混乱的色欲"的意思;在性兴奋和兴高潮中含有淫荡、性爱和快乐成分。奥古斯丁通过诅咒性欲,抨击了性冲动的要害。他谴责任何为了满足色欲的性行为,认为这种行为是可耻的;他认为不是为生育的性生活包括避孕是特别罪恶的,因为这种性交纯粹是为了满足色欲。他指出,就连厚颜无耻的人也把性欲的满足看作害羞之事,羞于被人看见。由此他得出结论:我认为性交所伴随的害羞就是原罪的惩罚。除此之外还能有什么别的解释呢?(转引自凯查杜里安,612—613)按照奥古斯丁的观点,避孕和非生殖性的性行为都是不能接受的,因为它们没有达到生殖的目的。

这种观点也是逐步形成的,并非一直如此。弗洛伊德将这一观点的发展过程分为三个时期:"与性本能的发展史相呼应的,我们也可以试图把文化的发展过程区分作三期:在第一期里,种种不能导致生育的性行为方式,也能自由自在地去做;到了第二期,除了能达成生育的那一种,所有其他满足性欲的方法都将被压制;然后是第三期,这时便只有'合法的'生育才能是性目标了。我们目前'文明的'性道德便是这第三期的代表。"(弗洛伊德,171)

即使在西方,基督教的反性快乐观念并未完全一统天下,例如,在17世纪的英国,就有一个主张以快乐为性的目的的异教团体,这个团体宣称:"对于纯洁者来说一切皆纯。"他们认为,如果上帝不愿人去做性这件事,并在做这事的过程中得到享受,他就不会令性行为产生快感。这个团体的信念后来被世俗军队支持下的宗教秩序弹压了。(加尼翁,27)金赛也曾转述某个原始部落的性观念:"在不论什么人中间,性交都被从本质上当作一种快乐……除此之外,它再也不具有其他任何含义。"(转引自金赛,186)

在中国,虽然没有来自宗教方面的禁忌,世俗的反性倾向却一度非常严重。与性有关的一切都属禁忌范围,社会道德提倡做到对性事的"勿听、勿视、勿言、勿动";但是这种纯洁的愿望有一个天生的障碍,那就是生育。按照当时人们的纯洁程度,如果世界上没有生育这件事,没有生育的必要,那事情就简单得多了。令人痛惜的是,孩子不可不生(有不少人还相当看重传宗接代,虽然它一度被认为是"封建"思想)。这种尴尬在一位外国记者对一位中国著名剧作家的访问记中被表现得淋漓尽致:

外国记者:中国人怎么看待性?
中国作家:中国人对性不感兴趣。
外国记者:那怎会生出那么多的小孩子?

这位外国记者忽略了一个文化因素:人可以只生育而保持对性不感兴趣。这就是中国一度占统治地位的性观念:它只是为生育,而不是为快乐;前者是正当的,后者是不正当的,不纯洁的。这种观念与基督教教义不谋而合，然而它的的确确是一种世俗的观念。一位在1974年到中国考察的西方学者约翰·莫尼（John Money）写过一篇观感，其中写道："也许，当今中国并没有一个全面系统的正式的性学观念形态。我只得依赖那些零零碎碎的信息。无意中我撞见了一条标语：'谈情说爱是一种浪费时间和精力的思想疾病。'……我得到这样一种印象：中国的婚姻性生活主要是为了生儿育女，而不是性娱乐。"（莫尼等，517—519）

萨德（Maquis de Sade）曾宣称："没有任何东西比性更伟大，没有任何东西比性更美好，没有性就绝没有任何拯救可言。"（转引自萨多克等，94）这种观点不仅许多中国人难以接受，西方也有很多人会持反对态度。在我看来，性是一种能够给人带来极多快乐的人类行为，但是在人类的发展史上，再没有什么事能像性那样引起更多的烦恼、忧愁、痛苦和论争了。难怪福柯这位20世纪最伟大的思想家的最重要的一部著作会以它为主题。性的问题已经远远超出了生理学和动物学的范畴，甚至超越了行为学的范畴，成为社会学、人类学、历史和哲学关注的题目。

女性性权利

关于女性在性生活中的角色问题可以被概括为两类：一类是事实，即女性在性活动实践中实际上是主动的还是被动的；另一类是观念，即在人们心目中，女性可不可以对性生活采取主动态度，有没有享受性快乐的权利。在这个问题上有两种观点，一种认为女性有主动追求性快乐的权利；另一种认为女性的性功能只是为男性服务的，所以女性在性生活中只能扮演被动角色，主动提出性要求不是"好女人"应做的事。英国维多利亚时代的性道德有一个最主要的特征，那就是把女人分成好女人和坏女人两类；前者是不喜欢性事的，后者是喜欢性事的；前者是性欲冷淡的，后者是性欲强烈。这种性道德观同我们这个社会的性道德观有某种相似之处。

一、女性被动，男性主动

很多女性在性生活中都仅仅扮演被动角色，但其中也有一些观念上的区别——有人认为这样就是对的，是天经地义的，是女性应有的道德；另一种并不情愿，对这种性权利上的不平等和男性对自己的性剥削持反感，不得不压抑自己。

一位自诉同丈夫感情很好的知识女性这样说："我是被动的，从来没主动过。我觉得自己不该主动，女人嘛。即使心里蛮愿意的也不能主动，还是男同志主动一点比较好，女的主动不好。"

一位女性这样认为："男的应当主动，女的应当被带动，不要主动。"

一位与情人有短期婚前性关系的女性说："性主要是为了让男的高兴。在和他的交往中，没有一次是我主动提出来的。每次他提出来都很突然，让我觉得意外。有时他提出来以后，我还在接着说刚才的话题，他就很生气，说：你能不能把这事丢一丢？可我觉得只想这事会十分紧张。"

一位此生有过同三个男人（前夫，情人，同居者）的性经验的女人在讲到她的那个情人时是这样说的："我和他没有过快感，就是为了报答他在我最困难的时候对我的关心。我觉得女人喜欢这事不好，像淫妇，就不是个好女人了。我想大家都是这么看的。后来那位男友（同居者）和我谈，诱导我。我对他说，你怎么这么流氓。他说这是科学。女人也应该享受这个。"

有的女性持有性是为男人服务的观点："我觉得性主要是为了让男的高兴。"

"我完全是被动的，牺牲型的。按理说，生孩子之后40天内不应该同房，可他没到日子就干了。"

"我从结婚到离婚，那么多年一直没体会过性的快感。我对结婚生孩子一直有很重的羞耻感。他每天都要有，有时一晚两三次。我从没主动提出过，但他提出来我一次也没拒绝过。"

"一直都是我为他服务，所以离婚对我来说是一种解脱。他还跟别人说，离婚是因为性得不到满足，根本不是这么回事。"

"全是他主动，我被动。"

"他经常在酒后做那事，总是喝得酩酊大醉的，我感觉自己是被发泄的，所以对这事反感，对他也没了感情。"

"我不喜欢这件事，总是他主动。我这一生没有得到过真正的爱抚。"

"这些年他主动的时候多，我主动的时候少。结婚后有段时间，我工作很投入，每周只有一天在家，每次回家都特别累。他习惯于夜里三点做这事，每次总是把我从熟睡中弄醒。我又觉得疼，所以不太喜欢这件事。后来我们看了一些介绍中国古代房中术的书，他慢慢诱导我不把这事当负担，而当成享乐。"

"在这事上，我们之间都是他主动，但我觉得女的不是不可主动提出这要求。"

"我们的关系中，我十次只有一次有快感。他只注意他自己的感受，不注意对方的感受。"

有的女性不主动向男方提性要求是出于照顾对方的考虑："我怕给他增加心理压力，就从来不主动提。结果他反而以为我不喜欢他。他只有见到孩子才有笑容，见我从来没笑容。"

有的女性并非出于羞耻感不愿主动提出性要求，而是等待男方用其主动性来证明他对自己的爱。这两种情况在结果上是一样的——都是男主动女被动，但实际上有很大的区别。一位女性有个比自己小很多岁的男友："那天，我对他说：咱们晚上亲热亲热，他说：那也得看我愿意不愿意。晚上在床上他一向是主动的，这次他不主动，我就掉眼泪。"

另一位表达了类似的观点："从我和周围的女人接触所得的

印象，都是男的特别着急，女的不急，让他们一边待着去。我想这可能跟文化、饮食习惯、人种有一定关系，主要和传统有关。女人首先就觉得不应该多做此事。不过，我觉得有要求的女人也是正常的，三十如狼，四十如虎嘛。"

有的女性会把性当作感情的礼物送给男人。一位女性在明知自己不可能和男友结婚的情况下做出决定——把自己的"第一次"给他："我和他好了两年，但我一直守着身。因为我周围所有的人都反对我和他结婚，所以我反复设想我俩在一起会怎样不和睦。在我已经决定不能和他结婚之后，我觉得自己得对得起他，不能让他空手而归。于是我决定答应他那件事。那一晚我们没有点灯。他很君子的，好像举行什么仪式似的。我就觉得一阵疼，有淡淡的血。他刚够弄破那里，连进都没进去。我推开了他。我们感情那么好，这件事却弄得那么不好。"

二、女性主动，男性被动

这种情况比较少见。如，一位女性说："我主动的时候多，他还说，女人应该主动。"

一位离婚女性这样讲到她和前夫的关系："我丈夫很单纯，特别顺从。我说在上就在上，我说在下就在下。他有时也想主动，但没有我的同意他不会做什么。他的个性压抑得很厉害。我当初就是觉得这样对他不公平，所以才同意和他结婚的。"

一位城市出身的女性嫁给了一位农村出身的男性，据她说，她常常是主动的："我感情上挺满足的，因为我知道他心里对我特别好。我希望他感情冲动拥抱我一下，可他的做派是农民式的。所以老是我主动。"

三、观念的转变——女人也有享受性的权利

一位女性讲了自己在这个问题上的观念变化:"我过去从来没有主动要求过,觉得一个女人去要求男人,太可耻了,臊得慌。我后来这个伴儿说过:男的需要女的主动;我说,哪有女的主动的,那太下贱了,太坏了,只有坏女人才会有这种要求,我只是附和他。直到跟这个男孩好了之后,我才觉得有了这种需要的。"

有的女性从自己的经历中得出这样的看法——男人喜欢女人有点主动性。一位女性说:"结婚那么多年,我就主动过一次,那次我们做完后,我对他说,你还能再来一次吗?他高兴极了。"

"我认为女人可以主动提性要求,这是女人的权利,不会显得低下,当然要提得艺术一些,让对方能够接受。"

有的女性是从对比中了解自己享受性的权利的:"和丈夫做事时有种感觉,他太把女人当成工具了,总是这种姿势那种姿势地摆,我感觉很不好。而我的情人是个特别照顾对方感觉的人,他总是尽量做得让我感到舒服。他更知道怎样让女人感觉舒服。"

有些女人则将男人分为只知满足自己和也懂得满足对方的两大类,一位前后有过两位性伴侣的女性这样说:"我的两个性伴侣都属于让我也高兴的类型。"

有一位女性从自己与男友的交往中得到男人其实特别看重给女人带来快感这样一个结论:"我男朋友说过,他认为男人最大的快乐就是能给女人带来快感。"

据调查,有些夫妻之间是不能讨论性问题的,或因为羞于开

口,或出于兴趣缺乏。但如果要男女双方都能享受性的快乐,就这一问题的交流是很有必要的。这一点似与教育程度有关,一位女性这样说:"他的文化层次比较高,可以交流,可以谈开——你觉得怎么好,哪些部位刺激时觉得怎么好——什么都可以敞开谈。我们俩之间的关系不像一般人那样,女人总是被动的。我们两人都是主动的,两个人都在那儿忙活。他也特别注意照顾我,不是仅仅满足自己。"

"一般是双方差不多。他每次求我我都同意;我提出来的时候他多数也同意,但如果他特别累就不行。"

"我的观念是,男女双方的权利应该是相互的,不应当仅仅是女人为男人服务,仅仅是男人从女人那里得到快乐;女人也可以得到同样的快乐。"

"我现在意识到在这件事上双方都应享受。一开始时,我只是感到恐怖,跟那个时代的教育有关,那个时代的教育是害人的、扭曲人性的。当时做这事时总怕怀孕,怕没法交代。"

一位自认观念新潮的女性提出这样一种看法:"有些不得不和男朋友分手的人说,我这几年什么人也没跟,我都给了他,他对我这样不应该。我觉得这种说法不公平,因为在两个人的关系中,不是你为他怎么样了,而是双方都 enjoy(享受)了。"这位女性还对女性的性权利和性关系的主动被动模式做了更细微的区分,在性权利方面她的观点是:"女孩也可以玩弄男性,虽然我自己从来没有这样做过,但我喜欢双方都 enjoy。"

在维多利亚时代的英国,社会规范要求妻子根本不应对性事感兴趣,而只能对做母亲感兴趣;女人也不应该从性交中得到快乐；女人只是被动地做出牺牲，满足丈夫的欲望；如果女人主动要求性交或对性交有兴趣，那就成了惊世骇俗之举，是令人厌恶的。（哈斯等，20）

在性的问题上，心理分析学派的大师弗洛伊德和性学家埃利斯（Havelock Ellis）都持有男主动女被动的看法，他们关于男人是活跃的、富于攻击性的，而女人是被动的这一观点一直没有受到过认真的挑战。直到非常晚近的时期，社会调查还在不断重复和肯定这一观点：在我们的社会中，成年人异性恋活动频率的主要决定因素是男性在这一活动中的活跃程度。例如，美国近期的调查表明，有一半的夫妻仍为丈夫主动；有14%的妻子更主动；其余约三分之一是夫妻的主动性差不多。（哈斯等，223）

对此，女权主义提出的疑问是：那么女人的欲望到哪里去了呢？

从本次调查可以看出，大多数的男女性关系是男主动女被动的，不仅如此，还有人认为，性关系应当仅仅是女人为男人提供性服务。从仅为男人服务到自己也享受性的快乐，女人的观念在发生很大的变化。但是这种观念的转变又是充满犹豫与痛苦的——怀疑自己主动享受性活动是不是"坏女人"的行径；怀疑自己有没有要求男人为自己服务的权利；怀疑女人究竟有没有享受性快乐的权利，等等。女人要拥有作为一个人的完整的权利，就绝不应当放弃自己享受性快乐的权利。这无疑是男女平等的一项重要内容。

说"性就是女人为男人服务"，显然是一种缺少女权意识的说法，在一些没有现代观念的女人和男人那里，这种观念还很深厚，这是可悲的，持有这种观念的人应受点启蒙教育。20世纪

60年代以来，性的问题逐渐成为一个政治问题，成为一个公众和学术话语的题目。在性的问题上，西方女权运动的关注点在于性与两性不平等的关系。

性与两性不平等的关系问题一直是女权主义内部最富争议性的问题。大多数女权主义者都认为，男性在经济和社会上的权力影响到他们与女性的性关系；女人在性的权利和权力上与男人是不平等的；双重标准的问题普遍存在。妇女运动向传统的性观念提出挑战。传统性观念认为，如果一个男人与许多女人有性关系，那么他只不过是一个花花公子；可如果一个女人同许多男人有性关系，她便失去了身份和尊严。这种男女双重标准对女人显然是不公平的。此外，妇女运动最常提到的一个要求是，"男人不应当把女人当作仅仅是一个性对象（sex object）"。女权主义向男性压迫与女性屈从的秩序挑战：过去一向是男人控制女人的性，男人"播种"，女人则应准备接受痛苦，被"耕耘"，被穿透；男人就像拥有土地和财产一样，也拥有妻子的性、生育能力以及她子宫的产品。

女权主义关于性机制是如何导致压迫的问题有大量的探讨。马克思主义女权主义者麦金农有一个相当惊世骇俗的说法，她说："做一个女人就是做一个被操的人。……男人操女人；主语—动词—宾语。"（MacKinnon，124）在她看来，这就是女人最现实的状况，这就是这个社会中在性别问题上的最后真理。性别就是女人的性的客体化（sexual objectification）的结果。换言之，所谓性别身份就是男性把自己的性要求强加在女性身上。两性的差别成为女性屈从于男性的借口。"这种差异就像戴在统治铁拳上的一双天鹅绒的手套。问题并不在于这种差异是毫无价值的；问题在于它是由权力来定义的。无论这一差异被承认还是被否认；无论差异的性质被褒扬还是被贬抑；无论女人因此被惩罚还是被保护。"(MacKinnon，219)

按照麦金农的观点，社会上的人被划分为两群：操人者和被操者(fuckors and fuckees)。当然，在她看来，这一划分并不是天然合理的或是由自然秩序造成的；并非因为一群人长了男性生殖器，也并非因为女人要生育，这一划分就是不可避免的，就是女人不可逃避的命运。这种性别认同的规范是社会强加给人们的，而不是由两性生理的差异自然形成的。总之，她对性非常看重，她有一句被人广泛引用的名言：性在女权主义中的地位就像劳动在马克思主义中的地位。

在性问题上，女权主义者分成了两派，激进派和自由派。激进派持有如下观点：性自由所要求的是伴侣之间的性平等，双方都既是主体，又是客体；最重要的是要扫除父权制机制，其中包括淫秽色情品制售业，父权制家庭，卖淫，强制性的异性恋；同时要反对男权主义的性实践，例如虐恋，猎艳式的临时性关系，恋童，以及阳刚阴柔(butch/femme)角色的划分，因为这些实践会导致女性的性的客体化。

自由派的观点与激进派针锋相对，她们认为，性自由所要求的是与激进派观念完全相反的实践，她们鼓励超越社会所认可的性行为规范，坚决反对将性行为划分为政治上正确和不正确的两大类，反对把性行为限制在所谓政治上正确的界限之内。她们借助于从弗洛伊德、马尔库塞(Herbert Marcuse)到马斯特斯和约翰逊的理论提出，男女两性的性的基本不同点在于女人受压抑，因此释放女性的性能量比压抑男性的性能量更为重要。

因此，这两派的区别又可以概括为，自由派更看重释放女性的性能量；而激进派则致力于压抑男性的性能量。两派在对待性的看法上的分野实质上是赞成性（pro-sex）和反对性（anti-sex）两种态度。前者对性持肯定态度，对各种形式的性表达，包括淫秽色情品、同性恋、虐恋，以及女同性恋中的模拟男女角色（阳刚阴柔）关系，全都持容忍或接受的态度；后者则对性持否定态度，反对淫秽色情品的制作和消费，反对性关系中的暴力及统治与服从关系等等。前者强调男女双方共同探索性的自由；后者却持有男性的攻击性性行为是许多社会问题的根源的看法。前者支持中性的立法程序；后者反对中性的立法程序。前者接近于法理社会的个人价值；后者则接近于礼俗社会的社区价值。

自由派持有一种关于享用性快乐的理论，它主张，女权主义应当把性快乐作为一种权力，因为如果总是把性作为一种控制手段来谈论，会令人感到性是一件很危险的事。在西方社会的观念中，女性的肉体既是低贱的，又是神圣的。女人们对性行为怀抱着一种羞耻、窘迫和害怕的感觉。她们讨厌自己的乳房，因为它们要么太大，要么太小；她们不喜欢自己的阴毛和臀部。对于青春期的性行为，男孩子受到鼓励，女孩子却受到训诫和禁令；女人因此认为性是危险的、神秘的、不可言传的东西。成年妇女免不了性冲动，却又必须隐瞒它。凡此种种，导致了许多青春期少女和年轻女人学会了对自己的性欲感到恐惧，并讨厌自己的肉体。（爱森堡等，51）

自由派关于享用性快乐的立场可以追溯到妇女运动的第一次浪潮，其代表人物是戈德曼（Emma Goldman）。她以性的自由表达作为中心议题。她认为，性解放不仅是个人的实现，而且是人从剥削和私有财产制下的解放；她坚决反对男性对女性的性占有和性控制，反对贞节观念。她对性问题的看法虽然影响并不太大，但却较早注意到了这个被主流女权主义运动忽略了的问题。伍德哈尔（Victoria Woodhull）也曾公开主张妇女的性独立和性自由，她在一次讲座中宣称："是的，我是一个主张性爱自由的人。我有着不可转让的、宪法赋予的、也是天赐的权利，我想要爱哪个人就可以爱哪个人，想要爱多久就可以爱多久。只要我愿意，就可以每天换一个情人。"（转引自凯查杜里安，560）在20世纪60年代的妇女运动第二次浪潮中，自由派的主张更加明确，那就是，应当将女性寻求性满足当作女权主义的一个重要目标。

然而，在艾滋病恐怖出现之后，自由派的观点受到挫折。社会上出现了一种新的性伦理，即有节制的性伦理。人们把性当成一种恐怖的事情（sex panic），性的文化价值和性行为方式都有改变，一反过去盛行一时的乐观主义的性解放和快感政治学（the politics of ecstasy）。在这个性传染病的时代，人们惊恐之余做出的反应是：安全的性行为，对身体的控制和管理，以及持续监视的美学（aesthetics of perpetual surveillance），因为性现在已经同死亡和疾病连在了一起。有的女权主义者抨击了这种貌似有理的道德主义回潮。女权主义者伊里加雷（Luce Irigaray）说：我不赞成这种观点，因为这等于是说，性是罪恶和疾病，无论是什么力量，只要能起到限制性活动的作用，就是对人类的拯救。为此我们还要感激艾滋病，因为它将从诱惑中拯救我们，引导我们到智慧去的路。（Irigaray，61）

有一种最为激进的自由派观点，是从社会革命的角度来看性革命的。在福柯以前，法国新左翼的知识分子达尼埃尔·介朗

（Daniel Guérin）就成为这一激进立场的代表人物。他主张，对于社会的压抑结构，应当诉诸"对准所有企图妨碍生命源流自由喷发的东西的战斗"。他指出：自由的性是保护自我的最有效的同时也是最无害的手段之一。在高度组织化的、高度计划化的、高度机械化的、高度集体化的社会里……各自以各自的方式进行爱的自由是留给我们的最后的权利、最后的奇癖之一。"对他来说，社会革命与性革命是同一种东西，"不存在性的自由这一问题，存在的是全面自由的问题"。（转引自安田一郎，148—153）

女性地位问题

对于我们的社会中两性究竟是否平等的问题,被访问的女性也持有很不相同的看法,主要可以概括为两大类,一类人认为在她的生活环境中男女是平等的,自己并没有因为是个女人而受到歧视;另一类人则感觉到了男女的不平等,这种不平等既有外在的事实上的不平等,也有内在的感觉上的不平等。

一、男女是平等的

一位女医生说:"我听到很多女人说,来生不愿再做女人。可我觉得作为一个女人,我没有受到什么歧视。我们医院,女职工占五分之四,医学院也是女生多。因为我们是女性为主的单位,各科科长女的占一半以上。当然,男干部比起他们在单位的人数比例还是要大一些。"

"我认为我们的社会在男女平等方面做得很好。作为女人没感到受到什么压抑,也没有自卑心理。我们家从小宠女孩,我外公就是喜欢女孩,父母又是喜欢女孩。我接触的夫妻都是女的比男的强,心理上都跟我差不多。当然,要是有人想照顾我,我也很乐意。"

"我从小所受的教育就是,男孩能干的事,我们都能干,甚至连体力劳动也不甘落后,一点也没有表现自己女性特征的意识。下乡劳动时,男的挑多少稻谷,我也要挑多少,还觉得特别自豪。"

一位在单位担任基层干部的女性说:"我们单位是女的多,最近才调来一个30多岁的女的当一把手。在单位倒不一定看是男是女,主要看会不会搞关系。有很多人都是靠拍马屁上来的,靠送礼。我这个人太直了,所以总是到不提实在说不过去的时候才提拔我。"

"'文革'期间,我中学毕业后分到建筑工程队,正赶上宣传'男的能干的女的都能干'。队里搞'三八女子泥土班',我们就成了第一批女泥工,爬脚手架等等什么都干,没有禁忌。男孩干的活我都干,没有女孩意识。和男孩唯一的区别是不骂脏话。"

有的女性并没感到受压抑,但她们不是把这种处境归因于男女平等,而是归因于自己没有去和男人竞争:"我没感到因为是女人受到什么压抑,可能跟我自己不求当大官飞黄腾达有关,我没有干大事业的欲望。"

女性在家里的地位同她们在社会中的地位关系紧密。一位女性这样谈到这二者的关系:"我丈夫劝我要在单位争取仕途,或者争取'钱途'。于是我就开始追求在单位被提拔,管钱,争取多拿奖金。我结婚后一直工资比他高,他对我就比以前好多了,不会太'大男子主义'了。"

"在我家里是男女平等的。我俩的家务分工不是封闭性分工,是开放性分工,谁有时间谁就做。"

不少女性认为,男女大体上是平等的,但在某些不太重要的方面,略有不平等的感觉:"我在工作中没觉得男女有什么区别,主要看自己的能力。只是在调动工作时能觉出来男的容易女的难。"

一位离婚女性说:"过去我没觉得有不平等,尤其我们单位女同志多,所以没觉出来。可离婚以后,别人都同情我,好像一个女的没有个男的就不行似的。现在谁一跟我提这个我就反感。我的婚姻失败就是因为我太依赖男的了。别人的同情在我看来就是不平等。"

也许正因为不少中国女性对自己的生活环境没有男女不平等的感觉,所以她们对于女权主义的看法似乎总带点否定意味,这一点已引起一些西方女权主义者的注意,她们对其中的原因疑惑不解。在我访问的女性当中,有些人对女权主义的理解就有偏差,以为闹女权就是要女人掌权来统治男人,例如,一位女同性恋者说:"我赞成女权主义。我觉得女人应该统治男人。"她还说:"男人自私、肤浅。我看到的男人都不行。"另一位女性虽然观点与她相反,但二者对女权主义的理解似乎是一致的,她说:"我不赞成女权。我觉得女的闹女权显得没水平,一点生活的情趣都没有。但也有例外的情况——如果有人每天挨打受骂的,搞女权我也赞成。"

二、男女不平等

女性对男女不平等的感受可以分为社会不平等、家内不平等和心理气质上不平等几类。首先看她们对社会不平等的感觉:

一位中年女性讲了她母亲那一代人遭受的不平等及她们的反抗和追求："我妈刚生下来的时候，我外公在帐子里露了个头，问了一句话：男孩女孩？一听说是个囡囡（南方话：女孩），就说：溺死她。姥姥听到她噼里扑噜在马桶里挣扎，怪可怜的，就抱她出来。后来哥哥们都上学去了，家里就是不让她上学，她就一直在教室外面偷听。家里看她那么执着，终于同意她上学，她因为好多知识都偷偷学过，连连跳级，后来去上了师范。我认为，中国好多女性如此要强，就是千百年来压抑的反弹。"

"咱们国家的妇女地位相对于 GNP 水平是相当高的，但是从绝对情况看，妇女地位还是比较低的。妇女现在已经能够参与主流社会的活动，但是妇女参政水平还很低，我看中国在 30 年、40 年甚至 50 年里都不可能出现女总理、女国家主席。在我看来，参政是提高妇女地位的最重要目标，因为那是决策权力呀。"

"我认为建国以后提出妇女走出家门，从表面上看做到了男女平等，但是很虚假，并没有从意识形态上发生变化。从中国家庭的现实看，女人地位还是低的。男女在外面干一样的事，回到家妇女还要多干一重家务。西方有人羡慕中国妇女地位高，可我看到的情况是，有一个女的嫁了一个三代单传的男的，因为生了一个女孩就自杀了，为这种事自杀、受虐待的多的是。正由于以前表面上的地位提高，才有了 80 年代的退步：工厂裁员先裁女的，因为照顾妇女的硬性规定没有了。这是对前几十年的否定，就像否定人民公社一样。妇女要平等，要提高地位，就要先回到市场原则，在这个基础上才能获得真正的解放。女人要靠自身觉悟的提高，女人自我意识的增强特别重要。社会给妇女提供的机会当然也很重要。"

"我觉得女性的地位可悲。虽然公关小姐一类工作可以找到，但这个社会实际上还是一个男人的社会。"

"我觉得男女不平等。女人要和男人获得同样的社会承认要付出的太多。婆婆要求我是个好媳妇；丈夫要求我是个好妻子；工作中男人认为女人天生不成。女人要得到同样的承认，一定要比男人做得好才成；男女做得一样时，别人一定会先给男的晋级；在我比男人强时，他们忌妒我，但是他们不是我的对手。"

"我觉得劳动人民阶层的妇女地位很低，知识分子阶层妇女地位高些，但还不是很高。农村女人就是男人的泄欲工具，传宗接代的工具，有些女人自己也这么看自己，生个女孩就很自卑，生个男孩就趾高气扬。"

"女性本身也在变化，现代西方的女性和19世纪的淑女已经不一样了。中国还有那么多人喜欢《渴望》里的刘慧芳，就证明人们对女性的要求还很传统，刘就是典型的中国淑女形象。"

一位当过大学教师的女性说："我觉得妇女的家庭地位提高了，社会地位没提高。那次评职称，我分数最高，但系里根本就没把女老师当回事。评职称时，女老师只是陪衬，好像是他们给我们点恩惠、恩赐一样。这还是一个男人的世界，他们成群结伙，没把女人当回事，没把你当对手。"

一位争得孩子抚养权的离婚女性说："我认为妇女地位不高。离婚条款对女人不利。过去男方每月只给40元抚养费，现在也才是60元。"

"一个离婚的男的找未婚的女的就很好找，离婚的女人要是找个未婚的男的，人们就觉得这男的亏了似的，这最能说明妇女的地位。离婚的女人再婚被叫作'二锅头'，意思是说她不是黄花闺女了。我知道很多女的就是因为再婚不容易才不敢离婚的。"

调查中发现的一个明显不公正的事例是招生分数线的不平等。一位重点中学的女教师说:"我们学校为了多招男孩,有一次把女孩的分数线提高了三分,结果家长造反了,我们不得不把那些够分的女孩也招上来,结果那个年级学生总数就超过了其他年级。"

其次看家内夫妻间的不平等感受:

女性家务负担超过男性还是多数中国家庭的基本生活图景,一位在农场工作过的女性这样讲到自己的家务负担:"自从结婚生了孩子之后,我就咬牙把所有的家务事都担了下来。我带孩子,他在外面拼命干活,就为了改变人们对我们未婚先孕的看法,为了再有出头之日。后来他当了班长、团支书,入了党,我也入了团,这下才翻过来了。可是这就成了习惯,家里的一切事都是我做。他变得懒极了。我就为他服务。"

一位女性讲到她对丈夫完全不分担家务的反感:"他早起晚回,把家扔给我。晚上就知道抽烟看电视,星期天睡大觉。我不舍得睡中午觉,我们三个人的衣服都是我洗。每天就像上了弦一样。"

有的女性抱怨男人像管小孩一样管束她们,一位女性这样说:"我和他没有亲密感。他不爱多说话,总是一副正人君子、光荣的共产党员的样子。他和我距离很远,从不开玩笑,不说下流话。我往那儿一坐,他就说:坐正了。他还不许我白天上床,吃饭也不许说话,什么书都不让我看。"

第三,不少知识女性并没感觉到外在形式上的不平等,但还是能感到有一种心理层面的、微妙的不平等:

"从知识女性角度看,社会平等对我们来说不是很大的问题。从发挥自己的才干、创造自己的生活天地上,没感到来自男性的压抑。但是在观念层次上对女性的歧视还是存在的,尤其在学术界。学术界的男性中心比其他任何一界都顽固和明显。我时常感到,对于那些从女性出发的观点,男性会嗤之以鼻,好像不屑与你争似的。女性总是不自觉地更重视人和感情,因此常常会有被攻击被伤害的感觉。社会逻辑的男性化在学术观念上是根深蒂固的。"

"我认为男女是不平等的。我生活在男性的社会圈子里,感到他们给我一种压力,是无形的压力。不是他们不尊重我。我爱人天天做饭,给我买化妆品,做得都很好。但我觉得他们骨子里都是大男子主义。一个男人这样对我说过:我不可能跟一个女的很严肃很深刻地谈什么。他们觉得女的和他们在智力上没法对话。有一阵我和几个要好的男友天天辩论,他们就说,你是例外,你举出几个身边认识的女的是值得我们佩服的。我的确举不出几个能使他们佩服的女性。另外,他们给我一种压力,好像他们能在社会上做事,我在这方面没有他们那么多的能力和精力。"

"我在社会上、经济上、自己的专业上都能自立,但还是存在着感情的饥渴。他(情人)对我算是很专的了,可我还是有不安全感,心悬在那里。我最软弱的地方就在这儿。有时会不由自主地去投合他,转回头一想又不舒服。对心理上的依赖感、安全感要求很强。"

"我在体魄强大的男人面前有一种感觉,觉得自己好像缩小了似的,心理不平衡。我喜欢本质上非常'男人'行为上却很温柔的男人,要是特别张狂就可笑了。这种感觉跟力量有关。"

一位曾在月经来潮以后陷入过自卑感的女性说:"我就那样很沮丧地生活了两年,觉得当女孩特别不好,当男孩多好啊。我还想,一辈子一共要来多少次月经啊,还不如一下都来了,然后就没事了。我觉得自卑,觉得和男孩生理差别那么大,加上我痛经很厉害,觉得比起男人有那么多的麻烦事,不得不把雄心壮志扔一边去。我一直觉得男人在生理上是优越的。"

"我从高中起就觉得男孩和女孩不可同日而语,觉得他们水平高,想和他们聊。我也不怕人说,说实在的还挺得意的——喜欢你的男孩多嘛。"

一位中学女教师这样分析男女两性的能力:"女孩逻辑思维不如男孩;数理化不如男孩;对感情的要求多,而且比较早。但是好学校的女孩谈恋爱现象并不明显。虽然学习分数比男孩高,但是灵活运用方面不如男孩。有一次,学校给我布置任务,让我出的考题能多招些男生,这对我来说并不难,因为如果我照课本出题,就会有较多的女生考上来;如果我出需要灵活发挥的题,考上来的就会有比较多的男孩。这个我是有把握的。"

一位女画家说:"我同意那句话,做人难,做女人更难。同样的事,男人能做,女人做起来就难。比如说出画册、办画展,一个男同志就能一次两次地请客,把有关的人都请到,把事情办妥;要是我来请客,肯定会谣言四起,弄得你没法做人。"

"我觉得社会上有些说法对女人特别不公平,比如有句话说'最毒不过妇人心',可是在这个男人的世界,女人要是不狠一点就斗不过男人。比如说《大红灯笼高高挂》里的那些妻妾,《红楼梦》里那些女人,不坏就活不下来。你要当林黛玉、晴雯就活不下去,只有像探春、熙凤这样的狠心人才能活得好,只有像宝钗那样圆滑才能让老太太喜欢。社会上对女人不理解的太多，责难也太多了。"

"女性常常被感情所困。女性对男性的依赖究竟是源自本性的东西，还是社会加给她的？是应该改变的，还是应该保留的？女性在社会在经济上都可以很独立，但在心理上却希望依靠男性，崇拜他。在男女关系中，双方都从心底不接受平等的朋友关系，女性比男性更不愿接受。女性好像在心理上有这个需求。就因为这个，女性感情脆弱，很容易受伤害。有的人可以显得很潇洒，男女保有各自的生活空间。但是女性用情专一，一旦用情就收不住，变成滥情，能收放自如的就不是情了。我对女性的这个特点感到困惑：这到底是女性的弱点，是精神完善的大敌；还是个优点，应当保持？"

一位在文化圈里很活跃的女性说："这个城市里单身女人的圈子很多，我去参加过一些聚会活动。她们素质高，知识修养和情感的丰富程度也都很高。但是她们很多都有心理创伤，聚在一起话题不离男人。她们总是每人讲点自己的经历，然后就开始痛骂男人，骂得痛快淋漓。可越骂越说明你离不开男人。我觉得人没有安全感就容易偏激。我的感觉和她们不一样。我对这种聚会的第一个感觉是，女性真的离不开男性；第二个感觉是，她们的交谈有正反馈作用，增加对男性的怨恨心理，激发恶意，使得心理变得不健康。"

还有一些女性在两性差别问题上持有典型的本质主义的看法："男人和女人是那么不一样，男人是自我中心的、强悍的、进取的；女人是利他的、柔弱的、守势的。就像《太阳浴血记》里面所描写的那一男一女。"

"我在和男人相处时会不自觉地改变自己，如果他很温柔，我就温柔；如果对方狂暴，我也会变得狂暴。男人就是男人，女人就是女人。男人就是有力度的，女人就是柔情似水。既然人分成两性，就该各司其职。"

"即使是女强人也应当有女性的温柔，要打扮自己，像个女人的样子。"

三、态度与策略

女性在对男性的态度和策略上有很大差异，概括起来有以下几类。

第一种是主张争取男女平等，学会与男人平等相处：

"我觉得妇女的社会化过程和目标都有性别歧视。人的素质太低，没学会平等相处。男强女弱这类话语都是等级制的产物，我特别不喜欢'夫管严''妻管严''女强人''女性雄化'这类语言，我觉得这不是科学的概念。新型的两性关系应当学会平等相处。"

"我觉得城乡妇女的地位不一样，但是不管在城在乡，地位是由自己决定的。无论在家里，在单位，要把握自己的地位，全靠自己。女人不应该依赖别人。与其依赖别人不如依赖自己。"

"婚姻靠怜悯保持不住，非得自己有力量，能同对方匹敌，才能保住婚姻。"

第二种是承认男刚女柔、男强女弱，在男性面前取退让的姿态：

一位资质非常出色的女性有自己的一套处理男女地位关系的

原则:"我不和男人争。很多文化层次很高的男人喜欢我。我只看不写。一方面是因为我很懒散,另一方面是因为我不功利,不和他们争。"这位女性的大致还是出于直觉的男女地位关系对策,在我看来是颇具启发性,也颇具文化意味的。如果对她的直觉做一点理性的分析,我们可以看出她态度中的几重含义:第一,女人实际上具有和男人相等的智力和能力去做成任何事情,她至少是善解人意的,她能够对事物有和男人一样的理解力;第二,不愿对男人造成威胁,包括智力上的威胁和机会上的威胁。虽然男人希望女人懂得他们懂得的事情,但如果女人显得比他们强,他们就会感到不舒服,尤其不应和他们争夺有限的机会,否则他们会更不舒服;因此,一个成功的女人(注意:不是成功的人,而是成功的女人)是明明有能力有机会超过男人而故意不去超过他们的女人。调查到的这位女人就是一个典型的例证:许多男人感受到她的魅力,追求她,赞赏她,她是一个在做女人方面极为成功的人。然而,她的原则是对女权主义的一个挑战:一个女人应当去做一个成功的女人,还是应当去做一个成功的人?也许我们应当改变的是环境,是社会——把一个做成功女人和做成功的人是相互矛盾的目标的社会,改变为这两个目标不再矛盾的社会。这大概正是许多女权主义者追求的目标。但是,这样一个社会是可能的吗?

许多男人受不了妻子的社会地位超过自己,一位在业务上强过丈夫的知识女性如此总结道:"我比他强就闹矛盾;我一比他弱,需要他帮助时,关系就好了。"

一位离婚女性说:"我的恋爱总不能成功,就是因为我不会跟男人撒娇。男人不敢娶我,我这个人太强了。有个同事跟我说：我也许不该说这话，你要想再结婚，就应当主动点，放松点，别让人觉得你像个圣母似的，那样男的会怕你。你让人觉得高不可攀，让人不敢对你动手动脚，情不自禁地惧怕你，尊敬你。"

"我这人能力强，他在我这儿老觉得受压抑。我觉得我得处处表现为我不如他。他家社会地位不如我家，我处理一些问题，他们家的人老觉得我瞧不起他们。我也确实是瞧不起他们，但是没有流露出来。"

"我比我爱人强，他拘谨，我放得开。"

一位知识女性说："女人要想成为强人要付出比男人多好几倍的努力。虽然我还算不上什么女强人，但找男朋友时也能感到一种压力：我老是得装傻，装嗲，装嫩，装得好像自己不是那么强。我实在不想装，可是不装不行。有朋友教过我，找男朋友时要显得羞涩一点，不要向男人炫耀自己，不要显出自己强来，别跟男人谈学问。朋友对我说，你不用刻意表现就已经够强的了，有些男人的确听了害怕。我发现这劝告还真有用，有时装傻还真管用。可就是这样，对方还是老觉得我太强。我觉得这样很可悲，人还是本色一些更可爱。"

"有的男的找对象不找条件特好的，觉得累。有的女的一考上研究生，男的就提出和女的吹。他们要找弱一些的女的，不找高学历的，不找家庭地位高的，用他们的话说就是，不伺候大小姐。有的男的不找大姑娘，专找离过婚的，觉得这样对方可能不太盛气凌人，可以仰视他们。"

有的女人以为建立一个女高男低的婚姻关系就能得到幸福和平等的感觉，其实未必如此。一位离婚女性讲了促使她建立一个女高男低的家庭的原因及后果:"我的婚姻选择受家庭影响很大。我爸对我妈不好,老打我妈,我从小看他们俩打架,发誓一定要找个脾气好的,不会欺负我的,对我不会高声说话的。我妈老说:跟个好男人,不打你不骂你就行了。结果我找的丈夫是个本科生,我是研究生,在他面前有优势。没想到他的男性尊严被压制了,他和我也没快乐可言。"

第三种是像旧式妇女那样,重新回到依赖男人的状态去:

近年来出现的太太群体是妇女地位问题中出现的一个新现象。一位应男友要求辞去工作的家庭主妇说:"我老公说,我不让你出去工作就是怕人勾搭你。我听了这话很感动,没想到他对我这么好。"

一位准备在家做太太的女性并没有把她的选择同妇女地位问题联系在一起考虑,她说:"作为一个女人,没有特别觉得受到歧视。看你碰上什么人了。一个女人能碰上一个好点的老公,一个能挣钱的老公,自己能在家当太太,那有什么不好?等他再多挣些钱,我就想辞职了。挣够我们后半生的钱,我就可以辞职了。我不担心自己的地位问题。"

一位事业上很强的女性表达了她在依赖男人还是自立这个问题上的矛盾心理,她说:"我并不喜欢女的特别硬,反而觉得温柔、柔弱的女孩挺好的。我认识一些这样的女孩,自己什么都不去做,一切由男人来安排。我有时觉得她们那种生活特别幸福,特别羡慕她们,可是我又受不了自己变成这个样子。"

人们在性别问题上的观点千差万别,择其要,可以概括为四种立场:第一种是男尊女卑;第二种是男女平等;第三种是女尊男卑；第四种立场根本否定男女二元对立这样一种区分方法。

先看男尊女卑的观点。这是典型的男权社会和男权文化的看法。无论在东方还是西方，这种看法都是在传统时代最为盛行的观点，中国有"夫为妻纲"，西方妇女为了得到选举权也做过艰苦的斗争。在很长的一个历史时期，这种观点被视为天经地义，很少有人对它提出挑战和质疑。人们认为这似乎是一种天然的秩序，有意无意地把男女生理结构上的差异当作这一立场的基础。

首先向性别的传统秩序挑战的是男女平等的观点。社会主义的女权主义和自由主义的女权主义虽然在许多问题上有不同看法，但都属于强调男女平等的一类。"时代不同了，男女都一样"（毛泽东）；"女性不是天生的，而是建构出来的"（波伏瓦），这些思想脍炙人口。这种观点否定男尊女卑是以两性生理条件为基础的自然秩序，强调这种观点是社会强加给人们的偏见。男人能做到的事情，女人也能做到，只要给她们平等竞争的机会。它极力否定两性之间的差异。

进一步的挑战来自激进女权主义，它比男女平等走得更远，时间也更晚近些。它既否定男尊女卑的传统秩序，又反对男女平等的目标。它不是否定两性之间的差异，而是在承认两性差异的同时强调女性优越于男性。这种观点认为，无论在精神上还是肉体上，女性都比男性优越，前者的例子有爱和平不爱战争；后者的例子有性能力更强，适应恶劣生存条件的能力更强，平均寿命更长等等。有人提出，如果世界上多一些女国家元首，战争可能会少些。

在性别问题上近些年才出现的新潮观点是后现代主义的女权主义。后现代女权主义认为，西方文化中自文艺复兴启蒙主义思潮勃兴以来，一直有一个两分（dichotomy）的思想脉络，其中很主要的一项两分的内容就是感情与理性，一般认为，前者是女性的特征，后者是男性的特征。后现代女权主义对这种划分持异议。它否定把两性及其特征截然两分的做法，不赞成把女性特征绝对地归纳为肉体的、非理性的、温柔的、母性的、依赖的、感情型的、主观的、缺乏抽象思维能力的；把男性特征归纳为精神的、理性的、勇猛的、富于攻击性的、独立的、理智型的、客观的、擅长抽象分析思辨的。这种观点强调男女这两种性别特征的非自然化和非稳定化，认为每个男性个体和每个女性个体都是千差万别、千姿百态的。它反对西方哲学中将一切做二元对立的思维方法，因此它要做的不是把这个男女对立的二元结构从男尊女卑颠倒成女尊男卑，而是彻底把这个结构推翻，建造一个两性特质多元的、包含一系列间色的色谱体系。这种观点虽然听上去离现实最远也最难懂，但它无疑具有极大的魅力，它使我们跳出以往的一切论争，并且为我们理解两性问题开启了一个新天地。

将中国妇女的状况同西方妇女加以比较，仅受礼教束缚的中国妇女的地位略微强于受宗教教义束缚的西方妇女的地位；中国妇女的地位同其他亚洲国家相比也略高一些。有些西方学者持类似看法，认为中国妇女与日本、印度妇女相比，有更多的自由，地位也更高一些。他们曾分析其中原因为：在中国人心目中，与传宗接代相比，性生活微不足道；中国人虽然喜欢性，却又不认为它是至关重要的。因此，女人常常可以与丈夫平起平坐，并参与他们的事业。英国甚至有观察家认为，中国人对生活的基本态度远不是印度式的，而是现代西方式的，有些连西方人都不愿接受的观念，都能被中国人迅速、彻底地加以采纳。曾到中国讲学

的罗素就有这样的印象。(埃利斯,12—13)

特别是我国从20世纪50年代鼓励妇女走出家庭参加社会生产活动以来,"男女不分"成为时尚,它既是对男女不平等的社会地位的挑战,也是对男尊女卑的传统观念的挑战。这一时尚在"文革"时期达到登峰造极的程度。它不仅表现为女人要同男人干一样的事情,而且达到有意无意地掩盖男女两性生理心理差异的程度。那个时代造就了一批自以为有"男性气质"或被男人看作有"男性气质"的女性。在那时,女人不仅要掩饰自己的女性特征,而且对于想表现出女性特征的意识感到羞惭,觉得那是一种过时的落后的东西。20世纪80年代以来,女性的性别意识在沉寂几十年之后重新浮现出来。最明显的表现是,女性开始重新注重衣着化妆,表现"女性特征"的意识一旦苏醒,立即发展得十分炽烈。

在否定"文革"中女人的"男性化"的过程中,又有人矫枉过正,表述了一种近似本质主义的思想:由于女性是人类生命的直接创造者和养育者,因而对生命有着本能的热爱,这种热爱生命的天性,使女性具有了独特的文化意识和文化心态。现代工业社会的最大缺陷,就在于它常常使人忘记了"人是生物"这一点,而生物离开生物性活动,就不可能获得幸福。如果男性文化将使生命变成机械并使其遭到毁灭,女性就必须履行自己作为生命的创造者和养育者的职能,发挥母性和女性独特的社会作用。这类思想的本质主义表现在几个方面:首先,它假定由于女性能生育,就"本能地"热爱生命;可是男人也为生命贡献了精子,也是生命的"直接"创造者,为什么他们就没有"对生命本能的热爱"呢?其次,它假定男性文化"将生命变成机械",女性文化强调人的"生物性",这是缺乏证据的。此类说法同西方有人将男性同"文化"联系在一起、将女性同"自然"联系在一起的想法如出一辙,而这种划分是本质主义的。

这种本质主义的性别观念深入到社会意识中,有时甚至以科学知识的方式表现出来。如前所述,人们在分析男女两性资质上的差异时都相信:女性逻辑思维不如男性;女性重感情,男性重理性等等。女性是否比男性更重感情?人们以为这是一个先验的事实,其实它却存在着极大的疑点。在我看来,这是一种本质主义的观念,没有实验的证据可以证明,女性比男性更重感情;毋宁说,人类中有一些人比另一些人更重感情;但是前者不一定是女人,后者亦不一定是男人。换言之,有些男人是重感情的,也有些女人是不重感情的。把重感情当作女性整体的特征是错误的;而把它当成是天生如此更是本质主义的。

中国的传统性别观念与西方一个很大的不同点在于,西方人往往把男女两性的关系视为斗争的关系,而中国人则长期以来把男女关系视为协调互补的关系。阴阳调和、阴阳互补这些观念一直非常深入人心。但是,这并不能使中国人摆脱本质主义的立场,即把某些特征归为"男性气质";把另一些特征归为"女性气质";而且认为这些气质的形成都是天生的。后现代女权主义反对本质主义的立场对于上述文化理念来说是颇具颠覆性的,因为它根本否认所谓男性与女性的截然两分。对于深信阴阳两分的中国人来说,这一立场是难以接受的,甚至比西方人更难接受。这倒颇像法国和英国革命史上的区别:法国压迫愈烈,反抗愈烈,双方势不两立,结果是流血革命,建立共和;英国温和舒缓,双方不断妥协退让,结果是和平的"光荣革命",保留帝制。

在两性平等的进程中，西方女权主义激昂亢奋，声色俱厉，轰轰烈烈，富含对立仇视情绪；而中国妇女运动却温和舒缓，心平气和，柔中有刚，一派和谐互补气氛。但是在我看来，也正因为如此，若要中国人放弃本质主义的观念，恐怕比西方更加艰难，需要更长的时间。

结论：一点理论分析

在我看来，弗洛伊德、马尔库塞和福柯三人是性思想史上最重要的思想家。

弗洛伊德认为，人类的性文明史就是人被压抑的历史。本能（力比多）与文明是对立的。因此在他那里，性的发展史是一个从自由到压抑的过程。弗洛伊德说："人体从头到脚皆已顺着美的方向发展，唯独性器本身例外，它仍保持其属兽性的形象；所以不论在今日、在往昔，爱欲的本质一向总是兽性的。要想改变情欲的本能委实是太艰难了；……文明在这方面的成就总不能不以相当程度地牺牲快乐来换取。"（弗洛伊德，143）在他看来，压抑是为获取文明不得不付出的代价。如果令每个人的本能（原欲、力比多）自由地迸发，社会将不成其为社会，文明也就会丧失。因此，文明只能是压抑性的文明。

马尔库塞则认为，人类可以拥有非压抑性的文明，他将弗洛伊德版的性史改写为从自由到压抑性文明（匮乏期）再到非压抑性文明（富足期）这样一个过程。他说："在最适当的条件下，成熟文明中优厚的物质财富和精神财富将使人的需要得到无痛苦的满足，而统治再也不能按部就班地阻止这样的满足了。……快乐原则与现实原则之间的对抗关系也将朝着有利于快乐原则的方向发生变化。爱欲，即爱本能将得到前所未有的解放。"（马尔库塞，111）他力图说明的是，尽管在匮乏的时期和匮乏的社会，人们必须为文明付出受压抑的代价；但是在一个富足的时期和富足的社会，人的本能与文明的冲突将可以被克服，爱欲将可以自由奔放。

福柯的思路与前两位均不同，他不认为在人类的性史上存在着这样界限分明的时期：古代的性自由奔放期，后来的性压抑期，和现代的性解放期。他不认为曾有过一种自上而下的、由某一机构或阶层来施行的压抑；而认为社会对性的禁制始终是自下而上的、弥漫的，甚至大量地表现为自我禁制；它存在于工厂、学校、监狱、军队、医院等社会组织之中，是一种普遍存在的"惩戒凝视"，其目的是制造"驯服的身体"。

福柯在其名著《性史》中反复阐明他关于性压抑假说的看法，旨在推翻人们普遍信以为真的一个神话，即性受到了自上而下的禁制，遭到了禁忌、绝迹与缄默的三重压抑。他提出三个严峻的疑问：第一个疑问是，从17世纪开始的性压抑真的是既定的历史事实吗？第二个疑问是，权力的机制，特别是在西方社会中运作的那些机制，真是压抑性的吗？第三个疑问是，批判压抑的话语是权力机制的对立面还是这个权力机制的一部分？他的主要论点是，从17世纪以来，在西方社会中，性不但没有保持缄默，而且早已被人"说烂了"。"一切关涉到性的东西都必须由那永不停歇的言语之磨碾磨一遍。""三个世纪以来，西方人一直视和盘端出一切涉及自己的性的意念、言语、行为为自己必须完成的任务。""就性来说，最为喋喋不休、最急不可耐的可能就数

· 333 ·

我们自己的社会了。"福柯认为，弗洛伊德的泛性主义其实并非自弗洛伊德始，它的产生和弥漫过程开始得要早得多。在20世纪，人们庆贺摆脱了长期的严厉的性压抑和基督教禁欲主义的余风。然而那些反对弗洛伊德的泛性主义的人"只不过是在一种早已开始的过程面前措手不及，尽管他们毫无知觉，却早已被四面包围；他们完全归功于弗洛伊德的东西已经走过一段很长的准备时期；他们把我们社会中一种普遍的性状态展布建立的年代搞错了。"（福柯，11—33、153）

在这一分析的基础上，福柯揭示了性科学与性爱艺术的对立，他说："我们的社会与 ars erotica（性爱艺术）的传统决裂之后，便为自己装备了一种 scientia sexualis（性科学）。……毫无疑问，性科学与性爱艺术是对立的。"他认为，现代西方的人们已经不再能够像古代希腊的人那样从性快感的本身中体验快乐，而只能在忏悔中体验快感了，他称之为"西方人聪明地培育了好几个世纪的'由分析得到的快感'"；"性活动问题的焦点已不再是快感以及享用快感的美学，而是欲望和净化欲望的解释学"。福柯认为，在这个性的时代，人关于人的本质的探讨已经变成了对性的探讨，性能够解释一切："我们社会的众多特征之一，便是热衷于谈性……对被性的强烈好奇心所驱使，拼命要问出它的究竟，怀着热切的渴望要听它谈、听人谈它，迅速发明各种魔戒想使它放弃谨慎。好像对我们来说，有必要从我们身上这么一小块地方不仅获得快感，而且获得知识，并把握快感与知识之间微妙的转化……在几个世纪的时间里，有一种倾向，要把对我们是什么的探讨变为对性的探讨。……性，可用来解释一切。"（福柯，67—77、425）

作为对比，福柯把性爱艺术归于西方以外的社会；把性科学归于西方社会。福柯认为，有两种产生性的真理的过程："一方面，每个社会——数不胜数的社会，中国社会、日本社会、印度社会、罗马社会、阿拉伯—穆斯林社会——无不有自己的性爱艺术。"另一方面，"我们的文明，至少从表面上看，根本没有什么性爱艺术可言。相反，它却毫无疑问是唯一进行性科学实践的文明，或者可以说，它是唯一在过去几个世纪之中发展出讲述性的真相的种种程序的文明"。(福柯，56—57)

在我做关于中国女性的感情与性的研究的过程中，一个基本的感觉始终困扰着我：一方面，我感到中国的情况像福柯所说的古希腊罗马社会，在那个社会中，性爱艺术最关心的不是对性行为做正确与错误的划分，而是视性活动为一个整体，更关注于快感的享用和节制；另一方面，我又感到，中国的现状像弗洛伊德心目中的维多利亚时代，禁欲主义是每一个人为文明所付出的代价。但是，有一点是肯定的：现代中国的性状况同现代西方的性状况是很不同的。换言之，我所观察的这个社会同福柯所观察的那个社会差异非常之大。

这种差异仅从表面上看就十分明显：在西方人人都在谈性，而中国的人们还有点"谈性色变"；在西方，性科学（包括各种调查研究、心理分析治疗）铺天盖地，而在中国，性还基本上囿于私人的卧室之中；西方的女人会因为达不到快感去看医生，中国的女人却对同样的问题处之泰然；在西方，同性恋经历了从被视为刑事罪犯（历史上最严重的时期要判死刑）到"走出柜橱"的解放运动，在中国，同性恋从未被定为非法但是默默地忍受着"正常人"的歧视和嘲笑；在西方，性成为政治学、社会学、历史、哲学最为关注的话题之一，在中国，它却仍旧躲在阴暗的角落，被人们认为是不登大雅之堂的话题。

经过反复思索比较，我得出这样一个结论：性的地位在中国既不同于古希腊罗马（但有像处），也不同于维多利亚时代（也有像处），更不同于现代西方社会（最不像），而是一个在独特文化的时间和空间之中形成的东西。作为分析对象，它是一个弗洛伊德、马尔库塞和福柯都未曾面对过的对象。至少在地域上，那三位面对的都是西方社会，而我面对的是处于东方文化地域当中的中国社会。高度概括地说，这两个对象最大的区别在于：在西方，与性有关的论争常常围绕着正确与错误，正常与反常，善行与罪恶而展开；在中国，与性的地位有关的却是重大与渺小，崇高与羞耻，上流与下流的问题。在西方社会中，性处于对抗之中——压制与反抗，正常与病态，罪与非罪的对抗；在中国社会中，性被忽视，性在重要与不重要，崇高与低下，浩然正气与鬼魅邪气之间属于后者。早有不少学者论述过西方是罪感社会，中国是耻感社会的观点，很有道理。在性的问题上，西方的宗教或意识形态会告诫人们，什么样的性行为方式是罪恶的，不要去做；而中国的传统伦理或意识形态会宣称，性是可耻的，要把它节制到最低限度；要背着人悄悄去做，不要把它挂在嘴上；这种兽性欲望虽然人人都有，但是比较高尚的人比较能够克制它，最高尚的人最能克制它。

西方与中国在性问题上的差异至少为双方分别造成了两类后果：在西方，反面的后果是，人们受到判定行为的正确与错误的规范的"凝视"，要担心的事情很多——担心没有性高潮，担心没有正确的体形，担心性倾向不对头等等，动不动要去求助于心理医生；正面的效果则是，一方面有压制，一方面有反抗，真理越辩越明，于是女人争得"女上位"的权利；同性恋争得结婚的权利；虐恋的爱好者争得在密室中得到特殊服务的权利；性学家公开宣布同雇用他们做研究的政府的初衷大相径庭的调查结果——色情材料不但不会导致性犯罪率上升，还会降低性犯罪率。

在中国，正面的后果是，由于性受到忽视，人们的"自我"反而趁机处于自由、散漫的状态之中，口交肛交随心所欲，不但没有旁人来管，自己内心对这类行为也无焦虑感；没有高潮就没有高潮，也不用去看医生；反面的后果有两方面，一方面由于性被视为低级下流之事，不少人屈从于残存的兽性，遂自甘堕落，做出不少苟且的勾当，做时不免心怀愧怍，倍感羞耻，痛恨自己的"本我"；另一方面有少数高洁之士克服了可鄙的淫欲，达到了崇高境界，让心中充满浩然正气，所念全是国计民生之事，但却被人视为"假道学""伪君子"，也平添了不少烦恼。

我把西方与中国在性问题上的差异概括为以下几个方面：

首先，有对错界定与无对错界定的差异。在西方，某种方式的性行为会被定义为正确或错误，例如，异性恋正确，同性恋错误（违反自然的犯罪）；阴道交正确，口淫错误；能导致生育的正确，不能导致生育的错误（如手淫），等等。中国人关注的不是正确与错误的界定，而是把关注的重心放在节制性欲上，讲究中庸之道，讲究慎独，讲究过犹不及，讲究存天理灭人欲。西方历史上有人曾因同性恋活动被判死刑，中国人在清末却以"狎玩相公"为寻常享受。在西方，不少的人对某类性行为或对性欲、性快感本身怀有罪恶感；而在中国则应当对荒淫无度怀有羞耻感,而不是犯罪感。

第二,有焦虑感与无焦虑感的差异。福柯讲得最多的是宗教忏悔仪式中要求人们坦白一切与性有关的思想、行为、罪恶这一历史事实。人们由此对性问题产生了大量的焦虑。中国的情形明显不同:没有什么普遍信奉的宗教,几乎可以说是一个没有宗教信仰的民族。基督教为西方人在性方面制造的焦虑感,在中国人这里很陌生,因此可以说中国人在性的问题上相当地纯朴混沌,没有太多因负罪感引起的焦虑感。

第三,有激烈反抗与无激烈反抗的差异。西方人在性问题上过于焦虑,因此就有激烈反抗,正如福柯所说:"哪里有权力,哪里就有阻力。"(福柯,93)中国人由于没有焦虑,也就没有反抗。西方人的反抗表现为走极端——越是感到焦虑的事,越要去说,去研究,去表现,所以西方有那么多关于性的研究、治疗;有那么多文学、艺术、影视传媒在表现这个主题。在中国,性这一主题的表现相对要少得多。

第四,有权利感与无权利感的差异。西方人以为自己的性权利被压抑、被剥夺了很长时间(这种想法不一定对,正如福柯分析的),所以在性问题上带有造反者和反抗者的狂热感、正义感和权利感,搞起色情品、卖淫、同性恋和各种变态性活动来显得气壮如牛,好像在搞革命(确实也有人管这叫性革命),好像在夺回被人抢去的权利。中国人在性上没有被剥夺感,所以也不会有反抗的热情和正义感,更没有权利感。在中国人的心目中,性的欲望是个小小不言的隐私,不登大雅之堂。西方人在开放淫秽色情品市场、卖淫合法化、同性恋合法化问题上争论得如火如荼,风起云涌;中国人对此却像在听天书,暗地里觉得奇怪:这种问题有什么讨论的余地，连想一想都不好意思。

著名人类学家马林诺夫斯基（Bronisław Malinowski）曾说："自亚当和夏娃以来，性冲动就一直是绝大多数烦恼的根源。"（转引自韦克斯，146）古希腊人以饮、食、色为人的三大欲望，三种快感；中国人则有"饮食男女，人之大欲存焉"一说。看来这种概括是跨文化的。中国人并非真修炼到了对性漠不关心的境界。将西方的禁制与中国的忽视相比，我们不知道该选择哪一个，就像一个面临死亡的婴孩不知道是被溺毙更好，还是被丢弃更好。总之，性在中国的处境就像一个被丢弃的婴孩，在那里自生自灭，心中暗暗纳闷：我为什么这么不受宠爱？

从人本主义的角度，人类的性与爱不仅不是低俗的品性和行为，而且是很崇高的；不仅不是不值一提的小事，而且是很重要的。原因就在于性与爱同人的自我有着极其重大的关系。如果一个社会、一种文化重视人的自我，它就会重视性与爱；如果一个社会或一种文化轻视人的自我，它就会轻视性与爱。人们常常以为，政治事变、经济发展这类事情才是重要的，个人的欲望、快乐与行为方式根本无足轻重。这种想法在中国尤其盛行，因为个人在我们的文化中从来都是一个被忽视的价值。在布罗代尔（Fernand Braudel）三个时段的划分中，中国人自然而然地以为短时段现象（政治事变）是最值得重视的；中时段现象（某种发展趋势）次之；长时段现象（生活方式）是最不值得重视的。而在我看来，布罗代尔对长时段事实的关注却不仅具有历史研究方法论的意义，而且具有对人的关注的意义。归根结底，政治的斗争和经济的发展只是工具，人的幸福与快乐才是目的。我们为什么如此喧宾夺主，为什么常常把手段当成了目的而令目的受到冷落呢？

　　调查给我的印象是，尽管这些女人的性情相当不同，她们的性爱经历与观念也有很大差异，但她们有一个共同点，那就是她们都非常看重她们的"自我"，她们从不认为出于这个"自我"的任何行为、感受是无足轻重的，她们为它快乐，为它忧伤，为它欣喜若狂，为它痛不欲生。在这部书里，我把它们——这些自我——如实地记录下来；尽管有人认为这些记录没有任何重要性，我却持相反的观点。我认为它们无比重要，因为它们是人的生活，它们是生命的存在状态。罗素曾说：人们在世界上做着两件事，一件是把地球上的东西搬来搬去；另一件是指挥别人把地球上的东西搬来搬去。我想，我在这本书里记录下来的事情，至少并不比这两件事更无价值。

参考文献

中文：

埃利斯：《男与女》，尚新建、杜丽燕译，中国文联出版公司，1989年。

爱森堡等：《了解女性》，屈小玲、罗义坤译，光明日报出版社，1990年。

安田一郎编：《社会与人生的迷区——二十世纪六十年间主要性思想》，辛进译，中国文联出版公司，1989年。

布鲁玛：《日本文化中的性角色》，张晓凌、季南译，光明日报出版社，1989年。

福柯：《性史（第一、二卷）》，张廷琛、林莉、范千红等译，上海科学技术文献出版社，1989年。

弗洛姆：《说爱——一位精神分析学家的人生视角》，王建朗、胡晓春译，安徽人民出版社，1987年。

弗洛伊德：《爱情心理学》，林克明译，作家出版社，1988年。

加尼翁（旧译盖格农）：《性社会学——人类性行为》，李银河译，河南人民出版社，1994年。

哈斯等：《人与性》，王炳强、赵西苑译，中国工人出版社，1989年。

金赛（旧译金西）：《女性性行为》，潘绥铭译，团结出版社，1990年。

海德：《妇女心理学》，陈主珍等译，广东高等教育出版社，1987年。

海斯：《危险的性——女性邪恶的神话》，孙爱华、唐文鸿译，上海人民出版社，1989年。

居伊昂：《性与道德》，李迈等译，国际文化出版公司，1988年。

卡普兰：《女性自虐之谜——一种全新的妇女观》，徐育才、周琳玉译，华岳文艺出版社，1988年。

凯查杜里安：《人类性学基础——性学观止》，李洪宽等译，农村读物出版社，1989年。

拉里亚等：《人类性心理》，张丛元等译，光明日报出版社，1989年。

李银河：《中国人的性爱与婚姻》，河南人民出版社，1991年。

刘燕明等编：《性偏离及其防治》，天津科学技术出版社，1990年。

罗洛·梅（旧译罗洛梅）：《爱与意志》，蔡伸章译，甘肃人民出版社，1987年。

马尔库塞：《爱欲与文明》，黄勇、薛民译，上海译文出版社，1987年。

孟宪范：《改革大潮中的中国女性》，中国社会科学出版社，1995年。

米勒：《傅柯的生死爱欲》，高毅译，时报文化出版企业有限公司，1995年。

莫尼等编：《性学总览》，王映桥、郭颐顿等译，天津人民出版社，1992年。

牧原编：《给女人讨个说法》，华龄出版社，1995年。

萨多克等编：《性文化索秘》，吴尤译，作家出版社，1988年。

塞威特兹等：《性犯罪研究》，陈泽广编译，武汉出版社，1988年。

孙珉编：《人迹罕至的地方》，光明日报出版社，1995年。

坦娜希尔：《历史中的性》，童仁译，光明日报出版社，1989年。

韦克斯：《性，不只是性爱》，光明日报出版社，1989年。

晓黎："美国职业妇女的又一种磨难"，《中国妇女》，1981年第8期。

徐安琪等："离婚诉讼中女性原告多的社会心理因素试析"，《上海社会科学院学术季刊》，1987年第1期。

詹达等：《人类性文化史》，中国妇女出版社，1988年。

钟玫摘译："关于苏联妇女的一些数字和现实状况"，《苏联问题参考资料》，1988年第6期。

朱楚珠等："中国女性人口的社会、经济概况"，《人口学刊》，1985年第3期。

英文:

Altimore, M. The Social Construction of a Scientific Myth: Pornography and Violence, *Journal of Communication Inquiry*, vol. 15, no. 1, 1991.

Bacchi, C. L. *Same Difference: Feminism and Sexual Difference*, Allen & Unwin, 1990.

Barrett, M., and Phillips, A. (eds.) *Destabilizing Theory: Contemporary Feminist Debates*, Polity Press, 1992.

Bartky, S. L. *Feminity and Domination: Studies in the Phenomenology of Oppression*, Routledge, 1990.

Campbell, K. (ed.) *Critical Feminism: Argument in the Disciplines*, Open University Press, 1992.

Fisher, William A., and Grenier, G. Violent Pornography, Antiwoman Thoughts, and Antiwoman Acts: In Search of Reliable Effects, *The Journal of Sex Research*, vol. 31, no. 1, 1994.

Irigaray, L. *Je, Tu, Nous: Toward a Culture of Difference*, translated by Alison Martin, Routledge, 1993.

MacKinnon, C. A. *Toward a Feminist Theory of the State*, Havard University Press, 1989.

Malamuth, Neil M., and Briere, J. Sexual Violence in the Media: Indirect Effects on Aggression Against Women, *Journal of Social Issues*, vol. 42, no. 3, 1986.

Padgett, Vernon R., Brislin-Slütz, Jo Ann, and Neal, James A. Pornography, Erotica, and Attitudes toward Women: The Effects of Repeated Exposure, *The Journal of Sex Research*, vol. 26, no. 4, 1989.

Rai, S., Pilkington, H., and Phizacklea A. (eds.) *Women in the Face of Change: The Soviet Union, Eastern Europe and China*, Routledge, 1992.

Reinharz, S. *Feminist Methods in Social Research*, Oxford University Press, 1992.

Richardson, D., and Robinson, V. (eds.) *Introducing Women's Studies:*

Feminist Theory and Practice, Palgrave Macmillan, 1993.

Senn, Charlene Y., and Radtke, L. Women's Evaluations of and Affective Reactions to Mainstream Violent Pornogrphy, Nonviolent Pornography, and Erotica, *Violence and Victims*, vol. 5, no. 3, 1990.

Watson, P. The Rise of Masculinism in Eastern Europe, *New Left Review*, no. 198, 1993.

图书在版编目（CIP）数据

中国女性的感情与性 / 李银河著. -- 上海：上海三联书店，2020.12
ISBN 978-7-5426-7295-7

Ⅰ.①中… Ⅱ.①李… Ⅲ.①女性-性社会学-研究-中国②女性心理学：性心理学-研究-中国 Ⅳ.①D442.64

中国版本图书馆CIP数据核字（2020）第246240号

中国女性的感情与性
李银河 著

责任编辑 / 徐建新
特约编辑 / 刘　早
责任校对 / 张大伟
监　　制 / 姚　军
装帧设计 / 尚燕平

出版发行 / 上海三联书店
　　　　　（200030）上海市漕溪北路331号A座6楼
电　　话 / 021-22895540
印　　刷 / 山东韵杰文化科技有限公司

版　　次 / 2021年5月第1版
印　　次 / 2021年5月第1次印刷
开　　本 / 850mm×1168mm　1/32
字　　数 / 246千字
印　　张 / 11
书　　号 / ISBN 978-7-5426-7295-7/C·612
定　　价 / 59.00元

如有印装质量问题，请发邮件至 zhiliang@readinglife.com